강창일, 격정 55년

강창일, 격정 55년
조작된 정치범의 시대증언록

지은이 강창일
펴낸이 강정희
펴낸곳 도서출판 각 Ltd.
초판 인쇄 2023년 11월 9일
초판 발행 2023년 11월 17일

도서출판 각 Ltd.
주소 (63168) 제주특별자치도 제주시 관덕로6길 17 2층
전화 064·725·4410
팩스 064·759·4410
등록번호 제651-2016-000013호

ISBN 979-11-88339-97-6 03900

값 2,2000원

* 이 책 내용의 전부 또는 일부를 재사용하려면 반드시 지은이와 출판사 양측의 동의를 받아야 합니다.
* 잘못 만들어진 책은 구입하신 곳에서 교환해드립니다.

강창일, 격정 55년

조작된 정치범의 시대증언록

책을 내면서

　제18대 국회 때에 『정면승부』(2011년 11월)와 제19대 국회 때에 『여의도에서 이어도를 꿈 꾸다』(2013년 6월)라는 책을 출간했다. 『정면승부』는 어떻게 자라서 국회의원까지 하게 되었는가를 기록한 것이고, 『여의도에서 이어도를 꿈 꾸다』는 제17대와 제18대의 의정활동을 적어놓은 것이다.

　그 후 20대를 끝내고 불출마하여, 대학에 돌아가 석좌교수를 하다가, 주일본 특명전권대사로 20여 개월 활동했다. 새롭게 첨가해야 할 부분이 있고, 고쳐야 할 곳도 많이 있음을 알았다. 앞의 책들을 토대로 하여 그 후의 일을 다시 정리하여 놓는 것도 의미가 있다고 생각해서, 증보판적 성격으로 출간하게 되었다.

　나는 정치인 이전에 역사학자다. 전에는 대부분 관찬 사료를 중심으로 역사가 쓰여졌다. 권력을 장악한 사람들에 의해 쓰인 것을 토대로 서술되었기 때문에, 민초들의 진정한 삶과 당시의 사회·정치 상을 총체적으로 파악하는 데에는 많은 한계를 가지고 있다.

　구한말 황현(黃玹)의 『매천야록(梅泉野錄)』은, 다른 차원에서 한말의 정치와 사회를 파악하는 데 큰 도움을 주었다. 물론 지방에서 풍문에 의해 접한 것을 가지고 쓴 것도 있기 때문에 사실과 부합되지 않거나, 자기중심적 서술이 갖는 한계가 있음에도, 한말이라는 시대를 이해한다는 점에서, 색다르고 귀중한 자료다.

　나도 황현처럼 시대증언록을 쓰고 싶다는 생각이 들어 이 책을 쓰기로 했다.
　나를 보고 혹자들은 '파란만장한 풍운아'라고 한다. 혹자는 감옥을 갔다 왔으면서도 유학도 가고 교수도 하고 국회의원과 주일 대사를 지내었으니, 해볼 것은 다한 '출세한 인생'이라고도 한다.

그런데 이제 생각해보니 엄청난 고통과 시련이 있었음을 알게 되고, 또한 나름의 트라우마도 있는 것 같다. '요시찰'이라고 하는 '빨간 딱지'로 30여 년을 감시 속에 살았기 때문일 것이다.

이 책은 격동기인 1970년대부터 지금까지 한국 사회의 참모습은 어떠한 것인가 하는 문제의식에서, 그리고 한 개인의 삶이 어떻게 국가권력에 의해 굴절되고 적응해나가는가 하는 것을, 나의 경험을 통해 증언하고자 하는 의도도 있다. 그런 의미에서 하나의 '시대 증언록'이라고 하고 싶다.

자서전 성격의 기록이다 보니, 자기중심적으로 서술하게 되고, 기억이 확실하지 않은 부분도 있다. 이러한 문제는 본질적인 한계이기 때문에 염두에 두면서 읽어야 하고, 사료 비판을 통해 극복할 수가 있으리라 생각한다.

나는 고등학교 3학년 때, '3선 개헌' 반대 운동을 하여 기소되었었다.

대학에 들어와서는 반유신 투쟁의 민주화 운동인 '민청학련'(민주청년학생총연맹) 사건으로 10년 형을 선고받고 감옥 생활도 했다. 이 사건은 유신체제 때 국가공권력에 의한 최대의 용공 조작 사건으로, 이 땅에서 유신체제에 반대하는 지식인이나 학생의 반유신 운동을 영원히 없애서 영구집권하겠다는 독재자가 만들어 낸 것이었다. 무려 1,024명이 체포·구금되고, 180여 명이 비상군법회의에 기소·구속되었다.

그들은 나를 재경오현학우회 회장, 서울대학교 제주학우회 회장 그리고 불교 학생 대표로 집어넣고서, 일면식도 없는 제정구 같은 선배를 공범으로 묶어

내는, 코미디 같은 짓도 서슴지 않았다.

  1년 후에 대부분 형 집행 정지로 석방되었으나, 인혁당 관계자들 여덟 분은 사형에 처해져 '사법사상 최악의 사건'으로 기록되었다. 그리고 김지하·이현배·이강철·장영달·유인태·정화영 등은 그 후에도 계속 장기간 영어 생활을 했다.

  박정희 정권은 우리들을 형 집행 정지로 석방하고 나서도 사회안전법으로 꽁꽁 묶어놓았고, 박정희가 암살되고 나서 사면·복권되었으나, '요시찰'로 낙인찍어 김대중 대통령 초기까지 감시하였다.

  '긴장의 끈'이 너무 팽배하고 30여 년이라는 장시간 지속되어, 대부분 제대로 된 사회생활을 하지 못하였다. 권력은 개인의 인권은 아랑곳하지 않고 그러한 짓을 당연한 것처럼 자행하지만, 당하는 사람에게는 엄청난 고통을 안겨주는 시련이었다. 국가공권력에 의해 한 삶이 어떻게 무너지는가를, 그때의 동지들을 보면서 처절히 느낀다. 대부분 '낭인'처럼 살아가기도 하고, 소식조차 끊기는가 하면, 정신 질환으로 고생하는 사람들도 많다. 김병곤·제정구·강구철·여익구·박석률·나병식·방인철·박형선·최민화·김수길·정재돈·하태수 등 40여 분이 5, 60대에 돌아가셨다. 요즘 같으면 요절이라고 하겠다.

  '정상'적인 생활을 하고 있는 사람은 매우 적다. 박형규(작고)·안재웅·정상복·김경남(작고)·이광일·김형기·구창완·신대균·이원희·이상익 등의 목사들이 있다. 목사가 많은 것은 당시 기독교가 민주화 운동의 중심에서 KSCF를 비롯하여 기독교 계통의 관계 학생들이 많이 관여했기 때문일 것이다. 교수로는 서중석·유홍준·권진관·최권행·백영서·이종구·임상우 등이 있다. 정치 쪽에는 제정구·이철·유인태·장영달·이해찬·강창일·이학영 의원 등이 있다. 모두 합쳐도 30

여 명에 지나지 않는다. 이들도 일종의 트라우마에 시달리고 있을 것이다. 나도 아내가 일정을 물어보면, 짜증을 곧잘 낸다. 감시당하고 있는 것은 아닐까 하는 트라우마이다. 당시는 몰랐지만 엄청난 고통이었고, 그것을 어떻게 극복해 왔는가 하는 것도 삶의 한 과정이었다.

그중에는 생각을 바꾸어 달리 살아가는 사람들도 있었다. 70년대에 박순식 선배(작고)가 이상한 글을 써서 문제가 된 적이 있다. 제1호라고 할 만하다. 그 후 김동길 교수(작고)·김지하 선배(작고) 등이 있다. 이것은 사상의 불철저성, 혹은 한계적 상황에서 도피로, 출세의 욕망으로, 정신적 질환 등으로 그 원인이 다양하다. 그러나 '4·19'세대나 '6·3'세대 혹은 '586' 후배들하고는 꽤를 매우 달리한다.

'4·3' 운동은 제주 출신으로서, 민주화 운동가로서, 역사학자로서 숙명적으로 나에게 주어진 과제였다. 그래서 "온 청춘을 바치었다"라고 해도 과언이 아닐 정도로 나름으로 열심히 뛰어다녔다.

그 후 정치인으로 변신했는데, 그것도 민주화 운동 선상에서 이루어진 것이기도 했다. 2004년 제17대 국회의원이 되고 나서, 제주에서는 처음으로 '내리 4선'이라는 새기록을 쓸 수 있었다.

2020년, 무난히 당선될 것이라는 국회의원을 박차고 나오려고 하니, 엄청난 정신적 방황과 고통이 있었다. 지금까지 살아가는 패턴이 다 바뀌어야 한다. 1년 정도 고민하다가, '세대교체'·'정치교체'를 내걸어 과감히 결단을 내리었다. 모두가 놀라는 모습이었다. 그러나 훌륭한 후배들이 그 자리를 메꾸어주는 좋은 선례를 만들 수 있어서, 얼마나 잘한 일인가 하고 자위한다.

지나간 16년 간 국회의원의 시간이, "한여름의 '善夢'인가, 아니면 한겨울의 '惡夢'인가" 하는 생각을 하게 되고 아득한 옛날 일처럼 느껴질 때가 많다. 그 기간은 자기 시간이 없이 뛰어다니기만 했던 것 같다. 희생과 봉사 정신으로 헌신해야만 하는 시간이었다. 물론 권력이라 생각하여 군림하고 곁눈질하면서 나쁜 짓하는 자들도 있지만, 대부분 본분에 맞게 하고 있다. 그런데도 의원은 부정·부패의 상징처럼 되어 있어서 안타깝기 그지없다. 꼴뚜기 몇이 어물전을 다 더럽히는 형국이다.

요즘 여기저기서 얘기할 기회가 있으면, "너무 정치인 욕하지 마십시오. 너무나 힘든 자리입니다. 자기가 없이 살아가는, '헌신의 자리'입니다. 격려해 주세요. 그러나 군림하든지, 나쁜 짓 하면 가차 없이 채찍질해 주십시오"라고 한다.

국회가 왜 권력기관이 될 수 있는가. 실제 권력은 행정부가 장악하고 있는데, 그것을 견제·감시하는 것이 국회이기 때문에 관료가 의원의 말을 무시하지 못해서 생기는, 부수적인 것이다. 게다가 소수의 인원이고, 각 개인이 헌법기관이기 때문에 더욱 돋보인다. 보좌팀이 십여 명이고, 국가 돈을 가지고 해외 시찰도 마음대로 다닐 수 있는 등 특권도 많다. 그러나 그것은 '아우라이고 신기루'에 지나지 않다는 것을 알아야 한다.

어디에 가서도 무시 안 당하고 대접받는다. 누군가가 말하기를, "현역에 있을 때는 어디에라도 전화하면 받는데, 그만두었더니 안 받는다"라고 한탄하는 자들도 있기는 하다. 마음껏 권력을 향유할 수가 있어서 그런 것에 맛을 들인 자들은 언젠가는 들통나서 지탄을 받게 된다. 존경받는 정치인으로 남기가 매우 어렵다. 유혹이 너무 많기 때문이다.

정치판에는 이름 파는 데 정열을 쏟는 '관종'들이 많다. 명예를 존중해야 하는데, 유명해지려고 발버둥 친다. 실제로 나쁜 짓을 하여 당시는 지탄받을지언정, 훗날에는 아무 문제 없이 거뜬히 당선되는 경우가 허다하다. 이름만 남고 나머지는 잊어버리는, 인간의 기억 한계이고 정치의 근본적인 문제이다. 그래서 정치의 본질은 잊어버리고 정치공학에 능한 자들이 여의도를 좌지우지하는 현상이 있음을 알아야 한다. 가장 타락하기 쉬운 자리이기 때문에 늘 자기성찰, 성찰, 또 성찰해야 한다.

그동안 정치하면서 역사학자로서 느낀 감상을 가지고 정치인들을 유형화해 보았다. 이해를 위해 선비 '士' 자를 붙여 나열한다. 현존하기 때문에 이름은 공개하지 않는다.

1) 장사(壯士)형 – 호탕하다. 싸움꾼으로 불의를 보면 돌진하는 스타일이다. 매사에 적극적이고 공격적이다. 잘못에 대해 투사처럼 대응한다.

2) 몽사(夢士)형 – 꿈꾸는 스타일로서 분에 넘치는 꿈을 갖고 정치를 한다. 스스로 언젠가는 대권을 장악하려는 꿈을 갖고서 생각하고 행동한다. 그래서 과잉 자의식으로 오버하는 경우가 많다.

3) 책사(策士)형 – 스스로 전략가로 생각하고 행동한다. 그 때문에 늘 권력자 주변을 맴돌면서 접근한다.

4) 모사(謀士)형 – 정도가 아닌, 정치공학적 접근을 하면서 권력을 만들어 내려고 한다. 성공해서 한 자리를 차지하는 경우도 있다.

5) 지사(志士)형 - 행동도 생각도 지사처럼 한다. 정치의 본질을 늘 잊지 않고 실현해 나가려고 한다. 큰 정치인들은 이 지사적 면모를 갖고 있다. 단, 정치공학에 능하지 않고 독선적인 면이 있어서, 대중성이 떨어지는 경우가 많다.

  6) 변사(辯士)형 - 연설을 잘하여 대중을 휘어잡는다. 만담가 스타일도 있어서 좌중을 갖고 논다. 요즘은 SNS를 통해 자주 소통하면서 대중적 인기를 끌어나간다.

  7) 면사(勉士)형 - 근면하고 착실히 의정활동을 열심히 하는 모범생형 의원이다. 대중적 큰 인기는 없어도 지역 기반이 탄탄하여 장수한다.

  8) 낭사(浪士)형 - 로맨티시스트형이다. 노는 것도 좋아하고 훈훈한 인간미가 넘쳐흘러 잔꾀부리는 정치꾼들하고는 달리, 주위에 많은 의원이 모여 즐긴다.

  9) 박사(博士)형 - 공부를 많이 해서 모르는 것이 없을 정도이다. 박학다식하여 이런저런 일에 많이 관계한다. 참모형이라든지 정책통으로 활동하기도 한다.

  10) 첨사(諂士)형 - 아첨꾼형이다. 권력을 잡은 사람이 있으면 잽싸게 달려들어 아부하여 한자리한다. 그러나 동료들에게서는 손가락질 받기도 한다.

  11) 한사(閑士)형 - 전형적인 한량이다. 노는 것 좋아하고 늘 여유가 있다. 게을러서 같이 일을 도모하기가 어렵다. 그렇지만 사람은 좋아서, 주위에 많은 이들이 모여든다.

  12) 망사(妄士)형 - 망령된 정치인이다. 정치의 본질에는 관심 없이 매명(賣名) 행위에 몰두하는 부류이다. 명예를 존중해야 하는데, 사술(邪術)에 걸렸는

지 세 치 혀를 가지고 세상을 농락하는 '관종' 스타일의 정치인이다. 요즘은 그런 정치인이 많이 보인다.

13) 잡사(雜士)형 - 잡스러운 정치인이다. 국회의원 자리를 권력으로 알고 주어진 특권을 마음껏 휘두른다. 돈이 있는 자들을 가까이하면서 후원금이나 정치자금을 거두어들이기도 한다. 결국은 문제가 되어 '불명예 제대'하는 경우가 허다하다.

단, 여러 유형이 있는데, 한 정치인이 두세 가지 유형을 공유한다. 예로, 김영삼은 지사형·낭사형·투사형이고, 김대중은 지사형·박사형·변사형이라고 할 수가 있다.

나는 과연 어떤 유형에 속하는지 늘 고민해본다. 정치하는 사람들은 이런 본질적인 문제를 생각하면서, 자기 성찰하여 주기를 바란다(차후에 좀 더 구체화하여, 『정글 속의 동물』이라는 제명으로 출간하려고 한다).

家訓은 '和'이다. 평화롭고 화목하게 살라는 뜻이다. 대가족이기 때문에 생겼을 것이다. 가족을 위해 헌신적으로 살아가신 어머님이 늘 몸으로 실천하면서 가르쳐 주신 것이다.

가장 좋아하는 글귀는 물처럼 살아가라는, 노자 도덕경의 '上善若水'이다. 물처럼 순리에 따라 살면서, 더불어 잘사는 '대동세상' 세상을 꿈꾸었다. 내가 나고 자란 제주는 공동체 사회였다. 곧 더불어 사는 곳이었고, 노력한 만큼 거두어들이는 사회였다. 여기에서 체득한 지혜였을 것이다. 나는 "사람 위에 사람 없고, 사람 밑에 사람 없다"라는 가르침을 철저히 믿는다. 동학농민전쟁을 연구하면서 배운 '人乃天' 사상이기도 하다.

정치 신조는 '중도와 화쟁 사상'에 입각한 생산적 정치이다. 한쪽에 치우치지 않고, 양 극단을 가운데로 모아내어 제3의 생산적 대안을 마련해야 한다는 부처님의 가르침이다.

내 개인의 좌우명은 '安貧樂道, 安分知足, 自利利他'이다. 욕심은 헛된 것이니 재물에 탐내지 말고, 자기분수에 맞게 살고, 남을 도우라는 경구다.

살아가면서 가장 행복한 것은 자기와 인연을 맺은 사람들이 잘될 때이다. 이때의 행복감이란 이루 다 말로 표현할 수 없을 정도이다. 그래서 "베푸는 데 인색하지 마라, 오히려 더 베풀라"라고 한다. 부처님의 가르침인 '자리이타'의 삶을 추구하고자 해왔다.

나보고 복 중의 최고의 복인 '천귀(天貴)'를 타고났다고 한다. 귀인을 만나며 그들이 늘 도와준다는 복이다. 그동안 살아오면서, 반추해보니 사실 그렇다.

힘들었지만, 늘 웃으면서 신나게 살아왔다. 명예와 의리를 지키고, 정의를 존중하는 로맨티시스트이기도 하다. 어릴 때 잘살아서인지, 돈에 관해서는 관심이 별로 없다. 본래 부끄러움 타는 성격이라, 권력욕은 있으면서도 그것을 표현하지 못한다. 그런 의미에서 정치인으로서는 부족하다고 느끼기도 한다. 그런데도 명예를 더럽히지 않고, 탈 없이 정치 생활을 마칠 수 있는 것도 큰 행운이라고 생각한다.

어떤 스님은 "노년은 아름다운 인생길이며 삶의 여정 중에서 마음을 비우며 살아가기에 좋은 나이이다"라고 한다. 그런데 오히려 '빈 마음'을 만드는 것이 쉽지 않다. 혹자들은 노욕을 부리면 망령되었다고 한다. 실은 그렇지 않다. 오히려 남은 생이 길지 않기 때문에, 집착하고 보상심리도 작용하여 너그러움이 없어진다. 이것이 오히려 자연스러운 모습일 것이다. "더욱 조심하고 성찰해야 한다"라고 생각한다.

이 책은 격변기 한국 사회상을 이해하는 데 도움이 되고자, 그리고 1970년대부터 2000년대 한국의 사회와 정치는 어떠한 것인가를 아는 데 참고가 되기를 기대하면서 쓰기 시작했다. 가능한 한 객관적으로 쓰려고 노력했지만, 자서전적 성격의 서술이기 때문에 많은 자기중심적 기록이 될 수밖에 없음을 미리 양해 구하는 바이다. 또한 사진 자료를 많이 수록하였다. 당시의 사진 그것도 충분히 사료로서 가치가 있다고 생각하기 때문이다.

아울러, 너무나 은혜를 진 분들께 감사의 뜻을 표하고자 하는 마음도 있다. 또한 가족(특히 손자인 강현승과 김상수)을 비롯한 주위 사람들에게 기록으로 남겨놓고자 하는 숨은 뜻도 있다.

'민청학련' 사건의 상징인 이철 선배께서 추천서를 써 주셨다.

참고로, 『정면승부』에서 대 역사학자이신 이이화 선생님(작고)의 추천사와 『여의도에서 이어도를 꿈꾸다』에 실린 '민청학련' 유홍준 선배(『나의 문화유산 답사기』 저자)의 추천사를 재수록하였다.

추천사

이철(전 의원)

강창일 선생이 자전적 시대증언록을 출간한다. 굴곡된 현대를 걸어온 우리 세대는 자서전이 곧 시대증언이라고 생각되지만, 개인적 성장과정과 시대의 아픔을 별개의 장으로 구분해서 서술하고 있다.

뛰어난 운동가로, 훌륭한 역사학도로, 그리고 정도를 걷는 정치인으로 살아온 강 선생의 글에 많은 기대를 건다. 그의 올곧은 걸음과 예리한 통찰력이 그가 살아온 시대의 이야기를 현대사의 빈 공간에 채워넣는 꼭 알맞는 조각이 되어 비로소 우리 역사를 완성하는 역할을 하리라 믿는다.

그와 우리가 살아왔던 청년기는 너무나 굴곡진 역사였고 이것을 바로잡아야 한다는 소명의식을 가진 젊은이들은 투쟁의 대열에 참가하지 않을 수 없었다. 박정희의 '삼선개헌', 영구집권을 위한 유신체제, 저항하는 학생과 크리스찬 그리고 노동자들이 있었다. 이들의 저항을 붉은 세력인 양 색깔을 칠해 자신들의 영구집권이 정당한 것처럼 만들려는 조작전문가들….

이들이 부풀리고 민들어 낸 사건이 이른바 '민청학련사건'이다. "유신반대를 내걸고 유신정권을 몰아내는 청년 대열을 전국적으로 만들어 가자" 이것이 우리들의 목표였다. 전국적인 학생운동의 물결을 만들어 가려는 우리들을 터무니 없이 "북한의 지령을 받아 반국가단체를 조직하여 국가를 전복하는 공산화 폭력혁명을 기도했다"는 게, 긴급조치 4호란 이름으로 유신정권이 발표한 내용이었다. 우리 부모님과 형제들마저 "설마"하면서도 "뭔가 있으니 정부가 저렇게 광분하는 게 아닐까" 생각할 정도였다.

　이 격류 속에서 난생 듣지도 보지도 못한 분들이 "우리들을 조종한 배후, 인민혁명당"이란 이름으로 여덟 분이 사형장의 이슬로 사라졌다. 그 뿐이 아니었다. 평온하게 살아가던 많은 시골 사람들도 갑자기 간첩단의 일원이 되어 언론을 장식하기도 했다. 울릉도 간첩단사건, 삼척간첩단사건….

　유신이 정당하다고 주장하고, 북한의 위협을 강조하기 위해서 수많은 이들을 고문하고 간첩단을 만들고 발표했다. 조국에서 공부하겠다고 귀국했던 재일동포유학생들도 아무 이유 없이 간첩으로 조작되었다. 그 희생자가 100명이 훨씬 넘었다.

　엄청난 희생과 더 많은 긴급조치가 발표되었고, 박정희는 마침내 1979년 10월 26일 궁정동에서 살해되었다. 그리고 일어난 '12·12'쿠데타와 '5·18'광주민주항쟁의 핏빛 강물을 건너서야, 비로소 "법을 도용한 조작과 학살"은 잦아들었다.

　우리의 청년기는 핏빛 시대였다. 그러나 그 피의 현대사가 그때 시작된 것은 아니었다. 아니 몇 십 년 전 우리의 조국이 광복을 맞았을 때부터 오히려 핏빛 역사도 동시에 시작되었고 수많은 양민·어린이·부녀자와 노인들이 좌와 우 양편으로부터 학살되었다. 강창일 선생이 선두에 서서 역사적 진실을 밝혔던 제주 '4·3'사건, 여·순사건, 국민방위군사건, 그리고 거창·함평·함양·산청·문경·마산·경산·고양·울산…. 등 수많은 지역에서 자행된 양민과 보도연맹 학살, 또 노근리 양민학살과 같이 군에 의해 자행된 전쟁범죄. 이 모두가 좌우의 사상 갈

등과 국가폭력의 소산이었다.

'민청학련' 사건은 외형적으로 보면 이 핏빛 역사의 큰 마무리를 짓는 꼭짓점으로 보인다. 수많은 시민들이 감옥에 갇힌 우리를 응원하고, 언론과 학생과 지식인들이 한 목소리로 유신정권을 비판할 정도였다. 민주진영의 여러 국가에서도 유신정권이 견디기 어려울 정도로 비판의 날을 세웠다. 짧은 수감 도중에 형집행정지로 출감한 내가 받았던 외국에서 온 격려편지가 무려 삼천통이 넘을 정도였다.

'민청학련' 사건으로 민심을 잃고 해외 우방에도 체면을 구긴 유신정권은 영구집권이란 망상이 깨지고 종말을 재촉했다. 그 후. 몇 년 간 유신부활을 꿈꾸던 전두환 정권도 그리 오래 하지 못했다. 유신에 저항했던 '민청학련'의 뿌리가 뻗고뻗어 6·10항쟁과 촛불혁명의 연원이 되었기 때문이라 믿는다.

강창일 선생의 옥고가 찬란한 우리의 내일을 여는 열쇠가 되기를 기원한다.

2023년 10월

추천사

사람주의자 강창일 의원

이이화(역사학자)

나는 평소에 강창일 의원과 사귀면서, 정의감이 투철한 사람이라고 여겨왔다. 그의 행동과 운동이 여기에 초점이 맞추어졌다고 여겼기 때문이다. 그는 이렇게 말하고 있다.

"나는 사람을 좋아하는 낭만주의자이다. '인간주의'라기보다 '사람주의자'다. 인간이라는 '관계'가 아니라 '사람' 자체를 좋아하기 때문에 항상 '사람주의자'이다."라고 말한다.

그러니 강창일의 이데올로기는 사람주의자인 셈이다. 불의를 보면 분노를 참지 못하는 것도 사람주의자이기 때문이고, 생각이 다른 사람들과 화목하게 지내는 것도 사람주의자이기 때문이다.

이 메시지를 짐작할 만하다. 그의 신념의 일단을 엿볼 수 있는 대목이다. 그런데 이 '사람주의'는 바로 정의감과 연결이 된다. 그래서 그는 수많은 고통을 견뎌내면서 실천의 삶을 살아왔다. 이번에 펴낸 그의 자서전인 『정면승부』를 읽으면서 새삼 강창일 의원을 다시 보게 되었다.

그는 뭍사람들에게 푸대접받았던 제주도에서 태어난 섬사람이다. 섬사람이 가지고 있는 정서가 이 책에 짙게 배어나 있다. 그는 가정적으로 어린 나이에 아버지를 잃고 홀어머니 손에 자라면서 많은 풍파를 겪었다. 개구쟁이 소년 때부터 주먹질도 잘하고 공부도 잘하고 활동도 왕성했다. 그런 성격 탓으로 고교 시절 '3선 개헌' 반대 투쟁에 나서서 소년원에 갇히는 처지가 되기도 했다. 이게 그의 삶에 하나의 운명적 신호였다고 볼 수 있겠다.

이런 성장 과정에서 서울대에 입학하고 나서도 학생운동 또는 민주화 운동에 참여하면서 수많은 고통을 겪었다. 제적당하기도 하고 고문을 받기도 하고 교도소 생활도 했으며 끊임없이 감시받기도 했다. 그는 주변부 인물이 아니라 중심부에서 활동한 역사의 증인이었다. 그 뒤 그의 활동과 업적은 세 가지로 요약할 수 있겠다.

첫째, 역사학도로서 이루지 못한 학업을 마무리하면서 고통이 따랐다. 그는 동경대학에서 근현대사 연구에 몰두했고 한국의 대학에서 한국사를 가르치는 교수가 되었다. 그는 교수로서 일제의 군국주의를 파헤치는 자료를 발굴하기도 하고 논문을 내기도 했다.

둘째, 그는 교수 신분으로 상아탑에서 헤어 나와 실천 운동에 앞장섰다. 자신의 고장에서 일어난 '4·3' 항쟁의 진실을 규명하고 인권 복원에 나섰다. 이어 한국의 근현대사에서 자행된 '과거사' 규명과 청산 운동을 줄기차게 벌였다. 이를 평화·인권운동이라고 할 수 있을 것이다.

셋째, 국회의원이 되어 정치 일선에 나섰다. 그는 국회의원으로서 누구보다도 많은 방해를 물리치고 앞장서서 '4·3' 관련 입법 등 과거사 관련 입법 투쟁을 벌여 큰 성과를 거두었다. 이 입법 투쟁은 그가 역사를 공부하고서 이를 현실에 접목하여 모순 갈등의 역사를 청산하는 실천이었다. 그리하여 '과거사'

청산의 현실적 효과를 거두었다.

　이제 강창일 의원은 중견 정치인으로서 확고한 위치를 확보했다. 이를 두고 성공한 정치인이라기보다 그의 끈질긴 의지와 진실한 인간성에서 나온 결실이라고 볼 수 있을 것이다. 예전 말에, 사람은 관의 뚜껑을 덮고 나서야 제대로 평가할 수 있다고 했다. 그는 아직도 연부역강(年富力强)하다. 정치인으로서 할 일도 많고 결실을 맺을 일도 많다.

　마지막 정치 지도자로서의 삶을 초심대로 잘 마무리하기를 바란다. 나이 든 선배로서 그의 앞날을 지켜보면서, 강창일 의원의 자서전 출간을 축하하며 여러 독자들에서 추천하는 바이다.

　이 자서전은 결코 자기 자랑이나 과장된 얘기를 담지 않고 진솔하게 기술되어 있어서, 정의와 사람주의에 충실한 그의 모습을 읽게 될 것이다.

2011년 가을이 깊어가는 철에,
통일로 가는 길 임진강 강가에서

추천사

유홍준(전 문화재청장, 『나의 문화유산 답사기』 저자)

우리나라 정치판은 혼탁하다는 생각이 만연해 있다. 그래서 깨끗하고 고고한 삶을 추구하는 사람은 정치를 하지 말아야 한다고 입버릇처럼 말하고 있다. 더욱이 학자가 갈 길은 아닌 것으로 인식되어 왔다. 이런 판에 역사학 교수였던 강창일 의원이 정치를 하게 된 것은 평지에서 뻘 속으로 들어간 것이나 마찬가지였다.

그러나 정치는 한 나라를 움직이는 동력이다. 뻘 속으로 들어가기를 거부하는 것은 국가 운영의 주체가 되는 것을 포기하는 것이다. 역사학자 강창일 교수가 정치판으로 나갔을 때 남들은 우려를 말했어도, 나는 그의 결단을 적극 지지하고 응원을 보냈다. 오랜 벗으로 그를 알고 있는 믿음이 있었기 때문이다.

그러기를 10년, 강창일 의원이라는 호칭이 익숙해진 지금에 와서 그는 비로소 여의도에서 펼쳐보는 이어도의 꿈을 이야기하고 있다. 꿈은 누구나 꿀 수 있다. 대개는 꿈으로 끝난다. 그러나 뻘밭 속에 들어간 자가 펼치는 꿈은 다르다. 강창일 의원이 자서전적 술회를 통해 한국 정치의 미래를 말하는 것이 현실감 있게 다가오는 것은 이 때문이다.

강창일 의원처럼 역사의식이 투철하고 인문 정신이 무엇인지 알고 있는 의원이 여의도에 있다는 것은 우리 국민 모두에게 커다란 위안이자 희망이다.

2013년 6월

목차

제1장 제주 섬에서 나고 자라다

고향, 제주도 _ 31
격절의 섬, 수탈과 착취의 섬, 아픔의 섬 _ 32
아버지와 어머니 _ 34
가족의 죽음 _ 38
어머니! 고생의 시작 _ 41
유년의 기억 _ 46
'고산 돌팩이' _ 50
이유 없는 반항 _ 58
1969년, '3선 개헌' 반대 데모 _ 61
광주 소년원 _ 66
승려가 되려 하다 _ 69

제2장 서울에서 대학 생활

1971년, 서울대생이 되다 _ 75
서울대 제주학우회 활동과 역사학자의 꿈 _ 76
겨울 공화국 _ 80
학군단(ROTC) 생이 되다 _ 84

1973년, 서울대 문리대 '10·2' 데모 사태 _ 86

제3장 조작된 정치범 - 시련의 시작

시련의 시작 _ 91
민주화를 위해 _ 94
1974년, 조작된 '민청학련' 사건 _ 96
수배와 체포 _ 99
형무소와 비상군법회의 _ 104
세상 밖으로 - 감시의 시작 _ 108
인혁당 사건 _ 110
제주 생활과 '골빈당' _ 113
아세아문화사의 편집부장 _ 116
장용선과 만나다 _ 122
서울에서 만난 제주 사람들 _ 127
독재자의 죽음과, 오다 만 '서울의 봄' _ 130
뜻하지 않은 국회의원 선거운동과 비서관 _ 137

제4장 도쿄대학에서 유학 생활

1983년, 일본 도쿄대학으로 유학을 가다 _ 147
석사과정 _ 148
후지오 문부상의 망언과 유학생들의 규탄대회 _ 154
한겨레신문, 방북 취재사건 _ 158
도쿄대 석·박사과정에서 연구 활동 _ 160
조국을 잃은 미아가 되다 _ 161

제5장 귀국과 배재대학교 교수

1991년, 귀국과 배재대학교 교수 _ 167
육체적 시련, 세상을 다시 보다 _ 171
연구 활동 _ 173
박사학위를 받다 _ 175
'과거청산'을 위한 전방위적 활동 _ 177
동아시아의 평화를 위한 연대 활동 _ 180

제6장 제주 '4·3' 운동 – 진실을 밝히자

1988년, 일본에서 진상 구명 운동 _ 187
제주4·3연구소를 만들다 _ 192
〈동아시아 평화와 인권〉 국제심포지엄 _ 197
1999년, '4·3' 특별법 제정과 〈진상 보고서〉 _ 202
하버드 대학에서 '4·3' 강연 _ 209
'4·3' 진상 규명과 명예 회복의 기나긴 길 _ 210

제7장 국회의원
(제17대·제18대·제19대·제20대)

제17대 국회의원(2004년~2008년) _ 217
   열린우리당의 창당과 정치권의 권유 _ 217
   국회의원 출마와 당선 _ 220
   행정자치위원회에서 활동 _ 228
   건설교통위원회(후에 국토해양위원회로 개칭)에서 활동 _ 233
   해군기지 문제 _ 234
   노무현 대통령과의 만남 _ 236
   남북 장관회의 _ 239

카지노 설립 논의 _ 240

정각회 재건 _ 241

일 중독자 _ 248

* 주요 경력

제18대 국회의원(2008년~2012년) _ 249

제17대 대통령 선거 _ 249

18대 국회의원 선거 _ 250

'동물국회' _ 251

'국민모임' 결성 _ 252

의정 활동 _ 254

독도영토수호대책특별위원회 위원장 _ 255

정동영의 귀국과 무소속 출마 _ 257

만년 비주류로서 정치 활동 _ 258

국가와 복지담론 _ 260

* 주요 경력

제19대 국회의원(2012년~2016년) _ 264

출마 고민 _ 264

선거법 고발 _ 265

지식경제위원회(후에 산업통상자원위원회 개칭) 위원장 _ 266

박근혜 대통령과의 에피소드 _ 267

민주당 윤리위원회(후에 윤리심판원으로 개칭) 위원장 _ 270

당 대표 선거 _ 271

김한길과 안철수의 '국민의 당' 창당 _ 272

'막말 발언' 사건 _ 272

국회 선정 '정책 입법' 최우수 의원(9회 연속, 1회는 우수 의원) _ 274

* 주요 경력

제20대 국회의원(2016년~2020년) _ 276

국회의원 당선과 원내 대표 낙선 _ 276

정각회 회장, 한일의원연맹 회장, 한·몽의원 외교협회 회장 _ 277

대통령 후보 경선 _ 288

제주도지사 선거 _ 291

의정활동 _ 291

'식물국회'와 불출마 _ 293

국회를 떠나면서 – 그동안 도와주신 분들 _ 296

* 주요 경력

* 불출마 선언 전문

제8장 주일본 대한민국 특명전권대사

국회의원을 그만두고 나서 _ 309
2021년, 주일본 특명전권대사로 가게 되다 _ 312
2021년 8월, 대통령이 올림픽 참석차 일본 방문하기로 _ 334
사도 광산의 유네스코 등재와 오염수 방류의 문제 _ 338
한국에 휴가 가다 _ 341
귀국하다 _ 345

참고 자료 1 한겨레신문, 대사 부임 인터뷰 _ 355
참고 자료 2 일본 언론인 단체 '9월회' 발표문 _ 366
참고 자료 3 귀국 직후, 중앙일보 인터뷰 _ 372
참고 자료 4 중앙일보 인터뷰, 한·일관계 전망 _ 376

주요 이력 _ 381
주요 논저 _ 385
인명색인 _ 389

제1장
제주 섬에서 나고 자라다

고향, 제주도

내 고향 제주를 섬이라고 부른다. 뭍에서 바라보는 제주는 섬이다. 섬은 고립과 단절을 뜻한다. 그런 의미에서 제주는 고립되고 단절되어 왔다. 그러나 정작 그곳에 살고 있는 사람들은 제주가 섬이라는 사실을 크게 느끼지 못하고 산다. 옛날에 제주에 사는 사람은 자기가 사는 곳이 우주인 줄 알았을 것이다.

인간이 쉽게 타자화되지 못하는 이유는 사물과 현상 모든 것에 자신의 삶을 투영하기 때문이다. 우리는 스스로 만든 섬 속에서 뭍을 꿈꾸며 살아간다. 나 역시 지금도 평생 섬에서 살고 있는지 모른다. 그리고 섬이라는 분절된 사고에서 벗어나고자 평생을 힘겹게 싸워왔는지도 모르겠다. 섬과 뭍을 초월한 진정한 자유인. 내가 꿈꾸는 이상이다.

그럼에도 나는, 제주도 사람이다. 제주도는 나를 향해 서 있다. 그리고 나는 사랑한다. 제주도를……

제주 북제주군 한경면 고산리, 내가 태어난 곳이다. 거칠 것 없는 검고 넓은 '고산 평야'가 펼쳐진 곳이다. 고산리는 전형적인 농촌 마을이다. 동네 아낙들이 물질하러 바다에 가기는 하지만, 대개의 주민은 농사를 더 많이 지었다. 곡창지대이다 보니, 인심이 넉넉해 이웃끼리도 오손도손 정을 나누며 살던 동네다. 한 가족 대여섯 명의 식구들이 함께 살던 시절이었으니, 1,000호 가량의 집들이 있었던 우리 마을 인구는 5,000여 명에 달했다. 제주시와 서귀포를 빼면 다섯 손가락 안에 들 정도로 큰 마을이었다. 해방 직후부터 있었던 초등학교에는 학년마다 두 학급씩 있었다.

'평야'라 해도 제주도에서 논농사는 거의 짓지 않았고 밭이 대부분이었다. 강이 없었기 때문에 간혹 도랑에서 물을 대어 제사용으로 조금 일구는 논농사가 전부였다. 쌀밥을 '곤밥'이라고 불렀는데 '고운 밥'이라는 뜻이다. 그만큼 쌀은 곱고 귀한 음식이었다. 우리 집은 마을에서 제법 잘살던 축에 속했지만, 제사 때가 아니면 '곤밥'을 먹어 본 적이 없다. 돈이 없어서라기보다 워낙 쌀이 귀했기 때문이다. 또한 제주 사람은 제사는 잘 차리면서, 환갑잔치 이외에는 생일을 찾지 않는다. 쌀이 없었기 때문이다. 마을 사람 대부분이 보리밥에 자리젓갈 하나면 식사가 끝이었다.

제주에는 'ᄌᆞ냥 정신'이라는 말이 있다. 열심히 저축하고 내일을 준비하는 마음을 뜻하는 제주도 말이 바로 'ᄌᆞ냥 정신'이다. 그만큼 제주 사람들은 내일을 대비할 줄 알았고 열심히 살았다. 제주에는 극빈층이 드물었다. 아무리 가난해도 몸을 움직이면 먹고 살 수 있었다. 그러다 보니 제주에서 가난은 게으름으로 통했다. 춥고 배고픈 시절이었지만 제주 사람 대부분은 자기 집과 자기 밭이 있었다. '유전유가(有田有家)'. 제주는 계급 분화가 되어 있지 않은 공동체 사회였다. 그래서 거지도 없고 대문도 없었다.

제주도에서 자란 나는 처음 서울에 갔을 때 충격을 받았다. 식모며, 거지, 부랑자들…. 심지어 굶어 죽는 사람들도 있었다. 서울은 계급이 생길 수밖에 없는 구조를 가진 철저한 자본주의 사회였다. 가난이 개인의 문제가 아니라 구조적인 문제라는 사실을 깨달은 것은 훨씬 훗날의 일이었다.

격절의 섬, 수탈과 착취의 섬, 아픔의 섬

제주 사람들에겐 섬사람이라는 인식이 없다. 스스로 우주의 중심에 서 있다는 세계관을 갖고 있다. 한라산이 우뚝 솟아있고, 이를 둘러싼 넓은 바다인 태평양이 있다. 독립된 환경 속에서 형성된 강한 자의식은 아주 오랜 옛날부터 제주인의 정신 속에 깊이 각인되어 있었다. 제주 사람은 예로부터 누구에게도 예속 받지 않는 독립인이자 자유인이었다.

제주도가 한반도의 백제에 복속된 것은 1,500여 년 전이다. 하지만 그보다 훨씬 오래된 수천 년의 역사 동안 제주는 주변 사람이 아닌, 자급·자족하는 우주 중심의 땅이었다. 이후 육지의 지배 권력에 수탈과 착취의 대상으로 전락하면서 저항의 역사가 시작되었다.

조선시대부터 제주의 땅은 극히 적은 사유지를 제외하고는 왕의 땅(王土)이었다. 중앙과 떨어져 있다 보니 중간 관리자에게 많은 통치권이 위임될 수밖에 없는 구조였다. 이 때문에 제주는 구조적으로 관에 의한 착취와 수탈의 대상이 되어버렸다.

구조화된 수탈은 도민들의 생존권 투쟁으로 이어져 결국 국가권력을 상대로 한 정치투쟁으로까지 나아가게 된다. 그리고 저항의 밑바닥에는 생존권은 물론이며 자신을 지켜내려는 자유의지가 내재하여 있었다. 조선 후기에 제주도가 '민란'이 가장 빈발했던 연유는 바로 이러한 까닭이다. 제주는 그렇게 반란의 섬, 수탈과 착취에 대한 저항의 섬이 되었다.

제주도는 남양·중국·일본·한반도의 여러 지역과 바닷길로 연결되어 있다. 19세기 말 이후 일본은 제주의 전략적 가치에 주목했고, 해방 후 미국도 제주를 전략적 요충지로 활용했다. 단절의 의미였던 바다가 실은 서로를 연결하는 통로 즉 연결 고리였다. 제주뿐만 아니라 한국 근대사에서 가장 큰 비극이었던 '4·3' 사건은 이런 배경 속에서 일어났다.

'4·3'의 비극은 1947년 3월 1일 '3·1운동 기념대회'에서 일어난 외래 경찰의 발포로 시작되었다. 무자비했던 서북청년단의 폭력에 경찰의 과잉 진압이 더

해지자, 억눌렸던 도민들의 분노가 기어이 터지고 말았다. 처음에는 생존권을 지키고 불의에 대한 저항이었던 몸짓이, 시위가 격해지고 참여자가 늘어나면서 정치적 투쟁으로 이어졌다. 그리고 단독선거를 거부하며 통일·민족국가의 수립을 주장하기에 이른다.

하지만, 이 때문에 제주도민은 처절한 피의 보복을 당한다. 권력의 살육은 한라산을 붉게 물들였다. 또한 폭력에 저항하고 살아남는 과정에서 분열과 반목, 살상과 파괴가 자행되었다. 그 후유증과 상처는 아직도 완전히 아물지 못한 채 제주인의 가슴에 아픔으로 남아 있다.

제주는 평화롭고 아름다운 곳이다. 자존심 강한 사람들은 서로를 존중할 줄 알며, 옳고 그름을 명확히 표현할 수 있는 정의감을 가지고 산다. 사방 어디를 둘러봐도 싱싱한 녹음이 우거지고 그 속에서 바지런한 사람들과 환경이 서로를 다독이며 오묘한 아름다움을 만들어 냈다. 제주는 아름다운 섬이다. 나는 고향 제주를 사랑한다.

아버지와 어머니

내 부모님은 두 분 모두 제주에서 나고 자라셨다. 1930년대 결혼한 부모님은 일본 고베로 가셨다고 한다. 지리적으로 가까워 많은 사람이 일본으로 건너가 일자리를 구하던 시절이었다. 아버지는 태평양전쟁 때 히로시마 옆 구레의 해군조선소에 군속으로 징용당하셨고, 어머니는 고베에서 고물 장사를 해서 돈을 꽤 많이 버셨다. 어머니는 억척스러울 정도로 근면하고 성실한 분이셨다. 우리는 6남 4녀의 10남매였는데 그중 5남매는 해방 전 일본에서 태어났고 나를 비롯한 나머지 5남매는 제주에서 태어났다.

해방이 되자 일본의 살림을 정리하시고 귀국선에 오르셨다. 부모님과 남매들은 제주도로 바로 건너왔지만, 세간이며 값비싼 물건들은 부산으로 보낸 모양이다. 그런데 하필이면 부산으로 향하던 배가 폭파당해, 전 재산이 바다에 가라앉고 말았다. 다행히 제주도에 적지 않은 땅을 사놓으신 덕분에 다시 일어설 기반이 되었다. 당시 고베에 미처 정리하지 못한 집이 있었다고 해서, 훗날 일본에서 유학할 때 한 번 찾아가 본 적이 있었다. 그러나 이미 시간이 많이 흐른 상태라 일본 정부에 적산으로 귀속되어버린 뒤였다.

아버지 영정 사진

우리 가족은 할아버지와 한 울타리에서 살았다. 같은 담장을 두고, 안에 집이 여러 채였는데, 제주도에서는 본디 부모가 안채에 살다가 나중에 장남한테 넘겨주는 풍습이 있었다. 그래서 우리가 안채에서 살고 할아버지가 별채에 사셨다. 지금도 그 집들은 그대로 남아 있다.

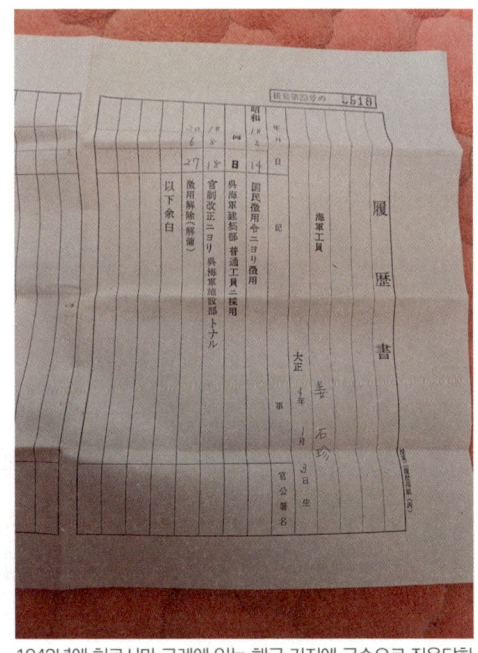
1943년에 히로시마 구레에 있는 해군 기지에 군속으로 징용당한 증명서

한학을 공부하셨던 할아버지는 근엄한 학자의 풍모를 지니고 계셨다. 할아버지는 집안 한쪽에 서당을 열어 동네 청년들을 가르치셨다. 나 역시 초등학교 때 할아버지 밑에서 하늘 天, 따 地의 천자문을 배웠다. 요즘도 간혹 할아버지 밑에서 한문 공부를 했다며 인사하는 분들을 만날 때가 있는데, 그중에는 스님도 있다. 이런 점으로 보아 어린 시절에는 몰랐지만, 할아버지의 학문이 꽤 깊으셨나 보다.

아버지의 존함은 姜碩珍이다. 7남매의 맏이셨다. 나중에 삼촌과 고모들의 말을 들어보면, 장남의 역할을 썩 잘하시지는 않았던 모양이다. 하지만 기실 삼촌과 고모들도 그리 살가운 성격은 아니었다. 그 사이에서 부대낀 어머니 마음고생이 꽤 크셨다.

내 기억 속의 아버지는 무뚝뚝하신 분이었다. 워낙 빨리 돌아가신 탓도 있지만, 아버지의 따뜻한 모습이 기억에 남아 있지 않다. 그나마 남아 있는 기억은 약주를 드시다가 술을 더 가져오라며 호통치시던 모습이 유일하다.

내 어머니의 함자는 魏太善이다. 어머니는 잔정이 많으신 분이었다. 자식뿐

어머니(왼쪽 앞에 앉은 분).
이순옥, 이화선 이모님

어머니와 나의 딸 소연, 아들 성종, 조카 홍옥경(1985년 8월)

만 아니라 주위 이웃들에게도 항상 퍼주고 도와주기 좋아하셨다. 정 많고 여린 분이었지만, 일을 할 때는 독하고 모진 분이었다. 어머니는 어린 시절부터 일만 하고 사신, 다부진 분이었다. 두 돌도 채 안 되었을 무렵 외할머니가 돌아가시자 그 후로는 이모님 댁에서 자라셨다고 한다. 그래서 우리 남매는 지금도 5촌 이모님과 6촌들까지도 돈독하게 지내고 있다.

어머니는 강씨 집안 장남에게 시집온 이후, 거의 집안을 일으켜 세우다시피 하셨다. 칠 남매의 큰 며느리로서 책임감도 크게 느끼셨겠지만, 원래부터 머리가 좋고 진취적이며 일 욕심이 많은 분이었다.

내 위로는 생존해 있는 분으로 형 둘에 누나 둘이 있고 아래로는 동생이 둘이다. 형님 한 분은 일본에서, 나머지 형님 한 분과 누님 한 분이 계셨으나 어

초등학교 4학년 때 용수 저수지에 소풍 갔을 때(1962년)

린 나이에 세상을 떠나서 7남매가 되었다. 지금은 큰누나 강방자가 2019년에, 막냇동생 강상헌이 2021년에 병사하여 5남매가 되었다.

나는 어려서부터 귀여움을 많이 받고 자랐다. 똘똘한 짓이 곰살궂고 공부도 썩 잘해 반장을 도맡아 하다시피 했다. 집안 살림을 책임지고 건사해야 할 어머니는 너무 바쁘셨기 때문에 자식들을 살뜰하게 챙겨주실 여유가 없었다. 어린 시절부터 어머니의 사랑이 무엇인지 느낄 새도 없이 어른이 되고 말았다. 그래도 우리 남매는 왜 어머니가 그럴 수밖에 없었는지 잘 알고 있었다. 젊은 나이에 혼자가 되셔서 그 많은 자식을 책임져야 했으니 오죽하셨을까. 우리 남매는 서로를 의지하며 자랐다. 어머니의 빈 곳을 서로가 메우고 산 것이다. 어려서부터 철이 들어 그런지, 공부하라는 소리를 들은 적도 없건만 모두 공부를 잘했다.

가족의 죽음

나에게는 열세 살 위인 누나가 있었다. 이름도 꽃을 닮은 화자(花子)였다. 일본식으로 하나꼬라고 했다. 하지만 누나의 얼굴이 기억나지 않는다. 오래된 낡은 흑백사진 속에서만 누나의 고운 얼굴을 볼 수 있다. 누나는 둘째 딸로 유난히 곱고 예뻤다고 한다. 마음도 고와 동생들을 건사하고 집안 살림을 도우려고 경상도의 감포에 물질(해녀일)을 나갔다. 특히 아버지는 둘째 누나를 예뻐하셨다고 한다. 그런데 그 곱디고운 누나가 죽고 말았다. 내가 초등학교도 들어가기 전이었다.

당시 제주의 해녀들은 여럿이 모여 강원도·울릉도·울산 등으로 물질을 하러 다니곤 했다. 해녀가 흔하지 않던 시절이라 전국의 바다는 그야말로 제주 해녀들의 보고였다. 한동안 물질을 다녀오면 꽤 많은 돈을 벌어왔다. 또박또박 모은 그 돈은 동생들의 학비가 되고 시집갈 밑천이 되었다. 누나 역시 철이 들면서 그 물 바람을 등에 지고 물질을 시작했다. 육지로 물질 나가는 것은 곧 '출세'했다고 생각했다.

동네 아낙들과 울산의 감포 앞바다로 물질을 간 누나가 그만 사고를 당하고 말았다. 미처 피지도 못한 꽃다운 나이 열여섯이었다. 누나의 시신을 인수하러 가셨던 아버지는 슬픔을 가누지 못해 정신을 잃으실 정도였다. 보기만 해도 사랑스러운 딸이 싸늘한 주검으로 돌아왔으니 얼마나 애절하고 원통했을까. 그때부터 아버지는 매일 술을 드시기 시작했다. 그러나 집안의 불운은 여기서 그치지 않았다.

그로부터 3년 뒤에 내 바로 손위, 나보다 두 살 많은 원일 형이 마을에서 놀다가 버스에 치여 죽고 말았다. 웅성거리던 사람들 사이로 거적에 싸여 있던 형의 마지막 모습이 아직도 지워지지 않는다. 당시 형은 고작 초등학교 1학년이었다.

불과 2~3년 만에 자식 둘을 가슴에 묻었으니, 부모님 가슴의 상처야 어찌 말로 표현할 수가 있었겠는가. 아버지는 그 이후로 더욱 술에 빠져 사셨다. 그때 우리 집은 술 도·소매상을 하고 있었다.

그러던 어느 날이었다. 새벽부터 아버지의 술주정이 시작되었다. 급히 어머니를 찾았지만 보이지 않았다. 나는 어머니를 찾아 동네를 돌다, 누나와 형의 무덤가에 엎드려 있는 어머니를 보았다. 정말 세상의 모든 슬픔을 토해내듯 어머니는 울고 계셨다. 그렇게 억척스럽던 어머니가, 그토록 활기찼던 어머니가 새끼 잃은 어미의 모습으로 서럽게 울고 있었다.

나는 아침부터 아버지 술 심부름을 해야 했다. 주전자에 소주를 담아가면 큰 밥그릇에 가득 부어 숨도 안 쉬고 들이키셨다. 그렇게 3년을 술에 절어 사셨다. 아버지는 심약한 분이셨다. 가슴에 묻은 자식들에 대한 미안함, 부대끼는 현실의 도피처로 술을 찾으신 것이다. 집안에는 늘 술 냄새가 떠나지 않았고 아버지는 늘 취해 계셨다. 이 모든 것을 감내해야 하는 사람은 어머니였다.

어머니는 술에 의지해 자신의 삶을 놓아버린 아버지를 그렇게도 말리셨지만, 소용없는 일이었다. 자식들은 커나가고 집안의 모든 형편은 어머니가 감당해야 할 몫이었다. 어머니는 점점 일에 빠지셨다. 정말 일을 위해 세상을 사시는 분 같았다. 아버지가 당신의 피난처로 술을 선택한 것처럼, 어쩌면 어머니는 일을 통해 시련과 아픔의 기억을 지워나갔는지도 모른다.

결국 아버지는 내가 초등학교 2학년이었던 해 12월에 돌아가셨다. 술로 인한 간경화였다. 복수가 차서 배가 솟아올랐고 거동도 제대로 못 하셨다. 마지막 1년은 그 좋아하시던 술도 못 드시고 누워만 계셨다. 아버지가 돌아가셔도 슬픈 줄도 몰랐다. 아버지의 기억은 술에 취한 모습밖에 없었기 때문이다. 나는 그저 학교에 가지 않아도 된다는 말에 좋아하는 속없는 철부지였다.

아버지를 땅에 묻던 날, 하염없이 눈이 내렸다. 제주는 날이 따뜻해 눈을 보기 쉽지 않은데, 그날따라 함박눈이 쏟아졌다. 관을 내리고 삽을 들어 흙을 덮는데 갑자기 눈물이 났다. 이제 영영 아버지를 보지 못한다는 생각에 나도 모르게 엉엉 소리 내어 울었다. 태어나 처음으로 느끼는 상실감이었다. 그날의 일은 오래오래 내 기억 속에 남아 있다.

어머니! 고생의 시작

　아버지가 돌아가신 뒤, 어머니는 더 바빠지셨다. 자식들을 먹여 살려야 할 어머니로서는 손에서 일을 놓을 수 없었다. 당신이 움직여야 우리가 밥을 먹고 학교에 다닐 수 있었다. 어머니는 셈이 빠르고 이재에도 밝아, 집안이 경제적으로 어렵지는 않았다.

　어머니는 농사도 짓고 술 도·소매상에 담배 가게까지 함께 하셨다. 이후에는 일을 늘려서 식당과 당구장 사업까지 벌이셨다. 종업원을 많이 둘 수는 없으니 가게를 자식들에게 하나씩 맡기셨다. 이쪽 밭은 이 아들, 저쪽 밭은 저 아들이 거름을 매게 하고, 누이들에게는 이 가게, 저 가게를 맡기는 식이었다.

　그런 덕에 나도 초등학교 시절부터 식당에서 지배인 노릇을 했다. 어머니가 없을 때 계산하는 것은 물론이고, 가게 곳곳을 살펴보는 일도 내 몫이었다. 제법 강단도 있었고, 주인집 아들이라 그런지 종업원들이 쉽게 굴진 못했다. 김치찌개도 하고 짜장면도 하는 종합 식당이었다. 그래도 식당을 하니 먹을 것이 부족하진 않다는 점은 좋았다. 호기심이 많은 나는 그때 식당 주방장에게 짜장면 만드는 법을 배웠다. 나중에 그 실력을 발휘해 아내와 아이들에게 솜씨를 뽐내기도 했다.

　초등학교 4학년 때는 당구장도 경영하셨는데 그때 당구를 배워 당시 100 정도의 실력을 갖추고 있었다. 그뿐만 아니라 여름에는 학교를 파하면 밭에도 나가서 일을 해야 했다. 나라고 일할 시간에 친구들과 어울려 놀고 싶지 않았을 까마는 어머니께서 시키시니 도리가 없었다. 어떤 때는 골이 나고 약도 올랐지만, 어머니 엄명이니 어쩔 수 없었다.

　1964년 중학교 때 제주시 오현중학교로 유학하였다. 대학에 가기 위해서는 유학을 가야 한다는 형님들의 생각 때문이었다. 그때부터 자취 생활을 했다.

1학년이었을 때는 제주도에서 처음으로 3층짜리 빌딩이 세워졌다. 제주시 최고의 번화가인 칠성통 입구에 철골로 지은 대한항공 빌딩이었다. 서울에 살던 목수 출신인 숙부가 제주에 내려와 지은 건물이었다. 제주도는 바람이 워낙 강하고 심해, 당시의 기술로는 높은 건물을 세우기가 어려웠다. 그러다 보니 2층 목조건물이 제일 높았다.

호사다마라고 했던가. 북제주군의 납세자 중 3~4위에 오를 정도로 잘살았던 우리 집안이 그즈음부터 기울기 시작했다. 그 시작도 건물을 짓는 일 때문이었다. 3층 건물을 지었던 숙부는 돌과 철골로 된 2층짜리 집을 짓자고 어머니께 제안했다. 당시 2층 철골 집을 짓는 일은 꽤 큰 공사였다. 3층짜리 빌딩이 제주도 제일 높은 빌딩임을 감안하면 무리한 공사였다.

건설비를 마련하자면 목돈이 들어가야 하는데, 아무리 사업을 크게 하시는 어머니라도 그리 큰돈이 있을 리 없었다. 가지고 있던 재산을 팔면 어렵잖게 자금을 마련할 수도 있었는데, 어머니는 당신이 이룬 재산을 팔고 싶지 않으셨다. 결국 돈을 빌려야 했고, 그때 돈을 융통하는 방법은 사채밖에 없었다. 그것도 비싼 고리채였다. 어머니는 장사하니 쉽게 갚을 수 있겠다 싶으셨겠지만, 그건 오산이었다. 이자에 이자가 붙어가면서 빚은 점점 불어만 갔다. 게다가 나중에는 이자마저도 6~7부로 늘어 빚은 점점 더 늘 수밖에 없는 처지였다. 그때라도 가지고 있던 재산을 처분해서 빚부터 갚아야 했지만, 어머니는 손에 쥐고 있는 것을 결코 내놓지 못하셨다.

그렇게 1년쯤 지나 중학교 2학년 생활이 끝나갈 무렵, 어머니가 빚을 갚아야 하니 일본으로 가겠다는 말씀을 꺼내셨다. 어머니 연세가 46~47세쯤 되셨을 때인데, 일본 고베에는 귀국하기 전에 처분하지 못했던 집도 남아 있고, 당시 도쿄올림픽 특수도 있으니까 거기서 벌면 금방 빚을 갚을 수 있으리라는 생각이셨다. 어머니는 결단이 서면 행동도 빠르신 분이다. 농사를 정리하고 식당은 모두 세를 내준 뒤, 일단 부산으로 가셨다. 하지만 부산에서의 일들은 어머니 생각처럼 쉽게 풀리지 않았다. 일본에서 돈을 벌기 위해서는 장기 체류를 해야 하고 그러려면 밀항선을 타야 했다. 한·일 수교가 체결되었지만, 입국이 까다로웠다.

당시 부산에는 일본으로 숨어드는 밀항선이 있었다. 위험하기도 하고 비용도 만만치 않아 쉽지 않은 일이었다. 어머니는 밀항선을 타러 부산으로 갔지만 시도도 해보지 못하셨다. 결국 몇 개월 만에 제주도로 돌아오셔야 했다.

어머니는 이후 고산으로 돌아가지 않으셨다. 집과 식당은 이미 다 빌려준 터라, 가셔서 마땅히 하실 일도 없었지만, 그보다는 자존심 때문이었다. 어머니의 자존심이 빈손으로 다시 고산으로 돌아가는 것을 허락하지 않았다. 결국 어머니는 제주시에서 살면서 자식들을 키우셨다.

제주시에서 어머니 고생은 더 심해지셨다. 형은 이미 대학을 다니고 있었고, 중학교에 다니고 있었던 나를 비롯해, 동생들도 다 제주시에 와서 학교에 다녔기 때문이다. 그야말로 뭉텅이 돈이 들어갈 때였다. 어머니는 자식들 공부를 위해, 일본 물건을 사서 서울로 보내 파는 보따리 장사를 시작하셨다. 그리고 나중에는 미국 달러나 일본 엔화 장사도 하셨다.

대학을 다니던 시절에도 가끔 어머니를 뵈러 가면, 집에는 늘 일제 커피와 물건이 가득했다. 어머니는 워낙 인심이 좋아, 주변 사람들에게 나눠주시길 참 좋아하셨다. 어머니 집은 늘 이웃 사람으로 북적였다. 당신 스스로에게는 한없이 인색했지만, 이웃에게는 퍼주기 좋아하는 '고산 할망'이었다.

하지만 일을 할 때는 워낙 열성적이셔서, 사람들은 어머니를 항상 적극적이고 날랜 모습으로 다닌다고 하여 '오토바이 할망', '제트기 할망'이라는 별명으로 부르기도 했다.

　나이가 드신 뒤, 어머니는 자식들 얼굴 보는 일이, 남은 삶의 유일한 낙이셨다. 명절 때나 제사 때면, 우리 형제들은 어머니 곁에 누워서 밤이 이슥하도록 지난 이야기를 들었다. 기억력도 좋아 그 오래된 일들을 마치 어제 일처럼 술술 풀어 말씀하셨다. 때로는 아팠고 더러는 좋았던 기억을 듣다 보면, 어느새 날이 밝곤 했다.

　어머니는 83세가 되시던 2002년에 돌아가셨다. 지금도 그때 생각을 하면 가슴이 미어진다. 어쩌면 참으로 어머니답게 돌아가셨는지도 모른다. 그렇게 아프신 것을 자식들에게는 한 번도 내색하신 적이 없었다. 혼자서 얼마나 고통스러웠을까 생각하면 죄송함에 눈시울이 뜨거워진다. 이도 많이 나빠지시고 다리도 심하게 아프셔서, 주무실 때 혼자 끙끙 앓기도 하셨다. 제대로 된 약이라도 처방받으셨더라면 좀 나았으련만, 효과도 알 수 없는 날품팔이에게 산 진통제로 모질게도 버티셨다.

　어머니의 건강이 심각하다는 것을 깨달은 건 돌아가시기 1년 전 추석이었다. 아버지가 칠 남매이셨던 데다가 우리도 칠 남매이다 보니 명절이면 항상 집안에 친척들이 북적거린다. 제사도 지내고 어른들께 절도 하며 오랜만에 회포를 풀고 있는데, 갑자기 어머니가 배가 아프다고 하셨다. 그런 말을 좀처럼 안 하시는 분이라, 우리는 모두 깜짝 놀랐다.

　"창옥이에게 빨리 연락 좀 해봐라."

　생전 내색하지 않던 어머니가 먼저 그런 말씀을 하시니, 더럭 겁이 났다. 부랴부랴 친형제처럼 지내는 의사 현창옥에게 전화했다. 명절 휴일을 맞아 여유롭게 골프를 치러 가려던 친구는 연락받자마자 바로 달려와 주었다.

"이거 심각하신데. 입원하셔야 하겠어."

급히 제주의료원에 모시고 갔다. 추석을 쇠고 있던 의사들이 달려와 당일에 긴급수술을 했다. 의사들은 위가 터졌다고 진단했다.

"그래도 빨리 오시길 천만다행입니다. 좋지 않은 약을 오랫동안 드시다 보니 위가 헐어서 터진 것으로 보입니다."

이후부터 어머니에게 치매기가 오기 시작했다. 정신적으로도 쇼크를 받으신 모양이었다. 그러나 자식들이 일본이며 서울·부산 등에 흩어져 사는데다, 그나마 제주도에 사는 큰누나도 시골에 살고 있었기 때문에 어머니를 모시는 일이 마땅치 않았다. 나 역시 연휴가 끝난 뒤 서울에 올라와야 했다.

결국 어머니가 퇴원하신 뒤에는 누이동생이 보살피게 됐다. 어머니도 물론 투병하느라 고생이셨겠지만, 누이동생도 고생이 많았다. 우리는 가끔밖에 가보지 못했는데, 자식들을 알아보시다 못 알아보시다 하셨다.

어머니는 불쌍한 분이다. 그 어떤 말로도 형언할 수가 없다. 정말 서럽도록 평생 자신을 헌신해 온 분이다. 칠 남매 모두 살 만큼 사는데도 돌아가시기 전까지 한 번도 따뜻한 밥 한 끼를 대접

어머니 회갑연. 형 재일, 동생 상헌, 누이 미선, 장조카 수완 등과 (1976년)

하지 못했다. 어머니가 너무 완고하셨기 때문이다. 자식들에게 그 어떤 폐도 끼치지 않으려 노력하셨다. 심지어 환갑이나 고희 때조차도 우리는 어머니의 고집을 꺾지 못했다.

"나는 괜찮으니 너희들끼리 나가서 먹어라."

그저 당신의 일과 자식들 성장하는 모습을 보는 것이 삶의 전부였다. 평생을 주기만 하다 보니 어머니는 받는 것을 모르셨다. 자식들에게 의지하며 사실만도 한데 끝까지 모든 것을 거부하셨다. 오히려 돌아가실 때까지 자식들은 경제적으로도 어머니께 의지하였다.

"절대로 남을 나쁘게 하지 마라. 덕을 쌓아라."

어머니께서 남겨주신 말이다. 어머니는 스스로 그렇게 살아오셨다. 그렇게 사람들에게 베푸신 은덕을 되돌려 받은 것은 어머니가 아니라 아들인 나였다. 국회의원이 된 후, 어머니를 생각하며 내게 표를 주신 주위 분들이 많다는 것을 알게 되었다. 이제 다시 어머니께서 쌓아 놓으신 덕을 이어가야 한다. 지금도 제주도에 내려가서 어르신들을 뵈면 어머니가 생각나 눈물이 나곤 한다. 그럴 때마다 손이라도 꼭 잡으며 이렇게 말씀을 드린다.

"올해에도 건강히 지내십시오. 그리고 오래오래 사십시오. 자식들이 효도하려면 시간이 걸립니다. 오래오래 사시는 게 자식들한테 효도할 시간을 주시는 겁니다."

유년의 기억

어린 시절부터 나는 아이들을 몰고 산으로 들로 뛰어다녔다. 나무뿌리도 캐러 다녔고 지네도 잡고 익모초도 캐러 다녔다. 그렇게 잡은 지네나 익모초는 한약재로 팔아서 용돈을 마련하기도 했다. 나무뿌리를 캐다가 군불로 쓰기도 했고, 미꾸라지 잡으러 논밭을 쏘다니기도 했다. 가끔 뱀도 잡을 때가 있었는데, 서로 호기를 자랑하려 뱀의 꼬리를 잡아 빙빙 돌리다 땅에 패대기를 치고는 했다.

우리 집은 농사를 제법 크게 지어 늘 머슴들이 함께 살았다. 제주에서는 머슴을 일러 '장남'이라고 불렀다. 초등학교 1~2학년 무렵에는 그 장남들이랑 같은 방에서 지냈다. 어른의 세계에 호기심이 많은 꼬마는 조금이라도 형들과 잘 지내려 노력했다. 그런 나를 머슴형들이 가끔 꼬드겼다.

"너희 담배 가게에 돈통 있지? 거기서 돈 좀 갖고 와라. 내가 나무로 배 만들어줄게."

그 시절 나무로 만든 배를 갖는 것은 모든 아이의 소박한 꿈이었다. 그리고 왠지 형들의 작당에 공모하는 일이 남자가 되는 일처럼 느껴졌다. 그래서 간혹 밤에 몰래 담배 가게에 갔다 오곤 했다. 돈통에는 자물쇠도 없었고, 장사하는 집이라 현금이 많다 보니 어머니는 얼마나 없어졌는지 잘 모르셨다.

초등학교 3학년 무렵에는 동네에 나보다 7살쯤 많은 중학생 형이 살았는데, 나와는 꽤 친했다. 그 형은 동네에서 싸움도 잘해 남자아이들이 많이 따랐다. 그 형도 우리 집에서 파는 담배를 가져오라고 부추겼다. 그 시절 유행했던 담배는 봉초(궐련)라든가 아리랑 같은 것들이었는데, 그때 나도 형들을 흉내 내어 담배를 뻐끔거리다 어지러워 혼났던 기억도 있다.

집에서 술 도매상을 하니, 가끔 막걸리도 몰래 마셔보았다. 막걸리에다 귤과 설탕을 타서 휘휘 저은 뒤, 쭉 들이마시면 그렇게 맛있을 수가 없었다. 생각해보면 어린 시절 나는 참 악동이었다. 형들에게 지고 싶지 않은 자존심 때문이었는지, 아니면 좀 더 빨리 남자가 되고 싶어서였는지, 참 철모르는 개구쟁이였다.

4학년 때부터는 어머니를 도와 당구장에서 일을 했다. 지금으로 치면 '껨돌이'를 한 셈인데, 전기가 없던 시절이라 밤에 장사하려면 램프 불을 켜야 했다. 당구대가 딱 두 대밖에 없었지만, 당구장에는 온 동네 깡패들이 다 모여들었다. 방학이 되면 제주시에 유학 간 고등학생들이 나타나곤 했는데, 그들도 딱히 할 게 없으니 모두 당구장에 모였다.

그 시절 동네 형들에게 당구를 배웠다. 키가 작아서 의자를 놓고 당구를 쳤던 기억이 난다. 어린 시절이라 그런지 눈썰미가 좋아 금방 실력이 늘었다. 나중에는 웬만한 동네 형들보다 훨씬 더 잘 쳤다. 나중에 대학생이 되고 나서 동기들과 당구를 쳐보니 실력이 정말 형편없었다. 내가 친구들에게 당구를 가르쳐주기도 했는데, 그럴 때면 농담처럼 말했다.

"내가 말이야 바로 당구장 집 아들이야."

나는 어릴 때부터 승부 근성이 무척 강했다. 남에게 지는 것을 유난히 싫어해서 싸움도 꽤 많이 했다. 그런 승부 근성에도 불구하고 자존심이 항상 내 중심을 잡아주었다. 제주시에 나가 혼자 공부하던 아이 중에는 일찍부터 어긋나 좋지 않은 길로 접어든 아이들이 많았다. 일명 '어둠의 자식'들이었다. 간섭하는 사람이 아무도 없었기 때문이다. 하지만 난 절제할 줄 알았다. 옳고 그름을 판별할 줄 알았으며, 그쳐야 할 때가 언제인지도 알았다. 그 모든 건 자존심 덕분이었다.

초등학교에서는 공부도 싸움도 잘한 데다 집안도 유복하여 두루두루 대우받으며 생활했다. 친구들에게 인기가 있는 편이었지만 의외로 수줍음도 잘 탔다. 학급 반장으로 추천받으면, 속으로는 하고 싶은 마음이 굴뚝같으면서도 "아,

난 그런 거 안 해!" 손사래를 쳤다.

　5학년 때는 전교 어린이회장 선거에서 6학년 선배를 제치고 회장으로 당선됐다. 너무 기쁘고 자랑스러웠지만, 1년 선배를 이긴 터라 왠지 미안했다. 그 때문이었는지 6학년 때는 선거에 나가지도 않았다.

　5학년 때였는지 6학년 때였는지 기억이 확실하지 않은데, 교감 선생님 아들과 싸운 적이 있었다. 제주시에서 전학을 왔는데, 아버지가 교감 선생님이라는 것을 믿고 퍽 거들먹거렸다. 어느 날 그 아이와 사소한 일로 시비가 붙었다. 하도 약을 올리기에 욱하는 마음에 한 대 때렸더니, 쪼르르 아버지인 교감 선생님께 고자질을 해버렸다. 곧바로 교감 선생님께 불려 가 꾸지람을 들었다. 선생님께 맞지는 않았지만 비겁하게 고자질했다는 사실에 화가 나, 그 아이를 더욱 못살게 굴었다.

　이미 그때부터 내게, 타고 난 반골 기질이 있었던 것 같다. 제법 의협심도 강해 옳은 일이라면 위아래를 가리지 않고 덤벼들기도 잘했다. 그러다 보니 친구들 사이에 인기가 좋았다. 친구들과 있을 때는 농담도 잘하고 활달한데, 유달리 부끄러움이 많았다. 지금도 국회나 당에서 "강창일 의원이 앞에 나서서 뭔가 해주십시오."라고 하면, 하고 싶은 마음이 있으면서도 끝내 사양하는 경우가 많다. 다 부끄러움 탓이다. 정치판에서는 "내가 하겠소!" 하고 나서야 하는데, 그게 잘 안 되니 난감한 일이다.

　또 한편으로는 지나친 자신감을 가지고 있었다. 어릴 때부터 귀여움을 많이 받고 공부든 뭐든 잘한다는 소리를 들으며 자라다 보니, 뭐든 할 수 있다는 오만한 마음이 숨어 있었다. 그러나 이런 자신감은 살아오면서 만난, 무수한 역경을 이겨내는 근본적인 힘이 되었다. 자존심과 자신감, 그리고 부끄러움은 평생 강창일이라는 사람을 만들고 성장하게 한 원동력이다.

초등학교 시절부터 내 꿈은 과학자였다. 그것도 애국심으로 똘똘 뭉친 과학자였다. 지금 돌이켜보면 반공 교육의 산물이었지만, 아무튼 내 꿈은 아인슈타인 같은 과학자가 되어 원자폭탄을 만드는 것이었다. 왜 원자폭탄이냐고? 물론 원자폭탄으로 '북괴 도당'을 물리쳐서 남북통일을 이루고 대한민국을 길이길이 보전하기 위해서였다.

중학교 2학년부터 세상을 좀 알기 시작하면서 "정치를 해서 남북통일을 이루자"라고 생각이 바뀌었다. 그러나 고3때 '3선 개헌' 반대데모로 험한 경험을 하면서, 역사학자나 철학자가 되겠다는 생각을 하게 되었고, 결국에는 역사학자가 되었다. 그리고 마침내 나는 정치인이 되었다. 그리고 그 과정에서 시대의 아픔과 만나야 했으며 그때마다 피하지 않고 싸웠다. 어쩌면 정치인은 비록 처음부터 내가 원했던 삶은 아니었지만, 만날 수밖에 없었던 운명일지도 모른다.

'고산 돌팩이'

큰형은 나를 제주시로 유학을 보냈다. 당시 정원 200명이었던 오현중학교에 좋은 성적으로 합격할 수 있었다.

내가 자란 고산리에서 제주시까지는 버스로 두 시간이 넘게 걸렸다. 실제 50km 정도의 거리라 지금은 차를 타고 가면 한 시간밖에 안 걸리지만, 그때는 포장도 안 된 신작로였다. 냄새나는 버스를 타고 그런 시골길을 굽이굽이 가다 보면 멀미가 나 토하는 사람도 많았다. 나는 초등학교 때까지 전깃불을 구경해 본 적이 없었다. 제주시에 와서 처음 전깃불을 봤는데, 어찌나 밝고 신기하던

지 이게 바로 문명 세계구나 싶었다.

　이미 오현고등학교 3학년에 재학 중이었던 작은 형이 제주시에서 자취 생활을 하고 있어 함께 생활했다. 방이 좁아 형과 내가 누우면 발 디딜 틈 없이 딱 맞았다. 겨울 밤이면 얼마나 추웠는지 이불을 꽁꽁 둘러쓰고 잠들곤 했다. 내가 오면서 집안 살림은 모두 내 차지가 되어버렸다.

　새벽 6시에 떠지지 않는 눈을 비비며 일어나면 밥부터 지어야 했다. 당시만 해도 제주도에서는 난방하지 않는 집들이 대부분이었다. 연탄불로 밥을 해야 했다. 게다가 보리밥은 짓는 시간이 오래 걸려 한 시간이 지나야 겨우 밥이 되었다. 별다른 반찬이 있을 턱이 없었다. 그저 밥과 김치, 된장국이 다였다. 가끔 자리젓을 먹기도 했는데 젓갈에 구더기가 생기면 툭툭 털어내고서 그냥 먹었다. 지금 생각하면 TV에 나올 일이지만, 그때는 다 그렇게 살았다.

　일주일에 한 번씩 몰아서 빨래했는데, 물론 형 것까지 다 내 몫이었다. 그나마 다행스러웠던 것은 당시 고산에는 수도가 없었는데 제주시에는 수도가 있었다는 점이다. 제주의 겨울은 비교적 따뜻하지만, 빨래할 때만은 여전히 추웠다. 차가운 물에 손을 담그고 빨래하다 보면 나중에는 손의 감각이 무뎌지고 빨개지면서 가려웠다.

　그때 내 꿈은 그저 따뜻한 온돌방에서 공부하고 잠자는 것이었다. 제주시에서 자란 친구들은 모두 연탄을 때는 온돌방에서 살고 있었기 때문이다. 아무리 추운 밤이라도, 아무리 공부에 깊이 집중하던 중이라도 어김없이 연탄을 갈아야 했다. 그때는 연탄의 질도 좋지 못해, 피다 말다 불이 꺼지기 일쑤였고 오래가지도 못했다. 돌아보면 참 힘든 시절이었지만, 그 시절에는 힘든 줄도 몰랐다. 모두 그렇게 힘겹게 살았기 때문이다.

　오현중학교 입학시험에서 내 성적은 전체 25등이었다. 한 학년 학생 수가

200여 명이었는데 시골과 제주시의 학력 차이를 감안하면 우수한 성적이었다. 입학생 중에서 시골에서 온 아이들은 다 합쳐봐야 10명도 채 되지 않았다. 입학식 때부터 벌써 제주시 아이들의 텃세가 시작되었다. 뒤에 앉은 제주시 출신 녀석들이 나를 발로 툭툭 찼다.

"야, 시골 촌놈!"

키도 작고 생김새도 동글동글해서 어린 티가 나니 만만하게 본 것이다. 나는 벌떡 일어나 발로 찬 아이를 이마로 받아버렸다. 제법 덩치가 컸던 녀석은 방심하고 있다가 한 방에 나동그라지고 말았다. 입학식 첫날부터 싸움을 벌인 것이다. 이후 한동안 제주시 아이들과 싸워야 했다. 내 존재를 입증할 시간이 필요했다. 싸울 때마다 머리로 들이받는 박치기를 많이 했더니, 나중에는 친구들 사이에서 "머리가 돌처럼 세다. 맞으면 코피가 난다" 해서 '고산 돌팩이'라는 별명이 붙었다. 사실 '돌팩이'는 제주말로 석공이라든가, 그다지 많이 배우지 못한 사람들을 욕하는 말이었다. 어쨌든 '고산 돌팩이'로 이름이 알려지고 나서는 함부로 구는 친구들이 없어졌다. 아이들은 싸우면서 크는지라, 그렇게 투덕거리고 나면 어김없이 친구가 되어버렸다. 입학한 지 얼마 뒤인 5월쯤 처음으로 국어·영어·수학만을 보는 시험을 봤는데, 학교 전체에서 5등을 했다.

"어라? 저 촌놈이…?"

나를 보는 친구들의 눈이 다시 한번 확연히 달라졌다. 공부만큼은 지고 싶지 않았다. 하루 종일 친구들과 어울려 쏘다녀도 돌아와서는 어김없이 책을 펴고 공부했다. 형이 잡아 앉혀 공부시킨 적도 있지만, 남들한테 지고 싶지 않다는 마음이 더 컸다. 그때 마침 '시골 놈'들이 10등 안에 세 명이나 들었다. 1등은 서강대 법학과 교수를 했던 홍성방이라는 친구였고, 그다음이 5등이었던 나 그리고 10등을 했던 친구가 하나 더 있었다. 우리 셋으로 인해 제주시 아이들이 시골 아이들을 무시하지 못하는 분위기가 만들어졌다. 오히려 촌놈인 나하고 친구하고 싶은 학생들이 생겼다. 이렇게 하여 나는 제주시의 '주류사회'에 편입할 수가 있었다.

중학교 때 학생 수는 3개 반에 한 반마다 65~70명, 총 200여 명이었다. 고등학교 때는 5개 반에 총 350여 명 정도로 좀 더 치열한 분위기였고 우열반으로 나뉠 때도 있었다. 나는 꾸준히 좋은 성적을 유지했다. 노느라 공부가 부족하다 싶으면, 시험 때 벼락치기 공부라도 해서 따라잡았다.

친구들과 어울려 노는 걸 좋아해서인지 학창 시절 친구들도 무척 다양했다. 공부를 잘하는 친구들도 있었지만, 주먹 쓰는 아이들과도 잘 어울렸다. 쌈박질만 하는 친구들에게는 가끔 잔소리도 했다.

"너희들도 공부 좀 해!"

제법 잘사는 친구들 집에 가면 문화적 충격을 받곤 했다. 어느 날인가는 친구인 김창범과 양진호 집에 놀러 갔다가 난생처음 전축을 봤다. 그 소리가 너무 황홀할 정도로 아름다워, 그때부터 친구 집에서 살다시피 하며 음악을 들었다. 팝송에서부터 클래식까지 전축에서 흘러나오는 음악이 내 어린 감수성을 자극했다. 그때부터 클래식을 좋아했다.

나는 좋은 환경에서 공부하는 친구들이 너무 부러웠다. 난방도 되지 않는 집에서 매일 아침 여섯 시에 일어나 보리밥을 안치는 나와 비교하면, 친구들은 '천국'에서 살고 있었다. 그 시절 친구들은 지금도 계속 만나고 있는 소중한 인연들이다.

중학교 1학년 끝날 때쯤, 한림읍에서 전학을 온 현창옥이라는 친구와 친했는데, 지금은 병원 내과 원장이 되어 있다. 한라일보사 사장을 지냈던 강만생, 그리고 몇 해 전 먼저 세상을 떴지만, 삼성중공업 이사를 지낸 이기정·홍성방

교수·박승옥·김영택·김동수·박선규·한승일 등이 돌멩이라는 서클을 만들어 지금까지 친교를 이어오고 있다.

　중학교 3학년이 되자 고등학교 진학이 고민이었다. 고등학교 진학은 곧 대학교 진학과 직결되는 문제이다. 당시 제주에서 서울에 있는 대학에 들어가기란 정말 어려운 일이었다. 서울대를 목표로 하는 학생들은 처음부터 서울로 올라가거나, 그도 아니면 부산의 명문고를 가야 한다고 생각하던 시절이었다. 그만큼 제주도의 교육 여건과 수준이 낮았다.

　나는 서울에 연고가 전혀 없었다. 하지만 부산에는 이모 한 분이 있었고, 사촌들이 모두 경남여중·고를 다니고 있었다. 그래서 부산 지역에서 명문고로 꼽

돌멩이. 고등학교 2학년 때, 강만생·김영택·이기정·김동수·박선규·한승일·박승옥·홍성방과 함께(1968년 4월)

했던 경남고등학교에 가면 어떨까 하는 생각을 했다. 차근차근 2학년 말부터 경남고등학교로 진학할 준비를 시작했다. 그런데 3학년 봄이 되자, 어머니가 슬그머니 말씀을 바꾸셨다.

"도저히 안 되겠구나. 부산에서 살 곳이 없다. 돈도 없고… 이모도 밥 세 끼 먹여줄 형편이 안 된다는데…."

목적이 사라졌으니 꿈도 사라졌다. 정말 마냥 놀았다. 학생들에게 출입이 금지된 극장에 들락거리며 당시 선풍적인 인기를 끌었던 〈역마차〉와 같은 서부 영화들도 보았다. 사복을 입고 극장에 갔다가 선생님께 들키면 줄행랑을 쳤다. 놀길 좋아하는 껄렁껄렁한 친구들과 몰려다니며 빵집에도 다녔다. 여학생들에게도 관심이 많았지만 아쉽게도 어울릴 기회는 별로 없었다. 수줍음 많고 부끄러움 많이 타는 나로서는, 아무리 흐벅지게 논다고 해도 여학생을 만난다는 건 언감생심 꿈도 꾸지 못할 일이었다.

목표도 없이 하루에 또 하루를 채워 내일을 만들어가던 그 시절, 나를 잡아 준 것은 종교였다. 나는 종교로 인해 내 중심을 바로 잡을 수 있었다. 중3 무렵 우연찮은 기회로 룸비니라는 불교학생회를 만들고 활동했다. 당시 서울에서 모 포교사가 내려와 '룸비니'라고 하는 중·고등학생 불교 모임을 만들었다. 아마도 포교사는 조계종 거사인 재가 불자가 아니었나 싶다. 마침 내기 다니던 오현중학교 바로 옆에, 제주 조계종 본사인 관음사의 포교당이 있었다. 자취방에서도 20여 미터밖에 떨어져 있지 않은 곳이라 호기심이 생겼다. 처음에는 그냥 기웃거리는 정도였지만, 한 번 두 번 가게 되면서 점점 흥미를 갖게 되었다.

부처님 앞에만 가면 마음이 차분해졌고 은은한 향냄새도 무척 좋았다. 친구들과 어울려 늦게까지 놀다가도 아침 새벽에 절간에 가서 예불을 드렸다. 새벽

제주 룸비니(1967년)

고은 선생·정만 스님·나경원 의원과 국회에서(2014년)

4시 법당 종소리에 깨어나 아침 예불을 드리고 집으로 돌아와 책상 앞에 앉으면 얼마나 집중이 잘 되던지. 그 두세 시간만으로도 하루 공부가 충분했다. 공부는 얼마나 오래 하느냐가 아니라 얼마나 집중력을 가지고 하느냐가 중요하다는 사실을 나는 그때 터득했다.

그러던 어느 봄날, 주말을 맞아 사라봉에 있는 원명사라는 절에 소풍을 간 적이 있었다. 그때 지도 법사로 오셔서 우리에게 불교에 대해 강의해주신 분이 있었는데, 말씀이 참 걸걸하고 내용도 이해가 쉬워 오래 기억에 남았다. 나중에 알고 보니 그 분이 바로 유명한 고은 선생이셨다. 그때도 이미 저명한 작가셨지만, 우리는 유명한 분인 줄도 몰랐고 그저 스님인 줄만 알았다. 아마도 그때 선생은 반쯤 탈속하셨을 때가 아닌가 싶다. 훗날 민주화 운동을 하면서 고은 선생님을 자주 뵙게 되었는데, 옛 사진을 보여드리며 옛 시절의 기억을 함께 나눈 적이 있다.

아직 중학생이라 어려운 불교 경전을 열심히 공부한다거나 깊이 있는 말씀을 이해하는 수준은 아니었다. 다만 내 마음속에 깊이 남아 있는 말씀은 '일체유심조(一切唯心造)'라는 한마디였다. 모든 것은 오로지 그것을 인식하는 마음이 만든다는 뜻이다. 사실 당시 어리고 자만심도 강했던 나는 그런 큰 의미를 온전히 이해하진 못했다. "정신일도 하사불성(精神一到 何事不成), 내가 열심히만 히면 무엇이든지 할 수 있다" 이런 식으로 이해한 면이 없지 않았다. 하지만 그 말씀 덕분에 "몇 시간을 공부하건 말건 그 시간 동안 충실하게 하자!"라고 생각했다.

고백하자면 지금도 그때의 생각에는 변함이 없다. 일체는 결국 마음에 달려 있다. 그리고 사람은 다 똑같다. 사람 위에 사람 없고, 사람 밑에 사람 없다. 모든 것은 어떻게 자신의 뜻에 집중하느냐, 그리고 그것을 어떻게 발현시키느냐

일본의 유명작가이고 국제평화주의자인 오다 마코토(小田実)가 서울에 왔을 때. 고은·강만길·김봉우·정진성·하종문 교수 등과(1995년 11월)

의 문제다. 일체유심조. 그것이 소년 강창일을 강인하게 만든 중·고등학교 시절의 힘, 그리고 앞으로 다가올 험난함을 이겨낼 힘이었다.

이유 없는 반항

중학교를 마칠 때까지 전체 등수 10등을 넘겨 본 적이 없었다. 친구들과 어울려 놀면서도 공부를 게을리하지는 않았다. 고등학생이 되자 반이 다섯 개로 늘어났지만, 그래도 우수한 성적을 유지했다. 중·고등학교 6년 내내 장학금을 받으며 공부했는데, 어쩌면 장학금 받는 재미로 공부를 꾸준히 했는지도 모르겠다. 어머니의 짐을 조금이라도 덜어드리고 싶었기 때문이다.

그런데 고등학교에 입학한 지 얼마 되지 않아 또 사고를 치고 말았다. 오현 고등학교에 입학하는 아이들은 크게 두 부류로 나뉘었다. 한 부류는 그래도 제주도에서 공부를 꽤나 잘했던 아이들이었고, 다른 한 부류는 집이 잘사는 아이들이었다. 그러다 보니 학생 중에는 제주 지역 명문가 자제들이 꽤 많았다. 그리고 학교에서는 누가 어느 집 아들인지 서로 다 알았다. 고1 때 담임 선생님은 국어 교사였는데, 두드러지게 학생들을 편애하는 분이었다. 학생들을 대하는 태도에도 그대로 드러나, 집이 부자인 아이들에게는 한없이 자애로웠으며 반대로 가난하거나 시골의 아이들에게는 노골적으로 엄했다.

집안 형편이 갑자기 어려워져 학비를 제때 못 냈다. 그 일로 나는 급우들이 다 보는 앞에서 담임 선생에게 따귀를 맞았다. 사실 학교 사회 내에서도 일종의 권력관계가 있어, 공부 잘하는 학생을 때리거나 하는 일은 좀처럼 없었다. 그런데도 담임 선생님이 나에게 손찌검하고 모욕을 주었다. 어린 마음에 느낀 자격지심이었을지도 모르지만, 나는 분명 선생님이 부당한 차별을 하고 있다고 생각했다. 우리 집이 가난하다는 이유로, 어머니가 한 번도 학교를 찾아오지 않는다는 이유로 선생님은 대놓고 나를 경멸하고 모욕한 것이라고 생각했다. 참을 수 없었다. 그 길로 나는 양호실로 가서 누워버렸다. 친구들이 나를 찾으러 왔지만, 꼼짝도 하지 않았다.

"머리 아파! 교실엔 안 들어갈 거야!"

맞았으니 머리가 아픈 것도 사실이었지만 사실상 무언의 시위였다.

지금도 간혹 교사들의 심한 체벌이 문제가 되는데, 그 시절에는 교사들의 체벌이 거의 폭력 수준이었다. 학생들을 주먹으로 때리던 모 학생과장 선생님이 있었다. 그 선생님과도 악연이 있었다. 고1 때 영어를 담당하던 그 선생님의 수업 시간이었다. 점심시간이 지난 오후 시간이라, 나도 모르게 깜빡 졸고 말았다. 하필이면 선생님 눈에 띄고 말았다. 그저 주의만 주어도 될 텐데 학생들 앞에서 심하게 모욕당하고 말았다. 이후 나는 그 선생님의 영어 수업에는 교실에 들어가지 않았다. 일종의 시위였다. 지금 같으면 학교에서 난리가 날 일이었지만 그 당시는 고등학생을 거의 어른으로 대해주던 시절이었다. 그 일이 있고 난 뒤, 당연히 그 선생님과는 견원지간이 되어 버렸다. 그러다 결국 3학년 여름방학 때 그분과 엉켜져서 심하게 싸운 적이 있었다. 그 일로 교무회의에서 내 처벌을 놓고 격론이 벌어졌다. 담임 선생님께서 나를 불러 말씀하셨다.

"가서 선생님께 죄송하다고 사과해라."

"네? 제가 잘못한 것이 없는데 왜 사과를 해야 합니까?"

"그 선생이 지금 너를 정학시키려고 해서 그러는 거야."

담임 선생님은 나를 타일러 사과를 시키려 하셨지만, 나는 끝까지 버텼다.

"못 합니다. 사과 못 하겠습니다."

다행히 아무런 처분도 받지 않았다. 나를 두둔해주시는 선생님들이 더 많았다. 그 일이 있고 나서 "아무개 선생이랑 맞짱 뜬 학생"이라고 동네방네 소문이 났다. 그 시절 학교에서 교사는 권력이었고 그중에는 불의한 권력이 있었던 것도 사실이다.

서울대학교 법대에 들어가서 변호사가 되어 우리 사회를 위해 좋은 일을 많이 하겠다는, 야무진 꿈에 부풀어 있었다. 그러다 보니 자연히 사회에 관한 관심이 높아졌다. 나는 매일 신문을 꼼꼼히 탐독했다. 박정희 정권의 독재에 대한 저항의 싹이 서서히 움트던 시절이었다.

1969년, '3선 개헌' 반대 데모

1969년 한국의 정치적 상황은 '3선 개헌' 문제로 들끓고 있었다. 이미 그 전해인 1968년 12월부터 여당 측에서 개헌 논의를 슬그머니 꺼내더니, 해가 바뀌자마자 대통령과 여당 주요 인사들이 신속하게 추진하기 시작했다. 이 개헌안의 주요 내용은 대통령의 3선 연임 허용, 대통령에 대한 탄핵소추 결의 요건 강화, 국회의원의 행정부 장·차관 겸직 허용 등이었다. 사실상 정권 연장을 위해서 헌법을 개정하려는 시도였다.

이를 통과시키기 위하여 정부 여당이었던 공화당은 야당인 신민당 의원 3명을 포섭하여 모두 122명의 개헌 지지선을 확보했다. 그리고 대한 반공연맹·대한재향군인회 등 50여 개의 관변 단체들을 동원하여 개헌 지지 성명을 발표, 연일 관제 데모를 사주하는 등, 독재정권을 연장하기 위한 갖은 술수를 다 동원하고 있었다. 이에 신민당은, '3선 개헌'에 동의한 의원의 의원직을 박탈하기 위하여 9월 7일 당을 해산하는 편법을 사용하여 '신민회'라는 이름으로 국회 교섭단체로 등록하였다. 그러고서 〈대통령 삼선개헌 저지 투쟁위원회〉를 만들어 개헌 반대 투쟁에 나섰고 종교계·학계·학생층 및 지식인 세력을 규합했다.

6월이 되자, 전국 대학교에서 연일, 장기 집권을 위한 개헌 반대 시위가 벌어졌다. 정부 당국은 이 같은 상황을 막기 위해 방학 중에 학교장의 사전 승인 없이 학생집회를 금지하라는 명령을 각 학교에 내리고, 휴교 또는 조기방학 조처를 하기도 했다.

9월 정기국회가 개회되자 각급 학교들도 개학을 맞았고, 서울대를 시작으로 데모 열풍이 재점화되었다. 이로 인해 전국 대학은 다시 휴교사태를 빚었다.

그러나 이런 반대에도 불구하고 9월 14일 일요일 새벽 2시, 결국 3선 개헌안이 국회에서 날치기로 통과되었다. 그 후 개헌안은 10월 17일 국민투표에서 총유권자의 77.1% 참여에 65.1% 찬성을 얻어 확정되었다. 이로써 박정희는 1971년 4월 제7대 대통령선거에 민주공화당 후보로 다시 출마할 수 있는 법적 근거를 마련하였다. 박정희 대통령의 장기 집권과 유신체제의 막이 오른 것이다.

1969년 당시 나는 고등학교 3학년이었다. 제주도에서도 관변 단체까지 동원하여 성명서를 내는 등 '3선 개헌'을 시도하려는 분위기로 몰아가고 있었다. 사실 그때의 어린 우리는 박정희 대통령이 좋다, 나쁘다고 판단할 수 있는 상황은 아니었다. 단지, 당시 미국을 민주주의의 전범으로 알고 있던 우리는 "민주주의는 재선, 8년만 하는 것"이라고 생각했다. 초등학교 때부터 "이승만 대통령은 3선을 하려다 몰락한 독재자다"라고 들어온 것도 큰 영향을 끼쳤다. 그런데 갑자기, 그렇게 교육해온 박정희 정권이 '3선 개헌'을 시도하려 하다니, 그건 명백히 반민주적인 일이었다. 그러던 어느 날 시내 중심에 있었던 오현고등학교에 '3선 개헌 절대 지지'라는 현수막이 걸렸다. 지금은 미국에서 수학교수를 하는 고대진과 함께 울분을 터뜨렸다.

"야, 이건 안 되는 거 아니냐?"

우리는 의기투합했다. 그 친구와 나는 다음 날 새벽에 몰래 학교에 가서 현수막에 까만 줄을 하나 그었다. '3선 개헌 절대 지지'라는 문구에 그은 까만 줄 하나가 순식간에 '절대 저지'로 뒤바꾸어버렸다. 글자가 비슷하니까 처음에는 사람들도 뭐가 바뀌었는지 깨닫지 못하다가, 나중에야 알아차리고 학교가 뒤집혔다. 학교에서 몇 천 명이나 되는 사람들이 모여 관제 데모를 하고 있는데, 현수막에 '3선 개헌 절대 저지'라고 쓰여 있었으니 놀라 혼비백산할 만도 했다. 졸지에 군중들이 '3선 개헌 절대 저지'를 위해 모여 버린, 웃지 못할 형국이 되어버린 것이다.

사실 그 새벽의 현장에는 친구와 나만 있었던 게 아니었다. 우리가 그 일을 하는 걸 본 선생님 한 분이 계셨다. 학교와 경찰에서 범인을 색출하려고 난리를 피우는데도 선생님은 끝까지 모른 체 해주셨다. 나중에 내가 처음으로 국회에 등단할 때가 되어서야 선생님이 "그때 내가 지켜보고 있었다"라고 말씀해주셨다.

그로부터 몇 개월이 지난 9월 14일. 결국 국회에서 '3선 개헌안'이 날치기로 통과되었다. 15일 아침 신문을 펼치자마자, '국회 날치기 통과'라는 대문짝만 한 헤드라인이 눈에 들어왔다. 분통이 터지고 의분이 끓었다. 그날 저녁 도저히 참을 수가 없어, 몇 명의 친구들을 찾아갔다.

"이렇게 가만히 있을 수는 없다. 우리 데모라도 해서 반대의 뜻을 알리자!"

각 반 대표 격인 친구들을 찾아갔다. 각 반 반장의 동의를 하나하나 얻었고, 학생회에서 체육부장을 하고 있던 친구 고세종(작고)도 함께하기로 약속했다.

데모 일시는 9월 19일 금요일 전체 조회로 잡았다. 그날을 '거사일'로 택한 이유는 당시 정일권 국무총리가 그날 제주에 와서 제주은행 개점 축사를 하기로 예정되어 있었기 때문이었다. 그때 처음으로 개소한 제주은행은 우리 학교에서 불과 200m도 채 떨어지지 않은 곳에 있었다. 지금 생각해보면 어린 나이에 어떻게 그런 정황을 고려해가며 계획을 세울 수 있었을까, 신통방통하기만 하다.

날짜까지 잡았지만 아무래도 학생회를 배제할 수는 없다는 생각이 들었다. 그래도 학생회는 학생들을 대표하는 합법적인 단체였다. 일단 학생회장에게 만나자는 연락해서 다짜고짜 거사 계획을 알렸다.

"3선 개헌에 반대하는 데모를 해야 하겠다."

당시의 학생회장은 공감하면서 생각할 시간을 달라고 했다. 얼마 후 연락이 왔다.

"같이 하겠다. 그리고 같이할 친구 몇 사람도 생각해봤다."

우리는 본격적으로 준비에 들어갔다. 〈국민에게 보내는 메시지〉, 〈유엔에 보내는 메시지〉, 〈국회에 보내는 메시지〉, 〈대통령에게 보내는 메시지〉를 각각 준비했다. 나도 〈국민에게 보내는 메시지〉를 맡았지만, 아이디어를 짜고 함께할 친구들도 규합하러 다녀야 했기 때문에 시간이 없었다. 결국 시를 쓰는 나기철 후배에게 대신 좀 써달라고 부탁했다. 그렇게 준비한 메시지는 따로 등사해서 배포하지는 않고 당일 낭독하기로 했다.

거사 전날 잠이 오지 않았다. 우리의 행동이 어떻게 마무리될지 걱정이 되기도 했다. 무슨 일을 당할지 모르는 상황이었다. 어쩌면 학교를 퇴학당하고 경찰에 끌려갈지도 모른다고 생각했지만, 그래도 내가 지금 하는 행동이 정의라고 믿었다. 그렇다면 망설일 필요가 없었다.

드디어 거사의 아침이 밝았다. 두근거리는 가슴으로 학교에 갔다. 전체 조회에 참석하려고 운동장에 오현중·고등학교 학생들이 모두 모였다.

학생회장이 단상으로 올랐다. 아이들이 웅성거리기 시작했다. 떨리는 목소리로 '3선 개헌'을 반대하는 〈대통령에게 보내는 메시지〉를 낭독했다. 학생들이 반응하기 시작했다. 우렁찬 박수와 '옳소' 하는 외침이 파도처럼 일어났다. 하나하나 순서를 거쳐 마침내, 내가 〈국민에게 보내는 메시지〉를 읽는 차례가 돌아왔다. 그 순간 갑자기 마이크가 꺼졌다. 정보과 형사가 학교로 진입한 것이었다. 우리가 흥분해서 덤벼들자 기세에 놀란 형사들이 달아났다. 누군가가 외치기 시작했다.

"3선 개헌 결사반대"

점점 그 목소리는 전체의 울림으로 변했다.

"3선 개헌 결사반대! 3선 개헌 결사반대!"

학생들이 스크럼을 짜더니 교문 밖으로 쏟아져 나가려고 했다. 중학교 1학년들까지 가세하여 흥분한 아이들이 소리치기 시작했다. 순간 밖으로 나가면 위험하겠다는 생각이 머리를 스쳤다. 불과 200미터 밖에는 정일권 총리가 와 있었으며, 이를 경호하기 위한 경찰이 배치되어 있을 터였다. 흥분한 학생들을 가까스로 말려 교문 밖 진출을 막았다.

200m가량 떨어진 곳에 있었던 정일권 총리도 그 소리를 들었다고 한다. 마이크 소리가 쩌렁쩌렁 울리고, 국무총리 차량이 지나갈 때는 학생들이 돌멩이까지 던졌다. 사건은 일파만파로 커졌다. 제주 오현고등학교 학생들이 데모했다는 기사가 중앙일간지에도 실렸다. 광주일고와 더불어 전국에서 처음으로 일어난 고등학생들의 시위였다. 그로 인해 당시 제주 경찰국장이 경질됐고 교육감도 몇 개월 후에 사임했으며, 한동안 오현학원은 재단 파동으로 몸살을 앓았다. 제주도 사회가 발칵 뒤집힌 유명사건이 된 것이다.

그다음 날부터 어머니가 사는 집 근처에 경찰이 어슬렁거린다는 말이 들렸다. 나는 죄를 지었다는 생각이 없었다. 처음부터 이것저것 뒷일을 재지 않고, 일을 치르고 난 뒤에도 두렵지 않았다. 내가 사는 집을 사람들이 잘 모르기는 했지만, 만약을 위해 친구 집에 가서 숨어 있었다.

그 며칠 사이 학교는 난리가 났다. 함께했던 친구들은 물론이며 부모님들과 담임 선생님들이 줄줄이 경찰서에 출두하고 있었다. 내게도 주변 사람들을 통해 경찰서로 와라, 학부모님과 같이 출두하라는 소리가 계속 들려왔다. 하지만

"어머니는 여기 없고 시골에 계신다. 시골에 계시는 분한테까지 걱정시킬 수 없다"라고 둘러대며 끝까지 어머니 귀에 걱정스러운 소식이 들어가지 않도록 애를 썼다.

결국 2~3일 뒤 경찰서에 자진 출두했다. 다른 아이들은 다 부모님과 함께 왔는데, 나만 혼자 가서 꼿꼿이 앉아 있었다. 칠성통에 사시는 고모부가 워낙 사업을 크게 하시다 보니, 경찰서에서도 내가 그 집안이라는 걸 다들 알고 있는 눈치였다. 나중에 결국 고모부가 경찰서에 오셨던 기억이 난다. 조서가 꾸며졌고, 〈대통령선거법〉 위반으로 기소당했다. 학교에서도 정학 처분을 받았다.

정학으로 학교에 나갈 필요가 없게 되었으니 시험 전까지 서울에 가서 공부나 하기로 했다. 경찰서에 출두한 지 며칠 되지도 않아 서울에 있는 누나 집으로 줄행랑을 쳤다.

광주 소년원

정학으로 학교에 가지 못했지만, 그해 11월 예비고사에 합격한 후, 서울대학교 법대에 원서를 냈다. 당시에는 제주에는 지방법원만 있었고, 광주에 가정법원과 고등법원이 있을 때였다. 미성년자 신분으로 기소가 되었기 때문에 광주 가정법원에서 계속 출두하라는 요구서가 왔던 모양이었다. 나는 그 상황을 전혀 알지 못하고 있었다. 어머니 집으로는 출두 명령서가 계속 나오고 있었는데, 서울에 있는 내가 받아볼 수가 없으니 작은형에게 연락이 닿았다. 어머니는 그때까지도 상황을 잘 모르고 계셨다. 작은형이 나에게 출두 명령에 대해 알려주기 위해 서울로 올라왔다. 오랜만에 만난 작은형은 많은 말을 하진 않았지만, 나를 바라보는 얼굴에 대견하다는 표정이 뚝뚝 묻어났다.

시험에 대해서는 자신만만했다. 문과에서는 수학을 잘하면 훨씬 유리한데, 나는 수학에 자신이 있었다. 시험 당일에 정신만 바짝 차리면 될 거라고 철석같이 믿었다. 어차피 공식은 누구나 다 아는 거 아닌가. 그런데 입학시험 당일. 수학 시험지를 받아 든 순간, 공교롭게도 첫 문제에서 막혀버리고 말았다. 당황하다 보니 다음 문제, 그다음 문제도 제대로 풀리지 않았다. 결국 필기시험을 완전히 망치고 말았다. 필기시험 다음에는 면접시험이 기다리고 있었다. 하지만 면접시험을 포기해야 했다. 그때 4차 출두 명령서가 날아왔기 때문이다. 이번에도 출두하지 않으면 강제구인한다고 했다. 어차피 떨어질 시험인데 좋은 핑곗거리가 생겼다. 광주로 내려가 가정법원에 출두했다.

다른 친구들은 모두 대통령선거법 위반으로 검찰에 기소된 후, 가정법원으로 송치되어 선고 유예로 풀려난 상태였다. 미성년자이기 때문에 보호자가 신병을 인수해가는 식이었다. 이미 다 풀려나고 나만 남은 상태였다. 나에 관한 기소 내용을 읽어본 가정법원 판사가 물었다.

"자네 이제 고등학교를 졸업하는데, 앞으로 어떤 일을 할 건가?"

"서울대학교 법대에 진학할 겁니다. 변호사가 되고 싶습니다."

판사가 나를 지그시 바라봤다. 그 어떤 빈정거림도 없었다. 묵묵히 지켜보던 판사가 힘주어 말했다.

"공부 열심히 해서 꼭 훌륭한 사람이 되어야 하네."

그때만 해도 사법 정의가 살아 있었던 시대였다. 나는 격려해준 판사 앞에서 진심 어린 감사의 말을 하고 소년원에 잠시 있다가 바깥세상으로 나왔다. 다시 고향 제주도로 내려갔다. 판사의 마지막 말이 머릿속을 떠나지 않았다.

나는 판사가 말하는 훌륭한 사람이란 정의로운 사람이라고 생각했다. 변호사가 되기 이전에 불의에 저항할 줄 아는 용기 있는 사람이 되어야 했다.

시간이 지난 후 2001년경 〈민주화 운동 관련자 명예 회복 및 보상심의위원회〉가 만들어졌을 때, 당시의 '3선 개헌 반대 시위'를 근거로 한 전과기록을 찾고 싶었다. 그런데 증명 자료를 갖추기 위해 광주 소년원에 연락했더니 기록이 없다는 통보가 왔다. 소년원의 경우는 아직 미성년자였던 해당자를 보호하기 위해 10년이 지나면 자료를 폐기해버린다는 것이었다. 나는 지난 과거에 실추된 내 명예를 회복 받으려면 꼭 그 자료가 필요한데, 법의 입장에서는 당시의 미성년자를 보호하기 위해 자료를 폐기해버린 것이다. 검찰에도 법원에도 알아보았지만 모두 다 자료가 없다는 대답만 돌아왔다. 30년밖에 안 된 일인데 이렇게 자료를 찾기가 어려운지, 의아한 생각마저 들었다. 아무리 작은 일이라도 역사적 근거를 남기는 것은 역사학도의 의무이기도 했다. 혹시나 하는 마음에, 대전에 있는 국가기록원에 근무하는 한 후배에게 문의해 보았다. 일주일쯤 지나 연락이 왔다.

"선배님, 여기 뭔가 하나 있는데요. '잡범'으로 형님 이름이 나옵니다."

"뭐? 아니, 나는 정치범인데 웬 잡범이야. 동명이인이겠지."

"아닌데…. 아무래도 선배님 같은데요. 일단 한번 와 보시는 게 좋겠습니다."

내려가서 직접 문서를 살펴보았더니, 정말로 도둑놈·잡범 등의 이름이 나열된 문서에 나를 포함한 낯익은 다섯 명의 이름이 있었다. 〈대통령선거법〉 위반, 광주 가정법원 송치라는 딱 한 줄의 기록. 참 허탈했다.

김학렬·오윤경·고대진·양영진 그리고 나 우리 다섯 명은 그 자료와 당시 신문 등의 추가 자료를 모아서 〈민주화 보상위원회〉에 제출했다. 다행히 민주화 유공자로서 인정받을 수 있었다. 생각해보면 당시 경찰청에서는 조서도 꾸미고 했었으니 자료가 있지 않았을까. 정치적 문제와 관련된 기록이라 어딘가 깊이 숨겨져 있는 걸까. 불과 30년 전의 일임에도 불구하고 역사의 진실을 밝히기란 이렇게나 어려운 일이었다.

승려가 되려 하다

제주도에 내려왔지만 막막했다. 꿈이었던 대학은 떨어지고, 소년원에 갔다 온 충격으로 삶에 대한 회의감이 밀려들었다. 머릿속에선 삶에 대한 근본적인 질문들이 계속 맴돌았다.

"왜 사람은 살아야 하나. 삶의 의미는 무엇이고 생명의 기원은 무엇인가." 사춘기 시절부터 품고 있던 의문들과 다시 마주하며 인생에 관한 공부를 하고 싶었다. 제주에 도착해 사라봉에 있는 보림사를 찾아갔다. 고즈넉한 절간에서 지내며 스님들·보살님들과 밥도 같이 먹고 대화도 많이 나누었다. 산 중턱에 있는 절이라 주변에는 무덤도 많았다. 그런 무덤가에 가서 하늘을 보고 누워 "삶은 무엇이고 죽음은 무엇인가?" 하는 철학적인 상념에 빠지곤 했다. 보림사 아래쪽에 있는 사라사에는 젊은 스님도 한 분 계셔서, 그분을 자주 찾아가 이런 내 고민에 관해 답을 구하기도 했다. 마음속에서는 아예 속세를 떠나 불교에 귀의할까 하는 고민이 있었다.

그러던 어느 날, 어머니를 뵈러 제주시에 나가게 되었다. 친하게 지냈던 친구들은 대부분 서울에 올라가서 대학을 다니거나 재수 생활을 하고 있었기에 만날 친구도 딱히 없었다. 그래도 나간 김에 그간 아들처럼 대해주신 현창옥의 어머니도 뵙고 인사를 드렸다. 그 집에서 두런두런 이야기를 나누다가 깊은 밤이 되어서 돌아가려고 하는데, 비가 엄청나게 쏟아졌다. 어쩔 수 없이 우산을 하나 얻어 캄캄한 밤길을 나섰다. 사라봉 앞까지는 한 1km 정도의 거리이니 그리 멀지는 않았다.

자정 무렵 사라봉 입구의 공동묘지 앞에서 택시를 내렸다. 그때부터 500m 남짓 꼬불거리는 산길을 오르기 시작하는데, 불빛 하나 없는 그 길이 어찌나 무섭고 길게 느껴지던지. 다리가 후들거리고 이마에서 바짝바짝 식은땀이 솟았다.

"야, 절간에 들어가 승려가 되겠다는 생각도 했으면서, 그리고 생의 근원을 묻겠다고 하면서 고작 이런 걸 무서워해서 어떻게 하냐?"

앞에서는 흰옷을 입은 누군가가 같이 가자며 나를 자꾸 부르는 것만 같았다. 더듬더듬 걸어가다 땅이 푹 꺼져버려 2m 높이의 낭떠러지 아래로 떨어졌다. 길을 찾으려고 기를 쓰다 다시 넘어지고 계속 진흙탕에 굴렀다. 겨우 일어나 절 입구에 다다랐다. 그때 이미 4시에 예불 종이 울리고 있었다. "스님 살려 주세요"라고 소리를 지르고 들어갔다. 걱정된 스님이 나를 맞으러 나오셨을 때는, 완전히 얼이 빠진 상태였다.

"자네 귀신 만났구먼."

스님이 선 자리에서 어지러운 넋을 쫓는 의식을 해주시고서야 마음이 진정될 수 있었다. 그다음 날 스님이 내게 농담하셨다.

"자네 지내는 방 밑에 처녀 무덤이 있었거든. 이 절이 원래 처녀들, 아기들 무덤터에 만든 거야. 몰랐어?"

그다음 날부터는 밤마다 귀신이 문밖에서 나를 부르는 환청에 시달렸다. 한 달이 지나자 몸이 바짝바짝 마를 지경이었다. 잠도 제대로 잘 수 없었고 자더라도 매번 가위에 눌렸다.

"아니, 귀신도 못 이기는 내가 무슨 승려가 되겠다고…"

그러고는 절간을 나서 서울로 올라와 버렸다. 그 후로는 그런 일이 전혀 없는 것을 보면 우스개처럼 말하지만, 귀신이 전깃불을 무서워하는 모양이다. 그렇게 4개월 남짓 절간에서 지내며 미래에 관한 생각, 삶에 관한 생각은 아주 많이 바뀌었다. 무엇보다도 법대에 가겠다는 생각이 사라졌다.

철학이나 역사학은 어떨까? 생물학은 어떨까? 생명의 근원에 대해 좀 더 깊이 공부해볼까? 일단 이과로 대학에 들어왔다가 문과로 바꾸는 경우들이 종종 있었는데, 거꾸로 문과로 입학해서 생물학과로 학사 편입을 하는 건 어떨까 생각해보기도 했다. 결국 역사학과에 진학하게 되었던 것도 인간의 삶과 그 근원을 궁금하게 여겼던 그 시절의 깊은 고민의 연장이 아닌가 싶다.

제2장
서울에서 대학 생활

1971년, 서울대생이 되다

서울에 올라온 6월쯤부터 대학에 가기 위한 재수 생활이 본격적으로 시작되었다. 대성학원에 다니며 열심히 공부했다. 그리고 몇 개월 뒤, 대학 입학원서를 쓰기 위해 전공학과를 정해야 할 시점이 되었다. 이전까지 얘기해왔던 법대가 아니라 문리대 철학과나 역사학과를 가겠다고 했더니 집안이 발칵 뒤집혔다.

그때만 해도 시골에서는 공부를 잘하면 문과에서는 법대나 상대에 갔다. 게다가 철학과를 나오면 철학관 차려서 점쟁이나 되고, 역사학과는 옛날이야기나 하는 곳으로 인식이 되어 있었다. 그런데 철학과보다는 역사학과가 덜 저항받아서 결국 국사학과를 선택했다.

당당히 합격했다. 합격도 합격이었지만, 입학 성적이 좋아 상위 5%의 학생들에게 주는 장학금도 받았다. 서울대학교 학비는 사립 대학교에 비해 아주 싼 편이었지만, 그마저도 면제받게 되어 무척 기뻤다.

당시 서울대 문리대는 지금의 대학로인 동숭동에 있었다. 함께 입학한 동기생들을 보니 어찌나 순진무구해 보이던지 다 동생들 같았다. 이미 어린 시절부터 소위 논다는 친구들과 어울려봤고 시위 주동에 소년원 구경까지, 급기야는 귀신과도 안면을 텄으니 명문고에서 공부만 한다 온 동기생들이 착해빠진 모범생들로 보인 것도 무리가 아니었다.

대학 생활에 대해 조언도 해줄 겸, 2·3학년 선배들이 공릉동에 있는 교양과정부 강의실에 모여들었다. 과 대표를 뽑는다는 것이었다. 다들 쭈뼛쭈뼛 서로들 눈치만 살폈다. 사회를 보던 내가 이렇게 해서 무슨 과 대표를 뽑나 싶었다. "알았어. 그럼 내가 할게" 이렇게 해서 과 대표가 되었다. 지금 생각하면 우습고 오만하기 짝이 없는 태도였다.

그때 명문고 출신들은 그들끼리만 어울려 놀았다. 제주 출신은 5명 정도밖에 없었다. 촌놈이 끼어들 자리가 없었다. 학교에 와도 외롭고 서울의 거리도 외로웠다. 이렇게 사람이 많아도 의지할 곳이 없다는 생각에 묘한 객창감마저 들었다.

당시 서울대 전체 제주 출신이 40여 명(대학원 포함)이 채 안 되던 시절이었다. 하지만 연세대학교를 진학한 고향 친구들은 제법 있었기 때문에 신촌이나 이대 근처에서 그 친구들과 자주 어울렸다. 거의 매일 같이 술을 마시며 놀다 보니 출석 미달인 과목도 속출했다.

서울대 제주학우회 활동과 역사학자의 꿈

서울대에 입학하니 제주학우회가 있었다. 한림에서 초·중학교를 졸업하고 부산에서 고등학교를 나와, 서울법대에 들어와서 학생회장도 하고 한일회담 반대 투쟁 등 민주화 운동도 힘차게 했던 장명봉 선배(작고)가, 1971년 서울대 제주학우회를 만들었다.

1970년 12월, 서귀포항에서 부산으로 감귤을 싣고 가던 여객선 남영호가 침몰하여 326명의 사망자를 낸 대형 참사 사건이 발생했다. 자연재해가 아니라 과적에 의한 인재 사건이었다. 장 선배가 중심이 되어 진상규명과 처벌을 주장하면서, 1971년 봄에 서울대 제주학우회가 출범하게 되었다. 처음부터 문제의식을 가지고 창립되었기 때문에, 일반 친목회와 달리 제주 현안을 조사하고 연구하는 학생단체였다.

칠인회 부부 모임(김수종·박기환·양창수·김영철·현천욱·홍진표). 신용하 교수를 모시고 제주 얘기를 나누다(2023년 1월).

초대 회장에는 상대에 다니던 박기환 선배가, 2대는 음대의 문관식 선배가, 3대에는 내가, 4대에는 홍진표가 맡았다. 그때 맺어진 인연으로 장명봉 교수, 양창수 교수(전 대법관), 박기환 교수(베트남의 대학교수), 김영철 변호사(전 차장검사), 현천욱 변호사, 홍진표 교수(외대) 등이 7인회를 만들어 지금까지 50여 년 우의를 다지고 있다. 장명봉 선배가 돌아가시고 나서 언론인 김수종 선배가 들어와서 같이 만난다.

그렇게 대학 생활을 이어가던 2학년 말에 서울대 제주학우회 회장을 맡고, 거기에다 재경 오현고등학교 동창회, 통칭 '현우회'라고도 불렸던 동창회 회장까지 맡게 되었다. 회원 대부분이 얌전한 모범생이었던 데 반해, 나는 사람들과 쾌활하게 어울리다 보니 여기저기에서 회장으로 뽑아주었다. 두 가지 일을 한꺼번에 맡으며 바빠졌지만, 내 머릿속으로는 미래에 대한 계획을 차근차근 세우고 있었다.

우선 3학년이 되면 학군단(ROTC)에 지원하기로 했다. 그러면 장교 월급을 받으니 그걸 모으면 대학원 학비를 마련할 수 있겠다 싶었다. 석사과정에 진학해 훌륭한 논문을 쓴 후에, 정론을 펼치는 언론인이 되고자 했다. 당시 롤모델은 천관우 선생이었다.

그분은 역사학자이자 동아일보 편집국장도 역임했던 언론인이며 서울대 사학과 선배이기도 했다. 치열한 역사의식과 함께 강직한 성품으로 널리 알려진 분이다. 암울한 독재 치하에서 민주주의와 언론의 자유를 수호하기 위해 한평생을 바쳤다. 서슬 퍼런 유신독재 앞에서도, "서서 죽을지언정 무릎 꿇고 살지 않겠다"라고 일갈했던 당대 최고의 논객이었다. 선생이 사학과 졸업논문으로 쓴 「반계 유형원연구」는 우리나라 실학 연구에 지대한 공헌을 한 논문으로서, 사실상 '실학'이라는 개념을 뿌리내리게 하는 데 큰 역할을 했다. 그분만 아니라 대단한 문장가이기도 해서 미국 기행 중에 쓴 「그랜드 캐니언」이라는 수필이 중학교 교과서에 실릴 정도였다.

안타깝게도 돌아가시기 몇 해 전인 1980년대 초에 전두환 정권의 민족통일중앙협의회 의장직을 받아들여, 재야지식인들로부터 "변절했다"라는 비판을 받았다. 그러나 그때만 하더라도 사학자의 표본이자 재야의 어른이셨다. 나는 천관우 선생을 내 미래의 모습으로 정했다. 선생님 같은, 현실에 적극 참여하는 지성인의 삶을 살고 싶었다. 그런 존경심으로 결혼 때 주례를 부탁하기도 하고, 정초이면 늘 세배를 다니었다.

그러나 이상은 멀고 눈앞에 펼쳐지는 현실은 아팠다. 1학년을 대학의 낭만으로 지새울 때 박정희 정권은 영구집권의 야욕을 하나둘 드러내고 있었다. 그리고 2학년이 되던 1972년 10월 17일, 유신헌법을 선포했다. 점점 학교의 분위기는 싸늘해져 갔다. 사복 경찰들이 상주해 있었으며 학우회나 동창회조차도 신고해야 했다.

서울대 학우회에서는 방학 때가 되면 제주도에 내려가 봉사활동도 하고 제주도의 현안들에 대한 조사 활동을 했다.

그 조사 주제를 논의하는 자리에서 한 선배가 조심스럽게 '4·3' 사건을 제안했다. '4·3'은 발설해선 안 되는 금기어였다. 그것은 서울뿐 아니라 제주도에서도 마찬가지였다. 제주도민의 깊은 트라우마였다.

그날 모인 사람들은 일단 "좋다, '4·3'을 다뤄보자"라는 쪽으로 의견을 모은 뒤 헤어졌다. 그런데 며칠 사이에 선배들이 무슨 이야기를 들었는지 "'4·3'은 안 된다"라며 실태조사 연구를 강하게 반대했다. 의견이 분분했다. 결국 시국도 그러하니 다른 주제를 찾기로 했다. 어렵게 다시 동의를 얻어 낸 것이 바로 〈제주 할망당 본풀이 조사〉였다.

근대화라는 미명 앞에서 오래된 것은 모두 낡은 것으로 인식시키는 시절이었다. 새마을 노랫말에서부터 "초가집도 없애고 마을길도 넓히고"라는 구호가 터져 나오니 제주도의 초가집이 견딜 수 있었으랴. 그런 전통 유산을 뿌리 뽑아버린 근대화 과정에서, 미신으로 여겼던 '할망당'의 철거는 우선순위 중 하나였다. 회원들의 의견이 금세 모아졌다.

〈할망당 실태조사〉는 제주 구석구석을 살펴보는 아주 소중한 경험이 되었다. 깊은 시골까지 100여 군데 이상을 돌아다녔다. 제주대학생이면서도 동참한 문무병 선배와 고강옥·김병익(작고) 등 40여 명 가까운 학생들이 4개의 조사팀으로 나뉘어, 당시 남아있던 무당들을 수소문하여 노래와 말씀들을 채록했다. 처음에는 무당들이 혹시 나중에 관청에서 고초라도 당할까 하는 우려 때문에 도통 입을 열지 않았다. '4·3'을 직접 몸으로 겪으신 어르신들은 그토록 마음 깊은 곳에 불신과 두려움이 남아있었다.

안 되겠다 싶어 작전을 바꿨다. 막무가내 질문을 퍼붓던 방식을 탈피하고 막걸리와 소주를 준비해갔다. 술을 한잔 올리면서 안부를 여쭙다가 슬슬 지난 얘기로 화제를 이끌어 갔다. 한잔 술에, 어른들이 회한이 담긴 기억을 술술 풀어내셨다. 아픔과 슬픔이 담긴 말씀들이었다. 녹음하고 할망당 사진도 찍었다. 일일이 모든 말씀을 기록했다. 이듬해 4월경 자료들을 모아 300페이지 정도 되는 책자를 만들었다.

반 추렴한 제작비로 우리가 직접 등사해서 만든 소중한 결과물이었다. 아마도 지금 서울대와 제주대 도서관에 보관되어 있을 것이다. 지금도 그때 참여한 회원들끼리 만나면 그 시절의 얘기를 나눈다. 모두 뜨거운 열정을 다했기 때문이다. 언젠가 현용준 교수(국어국문학자, 작고)가 그 보고서에 관해 언급하는 걸 듣고 굉장히 뿌듯했다. 지금 생각해보면 경험이 많은 학자들도 쉽지 않았을 작업이었다. 혈기 왕성한 학생들이 애정을 가지고 고향 구석구석을 다녔기에 펴낼 수 있었던 자료집이었다. 그 덕분인지는 몰라도 당시 채록을 같이했던 문무병 선배는 계속 연구해서 무속학 박사가 되었다.

겨울 공화국

1972년 10월 17일 박정희는 〈대통령 특별선언〉을 발표하여, 국회를 해산하고, 정당 및 정치활동의 중지 등 헌법의 일부 기능을 정지시키고, 전국 일원에 비상계엄령을 선포했다. 이른바 '10월 유신'의 선포였다. 계엄령 발포에 따라 설치된 계엄사령부는 정치활동 목적의 옥내외 집회 및 시위를 일절 금했고, 언론·출판·보도 및 방송은 사전 검열을 받아야 했다. 휴교 조치를 내린 각 대학에는 경찰들이 상주하며 감시의 눈을 번뜩였다.

12월 15일, 유신헌법에 따라 통일주체국민회의 대의원 선거가 실시되었다. 1,630개 선거구에서 2,359명의 대의원이 모여 임기 6년의 제8대 대통령에 박정희 대통령을 다시 선출하며 제4공화국의 출범을 알렸다. 유신독재의 시대였다. 헌법을 초월한 정보부·경찰·군 보안사 등 정보기관들의 공권력으로 유지된 독재체제의 시대가 문을 열었다.

사실상 삼권분립은 무너졌고, 대통령의 무제한 연임을 허용하면서 종신집권까지도 가능하게 되었다. 대통령이 모든 법관을 임명하면서 사법부는 권력의 하수인으로 전락했다. 당시의 한국 사회는 대통령이건 유신헌법이건 정치와 관련된 비판은 아무것도 할 수 없는 얼어붙은 동토(凍土), 겨울 공화국이었다.

당시 서울대 문리대는 학생운동의 중심이었다. 이현배·제정구·정윤광·유인태·이철·황인범·서중석·나병식 등이 운동에 적극 참여했던 '인물'들이었다. 사회과학에 관한 관심이 높아져 '후진국사회연구회', '한국사회연구회' 등의 이념서클이 활발하게 활동하던 때였다.

고등학교 시절의 내 이력을 알게 된 선배들이, 함께 운동하자고 제안을 해왔다. 그러나 당시 내 눈에는 학생운동의 주도 세력들이 왠지 미더운 마음이 들지 않았다. 그것은 고교 시절에 아무런 계산 없이 오로지 순수한 마음으로 '3선 개헌' 반대 운동을 했기 때문인지도 모른다. 내가 본 그들은 계산적이었으며 이름 석 자를 날리기 위해 운동을 하는 듯이 보였다. 시위하는 주제나 내용도 내 성에 차지 않았다.

그래도 비밀리에 숨어 다니면서 함께 역사 공부를 했던 선후배들이 있었다.

문리대 4·19 탑 앞에서 국사학과 박종기·이순근·주소은·도재문·김석태와 함께(1973년)

　가장 가까웠던 사람으로는 황인범 선배와 친구 신동하 그리고 후배로는 정동영 등이다. 천관우 선생님을 모시고 역사 공부를 했는데, 지금 〈국민의 힘〉의 상임고문을 하다가 민주화 기념사업회 이사장을 하시는 중앙대학교 출신 이재오(전 의원)도 간혹 〈역사모임〉에 들락거렸다.
　황인범은 3학년 때 문리대 대의원 의장도 한 적이 있는 국사학과 선배로, 리더십도 있고 탁월한 이론가에다 조직가였다. 우리는 함께 진관사 근처에서 숨어 만나면서 한국 근대사와 독립운동사를 공부했고, 외세라든가 매판자본 등의 문제를 놓고 치열하게 토론했다. 텍스트가 따로 없었으므로 그때그때 함께 책을 정해 읽고 돌아가며 발표하는 식이었다. 한국 근현대사 중심으로 해서 역사를 보는 시각을 교정하는 데 중점을 두었다.

정동영을 처음 만난 것은, 2학년 때 갔던 경주 답사에서의 일로 기억한다. 무척 잘생긴 1학년 학생이 졸졸 따라오더니 자기가 형이 없다며 결의형제를 맺자고 살갑게 말을 걸었는데, 그가 바로 정동영이었다. 만나 보니 무척 똑똑해 친하게 지내게 되었다. 대학 시절 내내 함께 어울리며 술도 많이 먹었다. 정동영은 그때부터 학생운동과 서서히 관계를 맺고 있었다.

당시 철학과에 다니고 있었던 정윤광 형과도 자주 만났다. '민청학련' 사건으로 감옥 갔다 온 후, 서울지하철 노조를 만든 그는 우리나라 지하철 노조 활동의 산증인이기도 하다.

야학 운동에도 참여했다. 당시 어느 서클을 통해 서대문에 있었던 아동복지회와 연결될 수 있었다. 주된 활동은 고아원 아이들에게 초·중·고등학교 교과 내용을 가르치는 일이었다. 요일별로 분야를 정해서 강의했는데, 나는 주로 한국사를 가르쳤다. 부모 없이 자라던 아이들이라 정에 굶주려 있었다. "선생님, 선생님" 부르며 금세 따르는 아이들의 까만 눈을 보면 가끔 코끝이 찡해져 붉어진 눈으로 강의를 한 적도 있었다. 민족이 무엇인지 민중이 무엇인지도 가르쳐 주었다. 어린아이들에게는 조금 어려운 내용이었는지도 모르지만, 당시의 역사교육이 왜 잘못되어 있는지 열변을 토했던 기억도 난다.

당시의 독재 권력과 그 속에서 고통받는 민중들이 그리는 사회상은 내 눈에 '선과 악의 싸움'으로 보였다. 이 사회에 정의가 있느냐 없느냐. 그리고 불의에 맞설 용기가 있느냐 없느냐. 단순한 논리이긴 했지만, 재벌과 독재 권력은 '악'이었고, 민중은 '선'이었다. 야학에서 만난 어린아이들도 민중이었고 그들은 선하디 선한 존재였다. 그들 앞에 서 있자면 그저 부끄러웠다. 배운 것 자체가 죄스러웠다.

학군단(ROTC) 생이 되다

　1973년에 ROTC 생이 되었다. 고등학교 시절의 학생운동 이력이 신원조회에서 걸리지 않을까 우려했지만, 그때만 해도 정보화 작업이 허술했는지 별문제가 없었다. ROTC는 학생의 신분이었지만 준군인이었기 때문에 학생운동도 사회활동도 전혀 할 수 없었다. 그래서인지 당시 대학가에서는 ROTC를 '바보 TC'라고 부르며 은근히 업신여기는 분위기가 있었고, 서울대학교에서는 더더욱 ROTC를 창피하게 생각하는 경향이 있었다. 하지만 어차피 군대는 가야 했고 제대 후 대학원에 진학하려면 학비도 마련해야 했다. 일반병은 3년이지만, ROTC는 2년 복무라 시간도 절약되는 데다가, 당시 ROTC를 하면서 받는 월급은 내게 꽤 큰 돈이었다. 7, 8월에는 충청북도 증평 37사단에 입소해서 한 달 동안 훈련도 받았다.

　한 소대에서 20명 정도씩, 같이 한 내무반을 쓰기로 배치되었다. 그중 14명 정도가 서울대 출신들이긴 했지만, 단과 대학별로 나뉘어져 있었기 때문에 아는 얼굴들이 거의 없었다. 서울대 한 학년의 ROTC는 300명인 데 반해, 같이 훈련받은 충북대 출신은 30여 명, 청주대는 15~20명 정도로 극히 적은 숫자였다.

　그런데 청주대 출신 몇 명이 "서울대 놈들을 처음부터 밟아버리자"라고 작당을 한 모양이었다.

　결국 첫날부터 싸움을 일으켰다. 그러고 보면 이놈의 불뚝 성질 때문에 어딜 가나 첫날을 넘기기가 쉽지 않다. 주위에서 뜯어말려 싸움은 중단됐지만 끝내 엄포처럼 한 마디를 쏴 붙였다.

　"너네 까불지 마라. 서울대 애들 우습게 보지 말라고". 거기서 끝난 줄 알았는데 그게 다가 아니었다. 자기네들끼리 못내 분했는지, 밤늦게 화장실에 갔더니 그 앞에서 몇 명이 나를 기다리고 있었다. 거기서 대판 싸움을 벌여야 했다. 그런 일이 일어난 다음부터는 내게 더 이상 손을 대지 않았다.

훈련소 교관들도 참 모진 양반들이었다. 간혹 새벽 3~4시까지 훈련생들을 깨워놓고 잠을 재우지 않았다. 나름대로는

증평 37사단에서 ROTC 사격훈련(1973년 8월)

야간비상사태에 대비하느라 그랬던 것 같은데, 교관들로서도 아무것도 하지 않은 채 마냥 세워둘 수 없으니, 뜻도 없는 별 시답잖은 얘기들만 늘어놓았다. 예를 들면 이런 식이었다. "아침에 일어나면 해가 뜨고 저녁에는 해가 지고 그러다 보면 날이 새고…."

그런 와중에 새벽 두 시쯤 총을 잡고 보초서다가 그만 깜박 졸고 말았다. 하필이면 그 모습이 교관에게 들켰다. 결국 나 때문에 그 새벽에 전체가 다 같이 기합을 받았다. 그게 끝이 아니었다. 마지막 일주일을 남겨놓고서 다 같이 막걸리를 한잔하는 자리가 있었다. 마지막 뒤풀이 자리였는데, 거기서 또 내가 교관에게 덤비고 말았다.

"아니, 어떻게 그럴 수가 있습니까?"

결국 나 때문에 또 비상이 걸려 단체로 기합을 받았다. 왜 그런 걸 조용히 지

나가지 못했는지, 지금 떠올려보니 웃음만 나온다. 내 기질 때문에 군대에서도 사고를 친 것이었다.

1973년, 서울대 문리대 '10·2' 데모 사태

10월 2일은 수요일이라 ROTC 훈련이 있는 날이었다. 오후 네 시쯤, 단복을 차려입고 문리대의 마로니에 공원 나무 아래 앉아 있었다. 도서관에서 다급한 소리가 들려왔다.

"불이야! 불이야!"

삽시간에 수백 명의 학생들이 강의실에서 몰려나와 4·19 탑 앞에 모여들었다. 학생들은 비상총회를 열고 선언문을 낭독했다. 스크럼을 짠 학생들은 "정보정치를 즉각 중지하라", "국민의 기본권을 보장하는 민주 체제를 확립하라", "김대중 씨 납치사건의 진상을 밝혀라." 등의 구호를 외치며 시위를 벌였다. 서울대학교 문리대의 나병식·강영원·정문화·도종수·황인성·김덕수·정동영 등이 주도했다.

교내까지 진입한 경찰들의 무자비한 진압이 시작되었다. 도망치는 학생들을 쫓아가 발로 짓이겼다. 날카로운 여학생의 비명이 들려 고개를 돌렸더니 머리채를 휘어잡힌 여자 후배가 질질 끌려가고 있었다. 손과 발이 부들부들 떨리기 시작했다. 그리고 그 순간 기어이 여자 후배와 눈이 마주치고 말았다. 후배가 간절하게 소리쳤다.

"오빠, 살려줘요!"

정동영도 닭장차에 끌려가면서 "형, 살려줘요."라고 외치는 것 같았다. 그 절

규에 가까운 외침이 내 온몸으로 파고들었다. 서 있을 수도 없을 만큼 현기증이 났다. 이러한 불의를 지켜보고만 있는, 참을 수 없이 나약한 나의 비겁함에 고개를 떨구었다. 등으로 식은땀이 흐르며 주체할 수 없는 눈물이 솟구쳤다.

나는 마로니에 나무 아래에서 어깨를 들썩이며 목을 놓아 울고 말았다. 부끄러웠다. 하늘을 올려다볼 용기가 없을 정도로 깊은 자괴감에 빠졌다. 시간이 지나도 살려달라는 후배의 목소리가 환청처럼 가시지 않았다. 다음 날부터 학교는 휴교령이 내려지고, 나는 태양을 두려워하는 사람처럼 골방에만 깊숙이 처박혀 삶에 대해 고민했다. 지금 내가 처한 환경과 처지, 그리고 불의에 신음하고 있는 학생들과 민중들이다.

하지만 그래도 모든 것을 포기할 각오를 한다는 건 쉽지 않았다. ROTC 신분이다 보니 잡히기라도 하면 당장 군대에 끌려가 군사 재판에 회부되어야 할 처지였다. 사람들을 만나고 다니면서도 불안감을 쉽게 떨치지 못했다.

이 사건은 대한민국 학생운동의 한 획을 긋는 사태였을 뿐만 아니라, 한국 사회 전체에 큰 파장을 불러일으켰다. 이틀 후인 10월 4일에는 서울법대, 5일에는 서울상대가 농성에 돌입했고, 그 이후 이화여대와 숙명여대는 축제 행사 취소를 결의했다. 10월 중순이 되자 학생들은 시위와 함께 동맹휴학을 결의했다. 주로 학과 단위로 모여 토론을 벌인 다음, 투표에 의해 휴학을 결의하는 방식이었다. 여러 대학에서 거의 100%에 달하는 동맹휴학 성공률을 보였고 종강이 다가오자 시험 거부로도 이어졌다.

학생들의 반유신 투쟁은 언론계·교육계·종교계 등에까지 큰 충격을 안겼다. 11월부터 유신 체제를 비판하는 각계의 성명서가 쏟아지기 시작했다. 12월에는 범국민적인 〈개헌 청원 서명운동〉으로까지 발전해, 12월 24일 장준하·백기완·계훈제 등 30여 명이 '개헌 청원 백만인 서명운동'을 선언했다. 이듬해 1월에는 이희승·이호철·백낙청 등 문인 61명이 서명에 앞서 개헌 지지 의사도 표명했다.

　장준하·함석헌·천관우 등 시대의 어른들을 중심으로 민주 회복 쟁취 운동이 시작되었다. 당시 김대중 씨는 일본에서 납치돼 가택연금 상태에 있었고, 정치권에서는 야당 대표였던 신민당 김영삼 총재를 중심으로, 그리고 종교계에서는 기독교 박형주 목사·불교 법정 스님 등이 뜻을 하나로 모으고 있었다.

　나는 번민의 나날을 보내며 불교학생회 등 친구들을 만났다. 이재오·황인범·정동영 등과 함께해 왔던 〈역사 모임〉에도 다시 나갔다.

　답답한 마음에 법정 스님을 뵈러 봉은사에 간 적도 있었다. 당시는 법정 스님이 아직 송광사로 내려가시기 전이었다. 하지만 법정 스님의 말씀을 들어도 고민은 쉬이 해결되지 않았다.

제3장

조작된 정치범
- 시련의 시작

시련의 시작

1973년 12월, 서울대 불교학생회에서 송광사로 수련회를 갔다. 머릿속이 복잡했던 나는 참선을 통해 마음을 가다듬고 부처님의 가르침을 받고 싶었다. 또한 법정 스님이 송광사 불일암에 주석하고 계셨다.

원래 송광사 문중이기도 한 법정 스님은 가끔 우리를 위해 설법도 해주셨다. 방장스님이신 구산 큰스님도 불교에 대한 강의와 참선을 하는 방법에 대해 가르쳐 주셨다. 나는 12월 25일 수련회가 끝날 때까지 앞으로 어떻게 살아가야 할지, 이 악정을 어떻게 해야 할지를, 화두 아닌 화두로 삼고 참선했다.

법정 스님은 설법 시간에 생텍쥐베리의 『어린 왕자』에 대한 이야기를 해 주셨다. 하지만 내 머릿속에는 그 말씀이 들어오지 않았다. "지금 밥도 못 먹는 사람이 얼마나 많은가. 당장 독재에 대항해서 싸워야 하는데, 실존이니 뭐니 하는 한가한 말씀만 하고 계신다"라고 불평을 늘어놓기도 했다.

"인간은 어차피 죽는다. 교통사고가 나서 죽기도 하고, 독립운동을 하다가 이름 없이 죽은 사람들도 많다. 국가와 사회를 위해 죽는 거야말로 보람된 일 아니겠는가?"

어느 날 문득 참선 중에 이런 생각이 떠올랐다. 죽음의 의미는 나를 버리고 욕심을 버려 결국 해탈에 이르는 방법이다. 그렇게 생각하자 신기하게도 마음이 홀가분해졌다. 이제 두 가지 갈림길만 남았다. ROTC를 계속하면서 대학원에 가려면 송광사에서 제주도로 내려가야 했고, 학생운동을 하려면 서울로 가야 했다. 나는 마침내 결심했다.

"죽더라도 민주화 운동을 하면서 죽자! 서울로 올라가자!"

지금의 내 아내도 그때 처음 만났다. 송광사에서 법정 스님이 머물고 계시는 불일암에 올라가던 날이었다. 한겨울이라 길이 몹시 미끄러웠고 눈도 많이 쌓여 있었다. 여학생들은 걸음을 내딛는 족족 눈 위에 엎어졌다. 수련회 내내 눈에 띄는 가정대 여학생이 있었는데, 내 뒤에서 위태롭게 따라오다가 미끄러지려고 했다. 마음 같아서는 손이라도 내밀고 싶었지만, 용기가 나지 않았다. 그래도 뭔가를 해야 했기에 엉겁결에 옆에 있던 나뭇가지를 붙잡아, "이거라도 잡고 올라오라"라며 내밀었다. 망설이던 그녀가, 내민 대나무 가지를 붙잡았다. 그것이 인연의 시작이었다.

일과를 거의 다 마치고 저녁 공양을 할 때, 학생들이 다 같이 둘러앉아 회의를 겸해서 한마디씩 하는 자리가 있었다. 그런데 아까 그 여학생이 생각지도 못한 말을 꺼냈다. "아까 불일암 올라갈 때 미끄러워서 힘들었는데, 앞에 계신 분이 도와주셨어요. 감사하다고 말씀드리고 싶습니다."

화엄사 답사 사진. 김정기·노태돈·장병인·채상식·이한종·주소은·장용선·최말봉·김외숙 등과(1973년 12월)

어깨가 으쓱해지며 절로 입가에 미소가 번졌다. 그녀의 이름은 장용선이었다. 훗날 내 아내가 되리라고는 상상도 하지 못했다.

송광사에서 나와 사찰 순례를 떠났다. 국사학과의 김정기·노태돈·채상식·장병인 선배와 불교학생회의 여학생들과 함께 쌍계사·화엄사·다솔사 등을 두루 돌며 막걸릿잔을 돌렸다. 그러고서 나는 마음이 결정된 터라 제주에 가지 않고 서울로 올라왔다.

1974년 1월 8일 마침내 긴급조치 1호가 선포되었다. 유신체제에 반대하는 시위를 하거나 선전·선동하면 영장도 없이 체포·구속하여 5년 이상 감옥살이를 한다는 내용이었다. 긴급조치 1호의 발표는 삽시간에 학내 분위기를 얼어붙게 했다. 하지만 나는 이미 "나라를 위해 몸을 바치겠다"라고 나섰는데 두려울 게 무엇이랴.

ROTC 생도, 보장된 미래도, 학위와 논문 그리고 시대에 참여하는 논객도 모두 뒷날의 일이었다. 지금, 이 순간 내 눈앞에 벌어진 현실에 눈을 감고서 어떻게 미래의 정의를 꿈꿀 수 있단 말인가. 내일의 내 모습은 현재 지금 나의 모습의 연장일 뿐이라고 생각했다. 〈역사모임〉 멤버였던 황인범·연세대학교 김영준·성균관대 김수길(작고)과 만나 민주화 투쟁을 논의하기 시작했다.

"유신체제는 타도되어야 한다. 반유신 투쟁을 하자!"

본격적으로 조직을 확대하면서 연세대학교·성균관대학교 학생들과 접촉하기 시작했다. 그리고 흥사단 활동을 하던 고등학교 후배 등을 통해 서강대학과 이화여대 학생들도 소개받았다. 장용선을 통해서도 서울대학교 가정대를 비롯한 여러 학교 여학생을 소개받았다. 그 여학생들을 통해 또 다른 대학에 우리와 같은 생각을 가진 친구들을 소개받기 위해 애썼다. 그 과정에 숙명여대에서는 유경숙이라는 여학생을 소개받았다. 유경숙은 나중에 경찰에 잡혀가 40

일도 넘게 고초를 겪었다고 한다.

당시 고려대학교 학생들과도 함께하려 시도했었다. 고대는 그 전에 '검은 9월단' 사건으로 운동권이 일망타진되어 마땅히 나서는 학생들이 없었다. 당시 총학생회장은 정세균(전 국회의장·총리)이었는데, 내 제주 친구인 장권상이 총학생회 총무부장을 하고 있었다. 안암동에서 만나 이런저런 얘기를 나누었지만, 쉽게 뜻을 같이할 수가 없어서 함께하지 못했다.

그후의 이야기지만, 결국 학생운동을 하다 잡혀 고초를 치르고 있을 때 혹시, 나 때문에 장용선과 그녀가 연결해준 여학생들도 경찰에게 잡힌 건 아닌지 걱정스러웠다. 내가 수사 과정에서 이름을 대지는 않았지만, 없는 관계도 만들어 내던 시절이었다. 다행스럽게 그런 일은 일어나지 않았다.

민주화를 위해

해가 바뀐 1974년 1월 초, 서울 영등포 부근 한 여관에 황인범·김수길·김영준 등 열댓 명이 모였다. 시국 토론과 우리가 해야 할 일에 대한 1박 2일 워크숍이었다. 현 정세와 조직의 성격, 그리고 어떤 방향성을 가지고 일을 도모하고 추진해갈 것인지 토론하는 자리였다. 이날 모임 이후 서울대학교 학생들뿐만 아니라, 많은 학교 학생과 접촉하며 전국적인 조직을 만들 준비를 계속해나갔다. 전국대학생연맹('전학련')이라는 이름도 갖게 되었다.

당시 서울대학교 운동권의 조직 구도는 무척 복잡했다. 일단 내가 참여하고 있었던 '전학련' 모임이 있었고, 복학생들이 주축을 이룬 그룹으로서 이철·서중석·유인태 등이 주도하던 모임이 있었다. 그리고 나병식·황인성·신대균·이종구 등은 기독교 계통의 학생 단체에서 활동하고 있었다. 그들도 경북대·전남대 등 각 지역을 뛰어다니며 조직을 구축하고 있었다.

그러고 보면, 정원도 얼마 되지도 않는 국사학과에 열혈 운동가들이 얼마나 많았던지 파벌이 네 개나 될 정도였다. 나중에는 박 정권에서 서울대학교 국사학과를 폐과시키려 한다는 소문이 돌 정도였다. 학생운동 가담자는 많았지만, 각자 다르게 활동하면서 서로의 비밀은 지켜야 했다. 이현배·서중석·장경옥·황인범·나병식·방인철·정동영 등이었다. 어쩌다 학교에서 마주칠 때도 서로의 활동은 밝히지 않았다. 사회학과에도 투사들이 많았다. 이철·유인태·이해찬·이종구·문국주 등이다. 유신 이전에 운동가가 많이 배출되었던 정치학과에서는 제정구·안양로·강구철 등이, 외교학과에서는 신대균·정진태가 있을 정도였다.

그 시절 웃지 못할 에피소드가 하나 있다. 독재정권과 재벌들은 "가난한 놈들, 부모 없는 놈들이 데모한다."라는 식으로 상황 판단을 하고 있었나 보다. 그래서 재벌들이 학생운동 가담자를 찾아내어 장학금을 주며 회유책을 썼다. 나에게도 대우그룹 쪽에서 만나자는 연락이 왔다. 김우중 회장은 아버지가 제주 출신의 우당 김용하 선생이시고 대구사범의 박정희 스승이기도 했다. 정부 수립 이후 제주도 지사도 지내었다. 일단 선배 한 사람과 함께 서울역 앞에 있었던 당시의 대우 본사로 찾아갔다. 꽤 높은 사람이 우리와 면담했다.

"너희들 돈 필요하지 않냐?"

"예? 돈이라니요?"

"장학금 말이야. 한 달에 얼마나 필요해?"

"그런 거 필요 없습니다."

그 돈을 받고 권력의 앞잡이가 되어버릴 수는 없었다. 어이없는 심정으로 모임에 돌아와 이 일에 대해 말했더니, 그제야 너도나도 그런 연락을 받았다며 털어놓기 시작했다. 당시 몇몇은 기발한 아이디어를 냈다. 그 돈을 받아서 시위자금으로 쓰자는 것이었다. 이후 실제로 그 돈을 받아다가 조직에 뱉어낸 동료들도 있었다. 회유하려고 준 돈이 고스란히 유인물을 만드는 데 들어간 셈이다.

1974년, 조작된 '민청학련' 사건

'전학련' 쪽에서는 황인범을 총책으로 하면서, 문리대 차원에서는 1년 후배였던 지리학과 강병산을 중심으로 활동이 이루어지고 있었다. 정동영과도 꾸준히 만났다. 강병산이 정보부 프락치라는 것은 나중에 알았다.

복잡하고 다양하게 활동하고 있었던 운동권들을 엮어 하나의 조직사건으로 만든 것이 바로 전국민주청년학생총연맹, 이른바 '민청학련' 사건이다. '민청학련' 사건은 당시의 민주화 운동을 일망타진하겠다는 독재정권의 조작으로, 별다른 연계도 없는 운동권들을 한통속으로 엮어버린, 완전히 날조된 사건이었다.

박정희 정권은 1974년 4월 3일, 긴급조치 제4호를 선포했다. 이와 함께 전국민주청년학생총연맹이라는 단체를 조작하여 만들어 놓고서 '용공 불온' 세력이라고 규정했다.

'민청학련'이라는 가공의 단체를 만들어 인민혁명당과 조총련·일본공산당·'혁신계 좌파'의 배후 조종을 받아 국가를 전복시키고 공산정권 수립을 추진했다는 '내란죄'를 뒤집어씌운 것이다. 이 사건으로 인해 1,024명이 체포되고, 180여 명이 구속·수감되었다.

결국 비상군법회의에서 '민청학련'에서 이현배·이철·유인태 등 7명이 사형을 선고받았다(이들은 후에 풀려남). 그 외 사형이 선고된 인민혁명당 관계자 8명에 대해서는 대법원 상고가 기각된 지 20여 시간 만에 형이 집행되었다. 한국 역사에서 '사법살인'으로 기록된, 야만적인 일이었다.

2005년 12월, 〈과거사〉 진실규명위원회〉는 사건의 재조사를 통해, '민청학련' 사건은 학생들의 반정부 시위를, "공산주의자들의 배후 조종을 받는 인민혁명 시도로 왜곡한 학생운동 탄압사건"이라고 공식으로 발표했다.

또한 2009년 9월에는 사법부에서 '민청학련' 사건 관련자들에게 "내란죄로 인정할 증거가 없다"라며 무죄를 선고했다. 박정희 정부에 의해 왜곡되었던 민주화 운동이 그 가치를 공식적으로 인정받는 순간이었다. 무죄를 받기까지 무려 35년의 세월이 걸렸다. 독재에 항거했던 학생들은 '민청학련' 사건으로 인해 빨갱이로 낙인찍혀 무수한 고문을 겪고 실형을 살아야 했다. 연루된 자들은 그 후에도 '요시찰' 인물로서, 30여 년간 지속해 사찰과 감시 속에 지내야 했다. 항상 누군가에게 감시당한다는 불안감과 두려움을 뼛속까지 지닌 채 살았던 세월이었다. 군사정권 하의 사회에 적응하지 못하고 행방불명되거나 몸져누워 있거나 정신질환자·행불자도 수없이 많다. 정상적인 활동을 하는 사람들은 극히 적다. 그들 역시 트라우마에 시달리고 있다.

'민청학련' 사건은 '머리'의 투쟁이 아니라 '몸'의 투쟁이었다. 꽁꽁 틀어 막혀 있었던 '몸의 소리'가 터져 나온 것이었다. 이념을 중심에 두었던 투쟁이 아닌, 선과 악, 정의와 불의라는 구도 속에서의 투쟁이었다. 대부분의 사람이 오로지 열망했던 것은 '민주주의'의 회복이었다. 불의의 권력에 의한 억압을 도저히 견디지 못한 '몸의 소리'가 터져 나온 것이기 때문에 더 강력한 힘을 가질 수 있었다.

'민청학련' 사건을 기점으로 하여 비로소 '민중'의 의미가 처음으로 널리 퍼지고 그것이 '민주주의 선언'으로 환원될 수 있었다. 민주·민족·민중의 의미를 주창하는 가운데, 그 핵심은 '민중'이었다. 민중이 역사의 주인이기 때문이다. 그리고 저항해야 할 대상으로 그때까지의 한국 사회를 장악하고 있었던 반민주적·반민족적·반민중적 세력을 동일하게 지목했다. 나라를 팔아먹은 '친일파'가 권력을 장악하고 있었기 때문이었다.

당시 학교에서는 "이철 등이 주도하는 조직에서 4월에 데모한다는데, 상황을 좀 더 살펴보는 게 좋을 것 같다. 아무래도 실패할 것 같은 불길한 예감이 든다. 2선으로 대비하고 있다가, 그들이 실패하면 우리가 나서기로 하자"라는 의견이 대두되었다.

경남·전남 답사. 김인걸·하우봉·이순근·김덕수·박광용·최병호·손승원 등과(1974년 4월)

4월 3일 전후하여 문리대를 비롯하여 여러 대학에서 들고 일어섰다. 그때 나는 국사학과 답사에 따라가 있었다. 진주에서 하동을 넘어 전라남도 강진까지 가는 3박 4일의 일정이었다. 4월 3일의 시위 이후, 이철·유인태·나병식·강구철·김병곤·황인범 등 주모자에 대한 수배령이 내려졌다. 그뿐만 아니라 당국의 대대적 검거 폭풍이 몰아치고 있었다. 학교는 순식간에 공포의 도가니로 변해버렸다. 마치 살얼음판을 걷는 것처럼 조마조마했다. 하지만 "우리 조직이 같이 한 것도 아니니 괜찮겠지!" 하는 심정이었다. 생각해보면 순진한 발상이었다. 그때까지 우리는 사태의 심각성을 크게 깨닫지 못하고 있었다.

수배와 체포

2월부터 학교 안팎의 분위기가 이상해지고 있다는 것을 피부로 느낄 수 있었다. 학교 도처에 중앙정보부원과 형사들이 깔려 있었다. 심지어 정보부 사람으로 보이는 사람들이 우리를 미행하기도 했다. 당시 서울 문리대 담당은 이진봉이라는 사람이었는데, 오고 가는 길에 괜히 말을 걸어 우리를 은근히 떠보곤 했다. 학생들 사이에서도 누가 정권의 끄나풀인가 하는 일명 '사쿠라' 논쟁이 매일 벌어졌다. 나중에 알게 된 일이지만, 강병산과 모 학생회장 등은 '사쿠라'로서 우리의 일거수일투족을 전부 보고하고 있었다고 한다.

3월 29일 연세대학교 의대에서 고영하 등이 중심이 된 시위가 일어났다. 시위 후에 몇몇이 끌려가는 정황을 살펴보니 아무래도 심상치 않았다. 이미 속속들이 알고 있다는 느낌을 지울 수 없었다. 분명 뭔가가 조작되고 있다는 사실을 감지한 우리는, 4월경 준비했던 대규모 연합 시위를 미루고 실패했을 때 우리가 일어서자는 결론을 내리고 헤어졌다.

국사학과 답사에 갔다가 4월 7일에 서울로 도착했다. 보통은 서울역에서 내려 집으로 가곤 했지만, 그날은 왠지 서울역에서 경찰에 붙잡힐지도 모른다는 불길한 예감이 들었다. 일부러 용산역에 내려 바삐 집으로 향했다. 그런데 효창동 집 앞에 도착한 순간, 까만 세단이 내 뒤에서 급정거했다. 미처 도망갈 사이도 없이 사내들이 나를 덮쳤다.

"황인범이 알지?"

"압니다."

"이 자식 지금 어딨어?"

"모릅니다."

"이 새끼가! 그러면 그동안 어떻게 연락했어?"

"항상 그쪽에서 연락이 왔습니다. 어디 사는지 난 모릅니다. 장충고등학교에서 교사하고 있으니 그쪽으로 찾아보면 될 거 아닙니까?"

"그럼, 만났던 데는 어디야?"

"여기저기… 다방 같은 데서 만나고 그랬습니다."

그날부터 그들은 내가 말한 다방 등 여기저기를 끌고 다녔다. 정보부에서 한 사흘간 그렇게 괴롭히더니 풀어주었다.

만신창이가 된 몸으로, 다 된 건가 생각하며 집에 들어와 2, 3일간 죽은 듯이 누워 있었다. 집안이 발칵 뒤집혔다. 그런데 며칠 후 그들이 다시 집으로 들이닥쳤다.

나는 그들 손아귀에 이끌려 다시 정보부의 남산 6국으로 끌려갔다. 몸을 꽁꽁 묶더니 거꾸로 매달았다. 영화에서나 보던 독립운동가들처럼, 나는 대롱대롱 매달렸다. 세상이 거꾸로 보였다. 나를 때리던 사람들의 얼굴은 보이지 않고 잘 닦인 구두만 알전구에 반사되어 반짝였다. 피가 거꾸로 솟자 숨이 막혀 왔다. 코로 피가 흘러나와 숨쉬기가 점점 거북해졌다. 그들이 뭐라고 소리를 질렀지만, 아득한 울림으로만 들려왔다. 나는 세상에 태어나 처음으로 죽을지 모른다고 생각했다. 그런데 이상한 것은 죽음이 하나도 두렵지 않았다는 것이다. 왜일까? 나는 차라리 이대로 죽어버렸으면 싶었다. 내 발가벗겨진 몸뚱이가 수치스러웠으며, 저들의 폭력에 항거할 수 없는 내 처지에 분노했기 때문이다. 정신이 점점 희미해져 갈 무렵 나는 다시 바닥에 내동댕이쳐졌다. 놈들이 나를 의자에 앉혀 손을 묶더니 고개를 뒤로 젖히고 수건을 덮었다. 물고문이었다. 주전자로 한없이 물을 부었다. 코로 입으로 들어온 물의 고통에 마치 눈알이 빠져버릴 것만 같았다. 내 입에서 쉴 새 없는 욕설이 터져 나왔다. 세상에 태어나 그렇게 악을 써본 적이 없었다. 이윽고 고문이 멈춰졌다.

 있지도 않은 조직의 계보를 그려가다 보니 자리가 하나 비었다. 그리고 그 자리에 내 이름을 박아 넣었다. 사실을 시인하라고 들이민 조직도를 보니 연세대 책임자는 김영준, 성균관대 책임자는 김수길로 되어 있었다. 사실 김영준은 이철 쪽과 전혀 연계가 없었고 일면식도 없던 사이였다. 김영준을 잡아 와 고문하던 중정이, 더 크고 화려하게 엮기 위해 서울대에 아는 사람을 무조건 불게 했다. 그렇게 해서 나온 이름이 바로 황인범과 나였다. 그렇게 연결지점이 나오자, 그들 마음대로 '강창일은 황인범의 지휘를 받은 자'라고 도표의 빈 곳을 채워 넣었다. 나는 거짓말을 했다는 명목으로 다시 끌려가 고문을 당하기 시작했다.

 지난번과 같은 악몽이 되풀이 되었다. 목이 쉬어 신음도 나오지 않았다. 나는 숨을 쉴 때마다 째깍거리는 시계 초침처럼 "아, 아" 소리만 되풀이하고 있었다. 몽둥이, 거꾸로 매달기, 물고문이 반복되었다. 며칠간 잠을 재우지 않아 눈을 뜨고 있기가 힘들 지경이었지만, 잠시라도 눈을 감으면 어김없이 주먹이 날아왔다. 그럴수록 정신을 놓지 않으려 애썼다. 한 수사관이 히죽 웃더니 이죽거리듯 말했다.

"지금 옆방에 누가 있는 줄 알아? 황인범과 정동영이가 와 있다고. 너 때문에 맞고 있는 거야. 알았어?"

옆방에서 정말로 비명이 들렸다. 몇 층이었는지 기억도 나지 않는다.

4월 말이 되자 정보부에서 채울 것은 다 채웠는지, 잡아 온 사람들을 거주지 근처의 경찰서로 각각 보냈다. 나는 용산경찰서로 보내져 넓은 유치장에 혼자 있게 되었다. 잡범들과도 격리되어 있었고 면회도 허락하지 않았기 때문에 부모와 형제는커녕, 형사 이외에는 아무도 볼 수 없었다. 경찰서로 오니 정말 살 것 같았다. 무엇보다 고문에서 벗어났다는 안도감이 컸다. 쓰러져 잠만 잤다. 그리고 출근하듯 매일 형사에게 불려 갔다. "경위서 써와라." 그렇게 해서 써 가면, "안 돼. 다시 써!" 이런 날들이 반복되었다. 쓰고 또 썼다. "화염병 만들었잖아." "안 했습니다." "국가전복 모의는?" "그런 거 한 적 없습니다." "황인범이가 너 그 자리에 있었다고 했어." "아닙니다. 착각한 겁니다."

그래도 경찰관들은 소리를 쳤지만, 고문은 하지 않았다. 그 형사가 남산에 가서 고문당하고 오는 건지, 수사관들 몸이 개판이었다. 수사관 앞에 끌려갔다. 내 앞에 서류철을 툭 던졌다.

"황인범이 쓴 거 읽어봐!"

서류를 읽어보니 종로 1가에 있는 어느 다방 2층에서 청와대 습격을 모의했다고 되어 있었다. 누구누구를 만나서 화염병을 만들기로 계획했고 언제 봉기하기로 했다는 내용이었다. 그들이 만들어 낸 우리의 죄목은 국가전복 내란음모죄였다. 시위와 국가전복 내란은 하늘과 땅만큼의 차이가 있었다. 그것은 곧 죽을 수도 있다는 뜻이었다. 내 눈에 다시 힘이 들어가기 시작했다. 결코 밀려서는 안 된다.

"난 이런 거 안 했습니다."

"이 빨갱이 새끼가!"

"3월에 모이긴 했지만, 그런 모의는 한 적이 없습니다."

"황인범이가 했다고 하잖아! 벌써 인정했어!"

"난 안 했습니다!"

용산서에는 후배인 대학생불교연합회 회장인 서울 농대의 전재성이가 들어왔다. 나를 불교 학생 대표로 했기 때문에, 후배인 그를 도표 속에 집어넣어 조작하려고 했다. 그는 그 후 몇 개월 만에 석방되었지만, 엄청 충격을 받았던 것 같다. 나중에 독일로 불교 공부하러 유학을 갔다가 돌아와서, 지금은 최고의 불교학자가 되어 있다.

석방될 수 있을지, 옥살이해야 할지도 모르는 채 그 시간을 버텼다. 내 담당 형사는 제법 나이도 들어 보이는 사람이었는데, 내가 계속 버티는 바람에 정보부에 불려 가서 오히려 두들겨 맞아 오곤 했다. 나중에는 오히려 그에게 미안할 지경이었다.

"네가 이런다고 해서 바뀌는 거 없어."

"그래도 거짓말은 못 하겠습니다."

"야! 제발 나 좀 살려줘라. 너 때문에 내가 먼저 죽겠다."

아무리 그래도 안 한 일을 했다고 할 수 없었다. 며칠 후에 보면 어김없이 얼굴이 부어 있었다. 또 정보부에서 두들겨 맞은 게 틀림없었다. 나 때문에 그렇게 시달리면서도 가끔 내게 커피까지 한 잔씩 갖다주었다. 피곤한 얼굴로 내 앞에 앉아 있는 그의 모습을 볼 때면 연민이 생겼다.

"나 때문에 참 여러 사람이 힘든 일을 겪고 있구나…재판정에서 진실을 밝히겠다"라고 하고, 읽어보지도 않고 경위서에 도장을 찍었다. 그 형사에 대한 측은한 마음 때문이었다.

'전학련'을 2선 조직으로 만들어서 나와 황인범·김수길·김영준까지만 죄를 묻는 것으로 처리되었다. 다행히 전재성·정동영 등은 풀려났다. 천만다행이었다. 하지만 풀려난 남학생들의 대부분은 바로 군대에 끌려갔다.

형무소와 비상군법회의

이후 서대문구치소로 보내졌다. 마침내 비상군법회의에 섰다. 나는 제정구·황인범 선배와 동일 사건으로 같이 묶여 함께 재판받았다. 제정구 선배하고는 거의 접촉이 없었는데, 짜 맞추어 넣은 것이었다. 재판정의 판사들은 별 하나에 네 개까지 모두 다 장군들이었다. 재판장은 이세호 대장이었고, 검찰관은 후에 대검차장까지 지냈던 송종의였다. 검찰관이 하나하나 내 죄목을 들며 인정하느냐고 물었다.

"다 거짓말입니다. 고문 때문에 그리고 담당 형사가 가련해서 재판정에서 진실을 밝히고자 하여 받아들인 겁니다."

서대문구치소에서 처음에는 독방에 감금되었다가, 곧 일반 잡범들이 있는 감방으로 옮겨졌다. 방마다 열 명가량 되던 잡범 중에는 별별 사람이 다 있었다. 그 안에서도 절도범들은 남의 물건을 탐냈으며 폭력범들은 주먹질했고 사기꾼들은 누군가에게 영치금이 들어올 때마다 어떻게든 그걸 뜯어먹으려고 눈을 벌겋게 뜨고 덤볐다.

용산에 있는 비상군법회의에 나가기 시작했다. 나는 끊임없이 항의했다. 검찰관이 "청와대를 폭파하려고 했다"라고 추궁했다.

"나는 그런 짓을 한 적이 없습니다."라고 답변했다.

"증인이 있습니다."

검찰관 실에서 증인들과의 대질 신문이 있었다. 곽모 등이 기다리다 들어왔다. 그들은 협박과 회유 때문에 조작된 증인들이었다. 태연하게 들어와 앉는 그들을 보자 달려가 따귀라도 한 대씩 갈기고 싶었다. 그들을 보며 소리쳤다.

"너, 나 만난 적도 없잖아. 어떻게 이런 거짓말을 해?"

울분을 토하며 노려보았더니, 그들은 내 눈도 제대로 마주치지 못했다.

"국가보안법은 빼주마. 그건 나중에 사회에서 생활하기도 어려워지니까. 하지만 인정할 건 인정해야 하지 않겠나? 정부 내란죄와 화염병 투척 문제는 인정해라."

"그럴 순 없습니다. 난 그걸 한 적이 없습니다"라고 아무리 부인을 해도 조작된 증인을 내세워 상황은 바뀌지 않았다. "나는 내란음모를 모의한 적이 없습니다. 아는 게 없어 말하지 않은 건데, 무슨 불고지죄라는 겁니까?"

결국 1심에서 12년, 고등군법회의인 2심에서 10년 형을 선고받았다. 윤보선·지학순·함석헌 선생 등이 1차에서 재판을 받은 것으로 알고 있다. 나는 '민청학련'의 배후 조종자로 지목된 연세대학교 김동길 교수와 함께 2차로 재판을 받았다. 재판 같지도 않은 재판이었다. 김영준·황인범 등은 대법원에 상고했지만, 나는 하지 않았다. "이런 재판은 인정할 수 없다." 사법 보이콧이었다. 상고를 했더라면 미결수이기 때문에 서울에서 좀 더 편하게 보낼 수 있었는지도 모른다.

최후 진술을 하던 날, 나는 동학농민전쟁 때 나왔던 말을 빌려 당당하게 말했다. "이건 모두 날조된 쇼에 지나지 않습니다! 설령 그렇다 하더라도 난을 일으킨 자보다 일어나게 한 자가 더 나쁜 것 아닙니까? 이 사건의 근본은 거기에 있습니다!"

그때 서울에서 같이 살았던 둘째 누나가 고생을 참 많이 했다. '민가협'에 나가면서 내 소식을 어떻게든 알아내어 가족들에게 알렸다. 어머니는 어찌할 도리가 없으시니, 이제 우리 아들은 죽는 거 아닌가 생각하셨다고 한다. 생때같은 젊은 아들이 10년 동안 감방에서 썩어야 한다 생각했으니 그 걱정이 오죽하셨을까. 자다가도 벌떡벌떡 일어나실 일이었다. 동네 사람들도 어렵게 서울대학교까지 들어간 자식이 그렇게 되었으니 어머니를 얼마나 불쌍하게 봤겠는가. 그래도 어머니는 속이 아무리 썩어 문드러질지언정, 겉으로는 결코 속상한 모습을 보이지 않으셨다고 한다. 오히려 이웃에서 위로라도 건넬라치면, 자랑스러운 아이라고 화를 내셨다고 한다. 그만큼 자존심이 강하신 분이었다. 그리고 당신의 아들이 하는 일이 분명 옳은 일이라고 믿었다.

형을 선고받고 안양교도소로 이감됐다. 물론 나는 정치범이었기에 독방이었다. 10월쯤이었지만 교도소는 춥고 삭막했다. 그때 김상현·조윤형·조연하 등 당시 정치권 인사 몇 명이 유신반대로 안양교도소에 수감되어 있었다. 그러나 그들은 교도소 안에서 테니스도 칠 정도로 처우가 달랐다. 그중 누군가는 우리 '민청학련' 관련 수감자들에게 사식을 넣어주기도 했다.

좀 지나서, 제주도와 가깝다는 이유에서 순천교도소로 이감되었다.

나는 하루하루 거침없이 지냈다. 교도관들이 부당하게 대한다는 생각이 들면 그들과도 싸울 듯이 덤볐다. 그런 나를 지켜보던 서울대 상대 임상택은 내게 '석경(石鯨)', 즉 '돌고래'라는 별명을 지어주었다. "염천 아래 오로지 한 길을 가는 돌고래"처럼 감옥에서까지 열심히 투쟁했다는 뜻이다. 함께 내려왔던 학생 운동권 이외에 권대복 선생도 당시 순천교도소에 같이 수감되어 있었다. 그분은 1950년대 조봉암 사건 때부터 진보 운동과 깊이 관련되어 있었던 분으로, 그야말로 감옥살이에 이골이 나신 분이었다. 긴급조치로 인해 먼저 끌려와 있었다가 나중에 우리와 같이 석방되었다. 서강대의 박석률 선배(작고)·전남대의 박형선(작고)·임상택·하태수(작고)·서울대의 최권행 등 10명이었다.

순천은 눈이 참 많은 곳이었다. 내 고향 제주는 눈이 오면, 모두 신이 나서 강아지처럼 산과 들로 뛰어다닌다. 그만큼 눈을 보기가 힘들었다. 그해 겨울 나는 감옥 창살로 하염없이 내리는 눈을 바라봐야 했다. 울고 싶을 정도로 추운 겨울, 불씨라고는 찾을 수 없었다.

어머니가 먼 길을 면회하러 오셨다. 마주 앉은 어머니는 별말씀도 하지 않고 한숨만 푹푹 내쉬셨다. "여기까지 뭐 하러 오셨어요. 너무 걱정하지 마세요." 어머니가 가시고 나자 가슴이 찢어질 것처럼 아팠다. 초대 제헌의원을 지내셨던 독립운동가인 다솔사의 최범술 스님도 다녀가고, 친구 현창옥과 오동혁이도 다녀갔다는데 면회는 할 수가 없었다.

읽을 만한 책이라고는 성경과 불경, 그리고 다섯 권짜리 『열국지』밖에 없었다. 책을 보내줄 사람도 없어서 『열국지』 같은 책은 한꺼번에 다 읽지 않고 조금씩 아껴서 읽었다. 그나마 수중에 있었던 영치금도 10년을 쥬비해야 한다는 생각에 아껴 썼다. 사식이라고 해야 고작 달걀이나 먹는 게 전부였다. 감옥 생활을 견디려면 잘 먹어야 했다. 비타민도 먹고 틈틈이 몸에 좋은 사식도 먹어 줘야 했다. 그래야 버틸 수 있었다. 돈이 없으니 주는 밥을 무조건 달게 비웠다. 운동도 열심히 했다.

이후 육영수 여사 저격 사건이 일어난 후, 이해할 수 없는 유화 분위기가 조성되었다. '조작된 사건'이라는 사실도 조금씩 알려지기 시작했다. 그러나 아무런 소식도 접하지 못한 채 감옥 안에 갇혀 있었던 우리로서는 그런 분위기조차 전혀 알 수 없었다.

이미 유신 찬반투표를 통해 전 국민의 90% 찬성이라는 압도적인 결과를 만들어냈다. 방법이야 어떠했든 유신통치의 명분을 얻은 셈이었다. 이를 기점으로 정부는 통제와 압박의 수위를 조금씩 낮추고 있었다.

새해가 밝아오고 나서 어느 날부터인가 교도관들의 분위기가 달라졌다. 보안을 담당하던 덩치 큰 교도관이 방 앞을 왔다 갔다 하더니, 다가와 이런 말을 해주었다. "야, 너희들 생각보다 빨리 나갈지도 몰라." 희망이 보이기 시작했다. 어쩌면 봄이 빨리 찾아올지도 모르는 일이었다. 시골 교도관들은 그나마 정이 있었다. 새벽 서너 시쯤 라면을 끓여서 식구 통으로 살짝 넣어주는 사람도 있었다. 그냥 넣어주는 게 아니라, 라면 냄비를 신문지로 싹 둘러싸서 넣어주었다. 그 신문 덕분에 매일 같이 "'민청학련' 관련자들을 조속히 석방하라"라고 데모하는 학생들의 소식도 접할 수 있었다.

신문 한구석에는, "한국 학생들을 석방하지 않을 경우, 미 의회에서 한국 정부에 주기로 한 3억 달러 지원 계획을 철회할 것"이라는 기사도 있었다. 인권탄압을 비난하는 그런 외부적 압력 때문에 우리가 석방될지도 모른다는 소문이 돌았다.

세상 밖으로 - 감시의 시작

드디어 1975년 2월 15일 아침, 대통령 특별 조치로 형 집행정지 지시가 내려왔다. 정보부 사람들과 검사가 우리를 불렀다. 종이 한 장을 내 앞에 내밀며

사인을 하라고 했다. 석방된 뒤에는 그런 짓을 절대 하지 않겠다는 각서였다. 우리는 또다시 못하겠다고 버텼다. "나는 서명하지 않겠습니다." "이거 사인 안 하면 석방이 안 돼." "뭐요? 그런 법이 어디 있습니까? 그러면 나가지 않겠습니다"라고 버티었다. 스스로 조작된 것을 부정하는 꼴이 되기 때문이었다. 몇 시간이나 실랑이를 한 끝에, 결국 경위서 형식으로 내용을 수정한 각서에 서명했다. 교도소 철문을 통과해 밖으로 나오자, 어느덧 풀 날아다니는 허연 입김이 비로소 내가 살아 있음을 실감나게 했다. 서울의 누나가 두부를 들고 교도소 앞에 대기하고 있었다.

석방되어 나오자, 사람들은 우리를 영웅처럼 대접해주었다. 술이라도 같이 한잔 마시면, 그걸 자랑하고 다닐 정도로 유명 인사가 됐지만, 사실은 앞날이 캄캄하고 먹고 살길이 막막했다. 더군다나 형 집행 정지로 석방된 것이기 때문에 경찰에 정기적으로 보고를 하게 되어 있었다. 거주지가 바뀔 때는 물론이고, 고향에 가려 해도 신고를 해야 했다. 비단 고향 제주도뿐만 아니라 지방 어디를 가든 마찬가지였다. 그들은 언제라도 우리를 다시 데려가 감옥에 가둘 수 있었다.

이렇게 시작된 정권의 감시는 그 오랜 세월 동안 나를 괴롭혀 왔다. 나중에 일본으로 유학을 가서도, 귀국하여 교수할 때도, 4·3연구소 소장 할 때도 '요시찰'로 30여 년을 감시받는 처지였다.

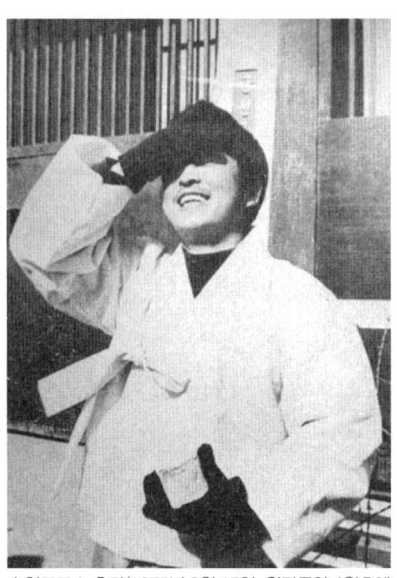

순천교도소 출감(1975년 2월 15일, 월간중앙 4월호에서)

국회의원 된 이후에 경찰청 치안연구소 자료에 의하면, 김대중 정부가 들어서서도 1여 년간 내가 쓴 글들을 분석하여 보고하는 것을 확인할 수가 있었다.

그때 '민청학련' 관련 학생들은 거의 다 석방되었다. 하지만 졸업생들이라는 이유로 이현배·이강철·유인태·김효순 등은 끝까지 석방하지 않았다. 또한 김지하·장영달·정화영 등도 "'민청학련' 사건은 고문에 의한 조작이다'라는 폭로로 재수감되어 장기복역하였다.

인혁당 사건

인혁당 사건은 국가가 법으로 무고한 국민을 죽인 '사법살인' 사건이자, 박정희 정권 시기에 일어난 인권 탄압 중 가장 악랄한 예이다. 이 사건은 해외에도 널리 알려져, 제네바 국제법학자협회는 1975년 4월 9일을 '사법사상 암흑의 날'로 선포한 바 있다.

당시 '인혁당 재건위'는 '민청학련'의 배후 중 하나로 지목되었다. 1964년 8월, 중앙정보부는 "대한민국의 체제를 전복하라는 북한의 노선에 따라 움직이는 반국가단체인 인민혁명당에 소속된 각계각층의 인사들을 체포했다"고 발표했다. 명백히 고문에 의해 조작되었던 이 사건으로 인해, 도예종·양춘우 등이 징역형을 선고받았고 나머지 11명은 무죄를 선고받았다. 그러나 검찰이 항소심을 제기해, 이듬해 6월에 열린 공판에서는 피고인 전원이 유죄 선고를 받았다. 1974년 '민청학련' 사건이 일어나자, 당국은 국가보안법·대통령 긴급조치 4호 위반의 죄목을 씌워 '인혁당 재건위'라는 이름으로 또다시 23명을 구속 기소 했다. 도예종·여정남·김용원·이수병·하재완·서도원·송상진·우홍선 등 8명

대구 인혁당 위령제에서 나병식 및 유족과 함께(2006년 4월)

은 사형을 선고받았고, 나머지 15명도 무기징역에서 징역 15년까지 중형을 선고받았다. 사형선고를 받은 8명은 대법원에서 확정되었다. 판결이 내려진 지 불과 18시간 만인 1975년 4월 9일에 전격적으로 형이 집행되었다.

  2005년 12월 27일 사법부는 인혁당 사건에 대한 재심사를 받아들였다. 그리고 2007년 1월 23일에야 피고인 8명에 대해, 대통령 긴급조치 위반·국가보안법 위반·내란예비음모·반공법 위반 혐의에 대해 무죄를 선고했다.

'민청학련' 모임. 박형규 목사·한승헌 변호사·이강철·장영달·이철·나병식·서경석·유인태·임진택·여익구·방인철·임상우 등과('민청학련의 주역들', 신동아 2003년 4월호)

유신청산 회견. 이철·송운학 등과 국회에서(2011년 8월)

'민청학련' 동지를 제주에 초청하다. 이현배·이철·나상기·이광일·이상익·신대균·서명숙 등과(2017년 11월)

제주 생활과 '골빈당'

당시로서는 복학도 불가능했다. 서울대학교 측에서 복학할 수 있다고 하여 오매불망 기다렸건만, 결국 돌아온 것은 거부였다. 개인에 대한 공권력의 압제는 상상을 초월할 만큼 큰 힘을 발휘한다. 공부를 계속해서 좋은 논문을 쓰고 싶다는 꿈이 여전히 가슴속에 있었지만, 학교에 다닐 수 없는 상황에서 그 모든 것은 허망한 꿈이었다. 내가 할 수 있는 일이란 없었다. 독재정권이 나에게 요구하는 것은 단 하나였다. "너는 아무것도 하지 마라!" 그야말로 고사 작전이었다. 나는 지금도 국민의 입에 재갈을 물리기 위한 검찰의 기소 남발을 보면서 그때의 악몽이 다시 살아나곤 한다. 힘없는 개인이 권력에 저항할 때 어

조작된 정치범

떻게 되는지 똑똑히 보여주는 잔인한 패악질이다. 나를 만나는 사람을 조사하고 어디를 가더라도 그림자처럼 따라다녔다. 하는 수 없이 고향으로 내려갔다.

1971년 대학에 들어가고 나서 방학 때 제주에 내려가면 집 앞에 있는 소라 다방으로 출근했다. 제주도 출신 선후배 몇몇이 술 모임을 하나 만들었는데, 그 이름이 바로 '골빈당'이었다. 소라 다방이 당시 제주도에서 유일하게 클래식을 틀어주던 곳이었다. 모닝커피를 시키면 달걀노른자를 공짜로 띄워주었다. 그렇게 커피를 마시며 세상만사를 논하는 자리였다. 19세기 프랑스의 살롱식 모임을 흉내 냈다고 할까.

제주에서 시도 쓰고 그림도 그리며 예술을 하는, 자칭 로맨티시스트 혹은 니힐리스트들이었다. 풍진 세상을 만나 굳이 채우고 살아갈 의미가 없으니 머리도 뭐도 모두 비우고 살자는 뜻에서 '골빈당'이라 지었다.

모임의 주축이 된 이들은 시인인 문무병, 작가 장일홍, 제주대 총장을 역임한 고충석, 민예총 사무총장 했던 1년 선배 김상철, 후배인 시인 나기철, 외대 공대 학장을 역임한 홍진표, 사업가 부종호 등이다. 문무병 선배를 대장으로 모시고 고충석은 우리를 하나 되게 해주었고 김상철은 살림살이를 총괄했다. 그리고 한겨레신문 사장이었던 고희범 등도 가끔 어울렸다.

석방되고 나서 제주에 갔는데 만나는 사람마다 위로해대니 정말 내 신세가 가련하게만 느껴졌다. 마음을 정리하러 내려왔다가 오히려 심란해졌다. 어차피 시내에 거처할 곳도 마땅치 않아 하던 차에, 선배 한 분이 고맙게도 자기 집 감귤 과수원에서 지낼 수 있게 해주었다.

비양도에서. 문무병·고충석·고희범과(1976년)

'골빈당'이 오래간만에 만나 옛이야기를 나누다. 문무병·장일홍·고충석·김상철·나기철·부종호와 북경반점에서(2023년 10월)

문정인 교수의 형인 문정보 선배(작고)였다. 월평리에 있는 그 과수원 2층에서 고충석·김상철·나, 이렇게 셋이 함께 지냈다. 1층에는 관리인이, 2층에는 우리가 살았는데, 전깃불도 환하게 들어왔다. 공부한답시고 있었지만 실은 친구들과 술 먹는 것이 일이었다.

제주도에서도 이미 유명 인사가 되어 있었다. 동네 할머니들까지도 "아이고, 정말 고생 많았다…"라며 내 손을 따뜻하게 잡아주었다. 그래도 빨갱이라 욕하지 않는 것을 보고서 우리가 결국 이겼다는 자부심이 들었다.

가끔 시내로 내려오면 '골빈당' 거처인 소라 다방에 모였다. 다방으로 와서 대화를 나누다가 저녁이 되면 또 술집에 가서 술을 마시는 날들이었다. 우리 나름대로는 진지하게 프랑스의 살롱 문화 같은 것을 재현한다고 생각했던 게 아닌가 싶다. 여학생들도 그런 우리의 모습을 신기하게 여겼는지, 자주 자리를 같이 했다.

'골빈당' 친구들은 과수원으로도 자주 놀러 왔다. 과수원은 술과 낭만이 있는 우리들의 아지트였다. 많은 사람이 찾아왔고 심지어 나를 감시하던 형사도 술을 가지고 온 적이 있을 정도였다. 향긋한 감귤나무에 둘러싸여 밤하늘의 별을 보며 웃고 노래하며 지냈다.

"내 마음은 조약돌 비바람에 시달려도 둥글게 살아가리, 아무도 모르게"

술에 취하면 흥얼거리던, 박상규의 '조약돌'이라는 유행가 가사이다. 한때의 젊음이 이렇게 덧없이 흘러가고 힘들어도, 나는 단단한 조약돌이 되겠다는 바람이었다. 거기에 가끔 끼는 이들이 문무병 선배·장일홍 선배·이재훈 선배·친구 김용훈·후배 부종호 등이다.

그 무리의 좌장은 2년 선배인 문무병 시인이었다. 내가 대학 신입생이었던 시절부터 어울려 모셨던 문무병 선배는 그림·문학·철학·무속학 등 인문과 예술 전반에 박학다식한, 정말 모르는 게 없는 사람이었고 순수 그 자체였다. 우리는 제주시에 있는 소라 다방에 죽치고 음악을 들으며 삶과 예술에 대해 개똥철학을 늘어놓곤 했다. 어스름 저녁이 되면 단골 술집에 모여 부으라 마시라고 날이 새도록 술을 마셨다. 그 속에서도 시대의 아픔과 울분이 있었으며, 예술과 낭만이 있었다.

아세아문화사의 편집부장

그렇게 4월부터 6월까지, 석 달가량을 고향에서 보냈다. 점점 마음이 움츠

러들기 시작했다. 언제까지 이렇게 하루에 하루를 보태며 살아야 하나. 경찰의 감시도 심해지고 있었다. 내가 고향에서 무슨 일이라도 꾸밀 줄 알았는지, 나를 만난 사람들을 조사하기도 했다. 서슬 퍼런 군사독재 시절, 경찰이 묻기만 해도 부담이 되던 시절이었다. 나 때문에 주위 사람들이 피해를 입는다는 생각이 들어, 더 이상 고향에 있을 수 없었다. 그리고 무슨 일이라도 다시 시작해야 했다.

운동권도 이제 새로운 돌파구를 찾아야 했다. 제정구는 빈민운동, 황인범과 정윤광은 노동운동, 나병식·김학민·이해찬 등은 출판운동, 임진택은 판소리를 중심에 둔 문화운동을 시작했다. 그리고 나도 출판 분야에서 문화운동을 하겠다고 결심했다.

7월경 서울로 올라온 나는, 누나 집 옆에 방을 하나 빌려서 앞날에 대한 계획을 세우기 시작했다. 사회에 첫발을 내디디다 감옥에 갔다가 석방되어 나와 보니 운동권들 사이에서 여러 논쟁이 시작되고 있었다. 이제 모두 무엇을 할 것인지 고민하고 있었다. 유신독재는 찬반 투표의 승리를 동력으로 삼아 자리를 잡아갔다. 당국의 심한 감시와 압제로 학생 운동권은 지하로 깊숙이 숨어 버렸다.

취직이 안 되니 공부라도 할까 싶어 서울대학교의 과사무실이며 한국문화연구소에 자주 찾아갔다. 기실 갈 데가 거기 말고는 없었다. 당시 한국문화연구소에는 김정기 대학원생이 책임자로 있었다. 그의 선친은 대전 제주도민회 회장직을 맡아 계시고, 그 선배도 제주인이라는 의식이 강했다. 그래도 학교 선배들이 반겨주었다.

학교를 들락거리다가 한문 공부를 하려고 종로에 있는 태동고전학원에 다녔다. 임창순 선생이 하시던 강습소로, 그곳에서 2~3개월 진득하게 한문 공부를 했다. 그러다 민족문화추진회 국역연수원이라는 곳이 있다는 것을 알게 되었다. 신설동 청계천 8가 근처에 있었던 국역연수원은 순수 한학을 공부하는 사람이 모이는 곳이었다. 졸업장이 없어도 입학을 할 수 있었고, 서울대 철학과나 사학과 학생들이 많이 다녔다. 당시는 학비도 받지 않던 때라 가난한 나에게는 더할 나위 없이 훌륭한 배움터였다. 그렇게 해서 국역연수원에 적을 두게 되었다. 여기서 배운 한문은 나중에 역사를 공부하는 데 큰 기초가 되었다. 내 이력을 아시는 연수원 교수님들이 "역사학도의 길을 벗어나지 말라"라며 힘이 되는 격려도 많이 해주셨다. 그때 국역연수원은 내가 유일하게 의지할 수 있는 마음의 안식처였다.

서울대 학생 시절, 국사학과 조교 중에 허흥식 선생이라는 분이 계셨다. 출판 일을 하기로 했지만, 출판사를 찾기가 쉽지 않았다. 제주도의 양정규 국회의원실에도 부탁했으나 안 되었다. 여기저기 출판사를 기웃거렸다. 그러나 형 집행 정지 상태인 데다 형사까지 쫓아다니니 취직이 될 턱이 없었다. 면접을 보고 나면 형사가 쫓아가 왜 저 사람을 쓰려고 하는지 묻고 다니는데, 나를 채용할 출판사가 어디 있겠는가?

용돈도 없는 곤궁한 생활이 시작되었다. 밥이야 누나 집에 가서 먹었지만, 차비며 생활비는 꼼짝없이 손을 벌려야 했다. 가정교사라도 해볼까 했지만, 그조차도 뜻대로 되지 않았다. 전과자에게, 그것도 붉은 딱지가 붙은 정치범에게 자식을 맡길 부모는 없었다. 정말 어려웠다.

허 조교님의 소개로 아세아문화사 편집부장으로 입사했다. 내 첫 월급은 3만 원이었다. 당시 학교 교사 월급이 15만 원이고, 하숙비가 3만 원이었으니 형편없이 낮은 급여였다. 지금으로 셈하면 겨우 50만 원 정도 될까 말까 하는 돈이다.

그래도 일을 할 수 있다는 것이 좋아서 감사한 마음으로 받아들였다. 대신 개인적으로 쓸 수 있는 시간을 달라고 해서 오후 4시가 되면 한문 공부를 하러 국역연수원에 갔다.

월급은 형편없었지만, 명색은 편집부장이었다. 내가 아세아문화사 편집부장으로 있으면서 편집위원회라는 제도를 처음 만들었다. 이것은 나의 은사이시고 끔찍이 아껴주셨던 김용섭 교수님(작고)께서 가르쳐주신 것이었다.

분야별로 최고의 역사학자들을 모셨다. 근현대사 자료는 강만길·정창렬·신용하 교수 중심으로, 조선 후기 사상사 자료는 이우성·정석종·이이화 교수 중심으로 위원회를 꾸렸다. 고서 수집가인 백순재 선생은 소장하고 있던 근대 잡지와 한말 교과서 등을 내놓아 『개화기학술지』와 『구한말 교과서 총서』 등을 출판할 수 있었다. 불교사의 허흥식 교수님은 『금석문총람』과 『불교사지총서』 등을 출판할 수 있도록 도와주셨다. 김용섭 교수님은 뒤에서 전반적인 내용에 대해 방향을 제시해주셨다. 당시 아세아문화사에서 좋은 책을 많이 출판할 수 있었던 것은 모두 이분들 덕분이었다.

이창세 사장은 국립중앙도서관 관장과 건설부 국장, 서울대 사무처장을 역임하였던 분이다. 아세아문화사는 국학 영인본 전문출판사로 알려졌지만, 역사 관련 단행본도 많이 펴낸 곳이다. 1975년 당시에는 장충동 경동교회 바로 근처에 출판사 사무실이 있었다. 크리스천 아카데미도 지척에 있어 간혹 아카데미 간사들과도 교류를 나누기도 했다. 그때 아카데미 간사로 일하고 있던 한명숙 전 총리도 몇 번 뵈었는데, 기억하고 계실지 모르겠다.

당시는 문화운동 차원에서 본격적으로 사회과학 출판사들이 설립되고 있을 때였다. 나병식 선배는 풀빛출판사를 만들었고 동아투위의 김원호 선생은 한길사를 만들었다. 김학민 선배도 다른 잡지사에 있다가 한길사 편집부장으로 옮겼다. 한길사는 말 그대로 '사회과학'이라는 '한길'로 매진해 큰 성공을 거두었다. 나도 좋은 아이디어들이 떠오르면 항상 한길사에 이야기해주곤 했다.

김용섭 선생님은 한국 근대사를 새로운 시각으로 해석하는 데 공헌하면서 최고의 역사학자로 남아있다. 그런데 '민청학련' 사건 때 관련자들의 압수물에서 김용섭 선생님의 노트가 발견되는 바람에 무척 고초를 많이 겪으셨다. 연구실이 압수수색 당하거나 정보부에 끌려가신 적도 있었다고 한다. 서울대학교 국사학과에서 데모를 많이 하는 것도 김용섭 선생님이 지도하기 때문이 아니냐는 말까지 나올 정도였다. 결국 선생님은 그런 압력을 견디지 못하고 연세대학교로 적을 옮기셨다.

그때 일을 하면서 가장 보람이었던 작업은 조선시대 민중사에서 최고로 칠 만큼 중요 사료인 『추안급국안(推案及鞫案)』이라는 책의 출판이다. 1979년도에 출판된 이 책은 조선 후기 정치범에 대한 기록이다. 당시 동학농민운동과

김용섭 교수님(작고)을 모시고 김인걸(국사편찬위원장)·김도형 교수(전 동북아역사재단 이사장)와 함께(2019년 11월)

같이 국가 체제에 반항한 무리가 잡히면 왕이 직접 심문했는데, 이 자료가 바로 그 심문 기록이다. 영남대학교 정석종 교수와 한양대 정창렬 교수가 이 기록에 해제를 붙여 책을 내자고 추천하셨다. 서울대학교 규장각의 허락을 얻어 출판물로 내게 되었고 지금도 원본은 규장각에 보관되어 있다. 『장길산』이라는 소설의 출발도 바로 이 자료였다. 소설가 황석영에게 "이걸 써보면 어떻겠느냐"고 제안하신 분이 바로 정석종 교수였다.

사실 당시의 역사학계에서는 서로 다른 입장들이 부딪히고 있었다. 역사를 두고 학문적 관점에서 부딪히는 것은 학계에서 쉽게 볼 수 있는 일이다. 하지만 당시의 대립은 학문 내용에서의 차이라기보다는, 진보적인 시각을 가졌느냐, 보수적 시각을 가졌느냐 하는 대립이었다. 그 때문에 이 자료를 둘러싼 외적 상황이 그렇게 편안하지만은 않았다. 동학농민운동에 관해 연구한 학자들은 여러 사람이 있다. 김용섭 교수도 쓰셨고, 정창렬 교수도 이 주제로 박사학위를 받았다. 서울대 대학원장인 한우근 교수도 이에 관해 연구했는데, 그는 보는 시각이 매우 달랐다. 『추안급국안』 자료집 출판에 대해 한우근 교수는 반대했다고 한다.

이외 여러 문집과 불교 관련 서적도 많이 냈다. 『금석문 전집』, 『근대 개화기 학술집』 등 내가 만든 것만 어림잡아 200~300여 권은 된다. 그렇게 5년 남짓 일하며 알찬 시간을 보냈고, 아세아문화사는 역사 전문출판사로 우뚝 섰다. 당시 그 분야에서 아세아문화사 강창일 부장이라고 하면 모르는 사람이 없을 정도였다.

월급은 그야말로 박봉이었다. 얘기를 꺼냈지만 그렇다고 해서 많이 올려주지도 않았다. 1년에 서너 차례 2~3만 원씩 찔끔찔끔 마지못해 겨우 올려주는 식이었다. 5만 원에서 7만 원, 10만 원, 12만 원 그래도 월급은 꾸준히 올랐다.

당시 아내가 학교 교사로 일하고 있었는데, 결혼한 지 2년이 지나자 월급이 비슷해졌다. 다른 직원들도 나를 따라 월급이 올랐다. 나야 정규직이라고도 할 수 없었고 사장이 마음만 먹으면 언제라도 해고할 수 있었지만, 내가 없으면 출판사가 제대로 돌아가지 않기 때문에 그럴 걱정은 없었다.

월급투쟁을 얼마나 열심히 했던지 나중에는 45만 원까지 받았다. 당시 대우실업 등의 대기업 과장이나 규모가 큰 출판사 편집부장 월급이 30만 원이었으니 대단한 급료였다. 약 스무 번에 걸친 투쟁 끝에 얻은 성과였.

나중에는 내가 복학해서 졸업장까지 받았으니 통상적인 경우라면 월급을 더 올려줘야 하지만, 출판사가 그렇게까지 해줄 순 없는 노릇이었다. 결국 'YWCA 위장 결혼 사건'에 연루되어 숨어 다니느라 회사를 못 나가게 됐을 때, 사장에게 전화를 걸어 그만두겠다는 뜻을 전달했더니 흔쾌히 받아들였다.

장용선과 만나다

불교 수련회 이후에 장용선을 다시 만나게 된 건 감옥에서 석방된 지 얼마 안 된 1975년 3월 초였다. 교수님들께 인사도 드리고 선후배들도 만날까 해서 서울대학교가 있는 관악산에 올라가는데, 인문대 바로 밑에 있는 호숫가에 여학생들이 앉아 있었다.

그녀와의 인연이 있으려고 그랬는지, 호숫가에는 작은 다리가 하나 있었는데 공교롭게 이름이 오작교였다. 그들 중에 낯익은 장용선의 모습이 보였다. 남산에 붙잡혀 있을 때, 혹 나로 인해 고초나 당하지나 않았는지 궁금했던 터라 반갑게 말을 걸었다. 그녀는 이미 4학년이었다. 그동안 어떻게 지냈는지 이야기나 하자며 노량진의 다방에서 만나기로 했다.

　무슨 얘기를 했는지 정확히 기억도 나지 않는다. 아마 감옥 이야기며 친구들에 대한 안부였으리라. 시간이 되어 헤어질 무렵, 나는 군색한 핑계를 대어서 또 약속을 청했다. 그녀가 선선히 내 억지를 받아줬다. 내가 싫지는 않은 모양이라고 생각했다. 그다음 만난 곳은 시청 근방이었다. 덕수궁 돌담길을 따라 그녀와 함께, 정동 부근을 함께 걸었다.

　길을 걷다가 지하도를 내려가는데, 계단이 미끄러웠는지 갑자기 내 팔을 꽉 잡았다. 가슴이 철렁했다. "아, 이 사람이 나를 좋아하나?" 가슴이 두근거리고 금세 얼굴이 빨개졌다. 그날 연세의대에 다니는 현창옥의 하숙집에 가서 얼마나 자랑했는지 모른다. 태어나 처음으로 여자에게 팔을 잡혀보았으니 그럴 만도 했다.

　제주도에 내려가 있을 때는 한동안 만나지 못했다. 과수원에서 가끔 편지를 주고받았다. 서울에 올라오자마자 그녀를 만났다. 3개월 만의 만남이었다.

　연애하면서 자주 함께 어울렸던 사람은 여익구 형과 소설가 황석영이었다. '민청학련' 동지인 여익구 형은 불교 운동을 하고 있었고, 황석영은 그의 선배였다. 황석영이 살던 삼청동 집에 놀러 갈 때 그녀도 곧잘 함께 갔다. 황석영 선배가 안양 쪽에 이사 가서 살았는데 거기에도 놀러 갔다. 워낙 입담이 좋아, 시간 가는 줄 모르고 술을 마셨다. 그러다 보면 자정이 넘어버린다. 통행금지가 있던 시절이라 황석영 집에서 함께 묵은 적도 있었다.

　한번은 정동영이 군대에서 휴가를 나와 내 하숙집으로 놀러 왔다. '골빈당'의 이재훈 선배·정동영·나 그리고 그녀, 이렇게 넷이 함께 종로에 술을 먹으러 갔는데, 아무도 주머니에 돈이 없었다. 정동영이야 군인이었으니 돈이 있을 리 만무하고, 나야 차비도 없던 시절이니 이재훈 형만 바라봤는데, 그날따라 형에게도 돈이 없었다. 하는 수 없이 그녀가 차고 있던 시계를 풀어야 했다. 그래도 우린 즐겁게 술을 먹었다. 낭만이 있던 시절이었다.

월급이라고 해야 나 혼자 생활을 건사하기도 어려웠다. 여자들은 대학을 졸업하면 바로 시집을 가던 시절이었으니, 그녀의 나이는 이미 혼기가 되어 있었다. 그녀의 집에서는 다 큰 딸이 자꾸 늦게 들어오고 선을 보라 해도 만나는 사람이 있다고 마다하니, 나를 데려와 보라는 명이 떨어졌다. 한 편으로 두렵고 또 한 편으로 부끄러워 갈 엄두가 나질 않았다. 하지만 어른이 찾으니 안 갈 수도 없는 노릇이었다. 하는 수 없이 처음으로 그녀 집을 찾아갔다.

집 대문 앞에서 쭈뼛거리고 있는데 개가 나를 보고 잡아먹을 듯이 짖어댔다. 이윽고 장인어른이 나오셨다. 바짝 얼어 있는 나를 보시더니 호탕하게 웃으셨다. 장인어른이 짖는 개를 잡고 웃으면서 한 말씀하셨다.

"자네, 미남이네."

다행히 나를 좋게 보시는 것 같았다. 첫 만남이었는데도 장모님은 술상을 준비하고 계셨다. 술을 가득 부어주시는데 두말하지 않고 비웠다. 장인어른도 약주를 꽤 좋아하셨다. 장인어른은 키도 크시고 훤칠한 미남이셨다. 술이 두어 순배 돌고 이것저것 물어보셨지만 무슨 말씀이었는지 기억이 안 난다. 그러더니, 내게 바로 약혼 이야기를 꺼내셨다. 내가 마음에 썩 드셨나 보다. 어른이 말씀하시니 알겠다고 말씀드렸다.

이후 영등포에서 양쪽 집안이 만나 상견례를 하고 약혼했다. 그런데 당시 김천의 풍습으로는 약혼을 하면 6개월 이내에 결혼해야 한다고 했다. 나는 그런 풍습이 있는 줄도 몰랐다. 살 집도 그렇고, 가장으로서 집안을 꾸릴 경제적 형편이 안 되는데, 이를 어쩌나 싶어 다시 고민이 깊어졌다.

실제로 앞날을 생각하면 암담하기 그지없었다. 형사는 일주일이 멀다 하고 나를 찾아왔다. 안부를 묻는 척했지만 "너의 모습을 지켜보고 있으니 딴생각 하지 말라"라는 경고였다.

그녀는 자신이 교사하는데 당장 먹고사는 일이야 뭐 그리 큰일이겠냐고 나를 안심시켰다. 남자로서 자존심이 상했지만 결국 1977년 10월 3일 결혼식을 올리게 됐다. 결혼식 장소는 현재 프레스센터가 있는 광화문 신문회관이었다. 주례는 내가 늘 존경해온 천관우 선생님을 모셨다. 천관우 선생은 당시만 하더라도 역사학계의 살아있는 전설이었다. 학계뿐만 아니라 언론계에도 종사하시면서 서슬 퍼런 독재에도 지조와 소신을 지키시며 카랑카랑한 언론 직필을 실천하고 계셨다. 원체 사람을 좋아하시고 술을 즐기셔서 후배들과 제자들치고 그 어른께 술을 얻어먹지 않은 사람이 드물었다. 그러다 보니 가세가 눈물겨울 정도로 곤궁했다.

처가에서는 내가 감옥을 다녀온 사실도 친척들에게 알리지 않았다. 당시는 전과자 중에서도 가장 위험한 전과자가 바로 정치범이었다. 그런데 주례를 맡은 천관우 선생께서 나를 칭찬한답시고 눈치 없는 말씀을 하시고 말았다.

"신랑 강창일 군은 학생운동으로 감옥살이했을 정도로 정의롭고 훌륭한 젊은이로서……"

멀리 시골에서 아무것도 모르고 오신 처가 친척분들이 '감옥살이'라는 말을 듣고 놀라서 웅성거리기 시작했다. 하얗게 질린 장인어른과 장모님의 표정이 지금도 생생하다.

우여곡절 끝에 결혼식이 끝나고 내빈들이 시청 근처에서 식사하시는 동안, 일찍 식사를 끝낸 운동권들은 당시 한국일보사 옆에 있었던 유명한 막걸릿집에 자리를 잡았다. 신부와 함께 막걸릿집으로 갔더니, 결혼식장에는 오지도 않으셨던 백기완 선생이 그곳에서 대장 노릇을 하고 계셨다. 백기완 선생과는

『백범일지』 교정을 도와드린 인연으로 자주 찾아뵙던 어른이었다.

"저기, 처녀 도둑놈 온다. 잡아라!"

걸걸한 백기완 선생 목소리가 좌중을 압도했다. 갑자기 벌떡 일어나더니 고무신을 벗었다. 그리고 막걸리를 철철 넘치게 붓더니 내게 디밀었다.

"도둑놈, 술 한잔 받아."

가난하고 술 고픈 운동권들은 야차같이 막걸리를 목구멍에 들이부었다. 젓가락 장단에 노래하고 춤추느라 술집이 떠나갈 듯했다.

그다음 고향에 내려가서도 결혼식 잔치를 해야 했다. 비행기를 타고 내려가 제주시 KAL 호텔에 신방을 잡았는데, '골빈당' 친구들은 기어이 그곳까지 쫓아왔다. 이미 너무 피곤한 상태였던 아내를 방에 올려보내며 금방 올라가겠다고 약속했다. '골빈당' 친구들과 오랜만에 대작이 시작되었다. 한 잔이 두 잔이 되고, "딱 한 병만 더"를 반복하다 결국 새벽 4시까지 술독에 빠지고 말았다. 휘적휘적 방에 올라갔더니 아내는 당장 서울에 올라가겠다며 울고 있었다. 아내를 달래는데 창밖으로 날이 새고 있었다. 어쩌면 그날은 아내의 불행이 시작된 날이었다. 술을 좋아하고 친구를 좋아하는 나와 결혼한 죄였다.

전세금 200만 원을 어머니가 구해주신 덕분에, 도곡동에 있는 열세 평 아파트에 신접살림을 차릴 수 있었다. 지금의 도곡동은 강남의 상징이다. 하지만 그때는 서울 시내에서 한 시간가량이나 버스를 타고 가야 하는 허허벌판이었다. 열다섯 평 아파트에는 제법 그럴듯한 목욕탕도 있었지만, 우리가 살았던 열세 평짜리는 목욕탕도 변변치 않았고 매일 연탄을 가는 게 일이었다. 그래도 나는 출판사에, 아내는 학교에 나가 열심히 일했기 때문에 밥 세 끼는 거르지 않으며 2년간 그 집에서 살았다.

서울에서 만난 제주 사람들

유유상종이라고, 제주도 출신들을 만나도 꼭 민주화 운동에 관심이 있던 부류들만 만났다. 우리는 종로나 시청 앞에서 자주 만나 술잔을 기울였다. 소설가 현기영·이종원 목사·신흥섭 목사·신부이자 시인이었던 김명식 수사·서울대 사대의 고은수·야학 운동하는 서강대의 강상배·노동운동 하는 강남규·긴급조치 9호 위반의 김천우·변현정 등이 우리 모임의 중심이었다.

한동안 제주 출신 운동권은 없었다. 긴급조치 위반은 내가 제1호였다. 이후 서서히 제주 출신 후배들이 생겨났다. 서울대학교 법대 74학번 김천우라는 제주 출신 후배가 긴급조치 9호로 인해 잡혀간 일이 있었다. 그는 1980년도가 되어서 석방되었다. 그리고 감옥을 가지는 않았지만, 훗날 전교조 활동을 하게 된 고은수라는 후배도 당국에서 '요시찰' 인물로 분류되고 있었다. 또 다른 후배 강남규는 노동운동을 하다가 손도 잘리고 도시산업선교회에서 노동운동을 하고 있었다.

나와 같이 이미 전력이 있는 자들은 시국사건이 한 번 터질 때마다 정보부에 며칠씩 끌려갔다 와야 했다. 학교는 다니고 있질 않으니 학생운동은 아니었고, 사건의 배후나 민주 회복 운동에 연루되어 있지 않나 하는 의심 때문이었다. 실제로 고은 선생 댁에서 민주화 서명 운동에 참여했다가 끌려간 적도 있었다. 그럴 때마다 갖은 모욕과 수모를 당해야 했다.

그즈음 자주 어울린 사람 중 하나가 바로 현기영 선생이다. 『창작과 비평』 사람들과의 술자리에서 종종 만났다. 서울사대부고에서 영어 선생을 하며 1978년에 『창작과 비평』에 「순이삼촌」을 연재하고 있을 때였다. 처음에는 제주 출신이라는 것을 몰랐는데 술잔을 나누다 보니 고등학교 10년 선배라는 걸 알게 되었다. 둘 다 워낙 술을 좋아해서 만나면 격의 없이 술잔을 부딪쳤다. 자연스레 제주 친구들의 술자리에 모시게 되었다. 우리는 뭍에 오면 고향을 그리워하고 제주에서는 뭍을 동경하는 사람들이었다.

'4·3'의 상처가 너무 크고 깊었다. 죽음과 공포, 분열과 갈등의 골이 제주인 가슴에 깊게 각인되어 있었기 때문이다. 그리고 그 상처는 모두의 입을 닫게 했다.

1978년 4월 3일, 제주 친구들과 노량진 술집에 모였다. 서로 깊은 말은 하지 않았지만 모두 쓰게 막걸릿잔을 비웠다. 그것만이 우리가 할 수 있는 유일한 추념의 세리머니였다. 그다음 해인 1979년, 김명식 선배가 '4·3' 위령제를 지내자고 제안했다. 하지만 '4·3' 위령제를 지내는 건, 말처럼 쉬운 일이 아니었다. 우리 대부분은 경찰의 감시 대상이었고, 행여 말이 새어나가 경찰에 알려지기라도 하면 아주 위험해지는 상황이었다.

마침내 4월 3일 이종원 목사님 댁에서 위령제를 지내기로 했다. 그날 김명식 시인이 아주 웅장한 서사시를 써왔다. 간단히 차려진 제상을 앞에 두고 김명식 시인이 써온 조시(弔詩)를 읽었다. 한 서린 제주의 슬픔이 시가 되어, 거기 있는 모든 사람의 가슴에서 눈물처럼 흘러넘쳤다. 약소했지만 '4·3'의 억울한 희생자들의 넋을 달래는 31년 만의 첫 행사였다. 김명식 시인이 축문을 태우듯 낭독한 조시를 태웠다. 너풀너풀 재가 되어 높이 올라가는 위령의 시어들이 하늘에 계신 희생자들에게 전달되길 빌었다.

서울의 사람들은 수많은 양민 학살에 대해서 모르고 있었다. 왜 그들이 억울하게 죽어갔는지, 무슨 이유로 죄 없이 죽을 수밖에 없었는지 알지 못했다. 그날 위령제를 통해서 처음으로 충격적인 '4·3' 사건의 진상을 알게 된 사람도 있었다. 우리만의 작은 행사였지만 그 위령제는 '4·3' 사건에 대한 논의를 촉발하는, 즉 세상 밖으로 끌어낸 계기가 되었다.

현기영 선생의 「순이삼촌」은 처음으로 '4·3' 사건을 조명한 작품이었다. 당시 제주도의 양민들이 어떤 상황에 놓여 있었는지, 그리고 어떻게 그 많은 이들이 학살되었는지를 담담한 필치로 그려낸 작품이었다. 「순이삼촌」은 발표와 함께 큰 반향을 일으켰다. 이념적 관점이 아닌

현기영 선생과(1988년 8월)

평범한 소시민의 관점에서 '4·3'의 아픔을 그려낸 작품이었다. 작품이 발표되자 일부 운동권들은 이념적 치열함도 없는 지극히 감상적인 작품이라고 비판했다. 그러나 이념을 앞세웠다면 소설이 가져야 하는 동시대적 감응이나 감성적인 예술성이 살아나기 어려웠을지도 모른다. 오히려 보통 사람의 시선으로 '4·3' 사건을 찬찬히 풀어나갔기에 지금까지도 많은 사람의 가슴에 남는 작품이 되지 않았을까. 「순이삼촌」 덕분에 한동안은 친구들과 만날 때마다 '4·3' 사건을 주된 화제로 삼았다.

독재자의 죽음과, 오다 만 '서울의 봄'

1979년 10월 26일 저녁 7시 40분경, 서울 종로구 궁정동 중앙정보부 안가(安家)에서 총성이 울렸다. 중앙정보부 부장 김재규가 대통령 박정희와 경호실장 차지철을 살해한 '10·26' 사건이었다. 박정희 대통령은 곧 수도 육군병원으로 이송되었으나, 오후 7시경 과다출혈로 사망했다. 박정희 정권의 1인 독재 체제가 그렇게 예상하지 못한 채 막을 내렸다.

그날 나는 늦은 시각에 집에 들어가다가 소식을 들었다. 한남동 부근에서 버스에 흔들흔들 실려 가는데, 갑자기 라디오에서 박정희 대통령이 사망했다는 속보가 흘러나왔다. 처음에는 믿기지 않아 머릿속이 갑자기 텅 비어버린 기분이 들었다.

"아, 역사의 진실이라는 게 이런 것인가…." 이게 바로 독재자의 말로였다.

유신독재는 끝이 났지만, 유신 세력들이 물러난 것은 아니었다. 최규하 총리가 대통령 대행으로 취임하면서, 제주도를 제외한 전국에 비상계엄령을 선포했다. 그리고 11월 10일 유신헌법대로 통일주체국민회의에서 대통령을 선출하고 그 후 민의를 모아 개헌을 한다는 담화문을 발표했다. 사실상 유신독재로의 퇴행을 의미했다. 반유신 세력들 모두가 반발했다. 각계에서는 다시 유신철폐와 계엄령 해제, 구속자 석방 등을 요구하는 시위와 성명서 발표가 이어졌다. 재야 세력들은 통일주체국민회의에서의 대통령 선출을 저지하고 전 국민적 단결을 촉구하기 위한 국민대회를 개최하기로 했다. 하지만 계엄 아래에서는 모든 집회가 원천적으로 금지되어 있었다. 재야 세력들은 '위장결혼식'을 통해 집회를 강행하기로 했다. 이른바 'YWCA 위장결혼식' 사건이었다.

그 무렵 경동교회의 이종원 목사가 영국으로 유학을 가게 되었다. 우리는 11

월 23일 목사님의 송별회를 열기로 했다. 나와 강상배·현기영·김천우의 부인인 변현정 등이 송별회에 참석하기 위해 종로 태극당에 모였다.

우리들은 'YWCA 위장결혼식'에 잠깐 들러서 사람 숫자라도 채워줄 생각으로 거기에 잠깐 들렀다가, 목사님 댁에 가기로 했다. 500여 명의 사람들이 이미 1층 강당을 가득 메우고 있었다. 신랑 입장과 동시에 유인물이 살포되었고, 전 공화당 국회의원 박종태가 통일주체국민회의를 통한 대통령 선출에 반대한다는 취지문을 낭독했다. '통대선출 반대', '거국 민주 내각 구성'을 촉구하는 구호가 터져 나왔다.

YWCA에 들어간 지 10분도 채 지나지 않아서 합동수사본부 군인들이 들이닥쳤다. 곳곳에서 우당탕 큰 소리가 나고, 도망치는 사람들 사이에서 함석헌 선생은 머리카락까지 한 움큼 뽑히는 등, 식장이 아수라장이 되었다. 나도 후다닥 도망쳐 나왔다. 다행히 잡히지 않고 밖으로 나와 보니 이미 다 뿔뿔이 흩어져버린 상태였다.

도저히 송별회에 갈 수 있는 상황이 아니어서 일단 목사님 댁으로 연락했다. 가기 어렵겠다는 말을 전한 다음, 식장에 있었던 김학민 등 '민청학련' 동지들이 피해 있는 곳으로 갔다. 놀란 가슴을 진정시키며 사람들을 확인하는데, 강상배가 없었다. 불안한 기분이 들었다. 하루 이틀 시간이 흘렀다. 기분은 찜찜했지만, 일단 평소처럼 출판사에 나가 일을 했다. 그런데 누나와 잘 아는 사이였던 종로경찰서 정보과장에게서 갑자기 전화가 왔다.

"지금 합수부에서 자네 잡으러 가니까 어서 빨리 튀어."

그날 잡혀간 강상배가 고문에 못 이겨 현기영 선생과 내 이름을 말한 모양이었다. 전화를 받자마자 밖으로 뛰어나와 건물 앞에 있는 육교로 달려 올라갔다. 언뜻 뒤를 돌아보니 새까만 옷을 입은 군인들이 우르르 건물 안으로 들어

가는 모습이 보였다. 순식간의 일이었다. 그 길로 도망쳤다.

그렇게 3개월가량 수배를 피해 도망 다녔다. 결혼을 앞둔 친구 정옥태가 신혼집으로 사당동에 작은 아파트를 얻어놓은 상태였는데, 그 빈집에 들어가서 한동안 살았다. 큰딸이 5~6개월 되었을 때였는데, 딸의 얼굴이 매일 눈앞에 아른거렸다. 돈이 떨어지면, 대우에 다니는 김승천에게 타서 썼다. 결혼하고 이제 막 딸도 낳고 월급도 제법 올라 그나마 안정적인 삶이 시작되고 있을 때였다. 독재자 박정희가 죽고 나자 민주화가 되리라 생각했는데, 오히려 쫓기는 신세가 되고 말았다. 정국이 요동치고 있는 가운데, 나는 집에도 들어가지 못한 채 관악경찰서의 동태만 살폈다. 당시는 군인들의 시절이었기 때문에 오히려 경찰들은 나와 같은 수배자들을 기를 쓰고 잡으려 들지 않았다. 경찰들 역시 신군부 세력이 저지르고 있는 전횡을 못마땅해했다. 2월경 경찰이 아내를 찾아왔다. 수사는 종결되었고 별문제 없으니까 자술서 하나만 쓰고 가라는 요지였다. 나를 잡기 위한 미끼가 아닌가 걱정스럽기도 했지만, 조직사건으로 묶일 문제도 아닐뿐더러 'YWCA 위장결혼식' 사건도 흐지부지 덮이고 있었다. 나는 경찰서에 자진 출두해 자술서를 쓰고 나왔다.

나는 그렇게 도망이라도 갔지만, 현기영 선생은 학교 교사였으니 도망도 가지 못했다. 학교에서 끌려갔다. 그리고 혹독한 고문을 받았다. 현기영 선생이 잡혀간 가장 큰 이유는 소설 「순이삼촌」 때문이었다. 하지만 그 소설은 이미 사건이 나기 이전에 발표가 된 상태였고 발표 당시에도 아무도 문제로 삼지 않았다.

현기영 선생은 「순이삼촌」을 쓴 이후에는 역사소설을 쓰겠다며 우리 집에 자주 놀러 왔다. 당시 봉천동에 살고 있을 때였는데, 함께 두런두런 이야기를 나누며 우리 집에 있던 역사 자료들을 찬찬히 둘러보곤 했다. 1862년 제주에서 일어난 '계해민란', 1910년 '이재수의 난'에도 깊은 관심을 갖고 있었다. 결국 1980년대에 현기영 선생이 '이재수의 난'을 배경으로 『변방에 우짖는 새』를 썼고, 훗날 박광수 감독에 의해 〈이재수의 난〉이라는 영화로도 만들어졌다.

그즈음 동교동 김대중 선생 쪽에서 나와 김학민 등에게 정치를 하지 않겠느냐는 제안을 해왔다. 우선 비서 일을 하면서 같이 일을 시작해보면 어떻겠느냐는 제의였다. 그러나 나는 완곡하게 사양했다.

"이제 곧 민주화가 될 테니, 저는 공부를 하고 싶습니다."

이후에도 여러 경로로 다시 제안이 왔지만 내 생각은 바뀌지 않았다. 정치를 할 생각이 없었다. 나는 그저 한 명의 양심적인 지식인으로 남고 싶었다. 세상의 변화가 꼭 정치를 통해서만 이루어진다고 생각하지 않았다. 학문을 통해서, 글을 통해서 내 올바른 생각을 실천하면, 그것이 바로 세상을 바꾸는 일이라고 믿었다.

그래도 정초가 되면 김대중 선생 댁에 가서 세배를 드렸다. 김대중 선생은 정치인이면서도 재야의 어르신이었다. 나병식·김학민 등과 함께 세배할 차례를 기다리고 있는데, 젊은 학생들이 온 게 기특했는지, 우리한테 앞자리를 내주기도 하셨다. 세배받는 김대중 선생께 고향이 제주도라고 했더니, 제주도에 아는 사람이 누가 있다며 이야기를 건네셨던 기억도 난다.

수배 중에 기어이 '12·12' 사태가 일어났다. 전두환과 노태우 등을 중심으로 한 신군부 세력은 최규하 대통령의 승인 없이 계엄사령관·수도방위사령부 사령관 등을 불법적으로 체포·구속했다. 당시 보안사령관이던 전두환 소장은 이 군사 반란을 계기로 군부 권력을 장악했고 정치적인 실세로 등장했다. 사태가 심각해지고 있었다. 또 다른 역사의 반란이었다. 그것도 이전보다 더 혹독하고 잔인한 정치군인들이 국민을 향해 총구를 들이대고 있었다.

그런 어수선한 상황 속에서 '민청학련' 관련자들은 진로에 대한 고민이 한창이었다. 시민 사회운동으로 가려는 자, '하방운동'을 하려는 자, 정치운동을 하겠다는 자, 그리고 학교에 가서 못다 한 공부를 계속하려는 사람도 있었다. 내 생각은 한결같았다. 공부를 더 해야겠다는 쪽이었다.

그런데 갑자기 학교에서, 6월 말에 졸업논문 심사가 있다는 연락이 왔다. 대학원생이면서 조교인 절친한 친구 신동하·이수근 등이 빨리 논문을 제출하여 졸업하라고 재촉했다. 내가 학교에 다닐 때만 하더라도, 서울대학교는 졸업 자격 요건으로 160학점을 이수해야 했다. 그런데 10년이 지나면서 학점 이수 조건이 140학점으로 하향되었다. 난 '민청학련' 사건으로 구속되기 이전에 이미 146학점을 채운 상태였다. 그러니 졸업논문만 통과되면 바로 졸업이 가능하다는 것이었다.

어렵게 복학했는데 빨리 졸업하지 않으면 또 이런저런 일에 연루되어 늦어질지 모른다는 말에 마음이 흔들렸다. 그러나 남은 시간이 2주일밖에 없었다. 5월 이후로 도망 다니느라 학교를 거의 나가지 못했기 때문에 졸업논문으로 뭘 써야 할지도 생각해놓은 게 전혀 없었다. 곰곰이 생각하다가 '이재수의 난'이 떠올랐다.

그때 조선 말의 문인이자 정치가인 김윤식이 쓴 『속음청사(續陰晴史)』를 번역한 좋은 사료가 나와 있었다. 『속음청사』는 1887년부터 1921년까지 35년간을 기록한 일기로서, 동학농민운동이며 청일전쟁·갑오개혁 등 한말 격변의 시대를 알 수 있는 귀중한 자료이다. 김윤식이 제주에서 귀양살이하고 있던 때 일어난 두 차례의 민란과 그 당시 가톨릭교도와의 관계도 잘 기록하고 있어서 나에게는 좋은 자료였다.

당시 김옥희 수녀가 '이재수의 난'에 대해 쓴 『신축교란』이라는 책도 있었다.

그러나 그 책에서는 '제주도 사람은 야만인, 천주교도는 문명인'이라는 식의 대립 구도로 설명하고 있었다. 읽으면서 "이건 역사를 제대로 해석했다고 볼 수 없다"라는 생각이 들어 화가 났다. 종교적 관점을 앞세운, 역사에 대한 왜곡이었다.

2주일 만에 "이재수의 난은 반봉건·반외세 운동이다"라는 주장을 담은 논문 아닌 논문을 써서 제출했다. 70~80매의 논문을 그렇게 짧은 시간 내에 썼으니 엉터리일 수밖에 없었지만, 그래도 제주민란을 바라보는 역사적 시선의 격을 높이고 싶었다.

'이재수의 난'을 주제로 하여 제대로 된 훌륭한 논문을 쓰고 싶었지만 여러 가지 상황으로 그러지 못했던 점은 두고두고 아쉬움으로 남았다. 언젠가 이 주제를 제대로 된 논문으로 쓰겠다고 다짐했다. 훗날 일본 도쿄대학에 유학하였을 때, 다행히 일본의 자료까지 보면서 그 논문을 보충해서 다시 쓸 기회가 있었다. 아무튼 졸업하니 마음이 홀가분해졌다. 무엇보다 공부를 할 수 있는 기본 여건이 마련된 것이다.

"이제 졸업장을 받게 되었으니, 대학원에 가자!"

본격적으로 대학원 시험공부를 시작했다. 그러나 먹고살 돈은 있어야 했다. 그래서 이번에는 나병식과 함께 역사 전문출판사인 태동문화사를 만들었다. 사무실은 풀빛출판사 사무실을 함께 쓸 수 있게 되었다. 자료집을 내는 작업부터 착수해, 나중에는 9권짜리 『일본 외교문서(한국 편)』도 펴내는 등 기획자로 열심히 일했다. 그리고 당시 같은 층에 있던 일월서각의 사장 김승균, 편집장이었던 양성우 시인(후에 국회의원) 등 출판인들과도 교류하며 지냈다.

마침 동아일보 기자를 하다가 쫓겨난 고준한 선생이 환속한 여익구에게 불교 전문출판사를 만들자고 제안했다. 민중불교 운동을 위해 자신이 돈을 대겠다는 제안이었다. 경복궁 옆 삼청동에 사무실이 만들어졌고, 나는 그 출판사의 기획책임자를 맡아 학교를 오가며 일을 했다.

그러나 그 일도 순탄치 않았다. 광주에서 '5·18' 민주항쟁이 일어나자 경찰들이 운동권 자체를 일망타진하겠다고 나섰기 때문이었다. 1980년 5월 말에 결혼식 날짜까지 잡혀 있었던 여익구가 잡혀갔고, 나는 또다시 도피 생활을 해야 했다. 다시 지인들의 집을 전전하며 동가식서가숙하기 시작했다. 정말 갈 곳이 없으면 늦은 밤에 몰래 집에 들어갔다. 그러다 밖에서 초인종이 울리면 화들짝 놀라 목욕탕 물통에 들어가 숨었다. 아내는 그런 상황이 불안할 법도 했건만, 항상 대범하고 의연하게 대처했다. 한 달쯤 지나 6월 말이 되자 여익구가 풀려나왔다. 당시 같이 잡혀갔던 나병식도 풀려났지만 둘 다 심한 고문으로 몸이 많이 상한 상태였다. 이후 더 이상 집에 형사가 찾아오지 않는다는 아내의 전갈을 받고 나도 집에 들어갔다. 돌이켜 보면 정말 지긋지긋한 삶이었다. '민청학련' 사건 이후 줄곧 감시와 도피 속에서만 살았다.

여익구 선배와는 특별한 인연이 있어서, 한마디 적어놓고자 한다.

여익구 선배는 최범술 큰스님께 내가 연결시켰다. 순천교도소에 수감되어 있을 때 스님께서는 교도소에 들러 면회도 못하면서 영치금을 넣어주곤 했다. 스님은 제헌의원을 지내셨기 때문에 서울에 오시면 종로2가에 있는 제헌회관에 묵으시면서 나에게 연락을 해서 찾아뵙고 인사를 드릴 수가 있었다. 그때마다 '민청학련' 선배이며 독실한 불교신도인 여익구 선배도 모시고 갔다. 그 인연으로 그는 스님을 알게 되고 다솔사로 가게 된 것이었다. 입산할 때 서울역에 가서 배웅도 해주었다.

그런데 3개월 정도 지나서 그는 다솔사에서 나와, 월정사 조실이신 탄허 큰스님 밑에 가서 공부하겠다고 하여 월정사로 갔다. 거기에서 멱정이라는 법명으로 스님 생활을 하게 되었다. 큰스님께서 서울에 오시면, 말사인 대원암에 주석하시면서 화엄경을 가르쳐 주셨는데, 멱정은 수행승으로 쫓아다녔다. 대원암에는 고준한·명호근·전창열 등 서울대불교학생회 선배들이 찾아가서 공부했는데, 나와 장용선도 같이 다녔다. 그때 큰스님께서 나를 아껴주셨고, 그녀에게 "강군이 좋은 상이니 결혼하라"라고 격려해 주시기도 했다.

몇 년 지나서 1989년 초에 큰스님께서 멱정 스님에게 "자네는 가슴이 너무 뜨거우니 절집에서 나가 활동하는 것이 좋겠다"라는 가르침을 주셔서 멱정은 환속했다. 그 후 그는 불교 민중화 운동에 앞장 서고, 결혼도 하게 된 것이었다.

뜻하지 않은 국회의원 선거운동과 비서관

1980년도에 전두환 정권이 들어서면서 학생들의 과외를 금지했다. 그때까지 과외 아르바이트를 해서 어렵게 공부하던 대학생들은 졸지에 등록금과 하숙비를 마련할 길이 막혀버리고 말았다. 특히 시골에서 상경한 학생들의 경우, 생계가 막막했다. 제주 출신들은 더욱 그러했다.

당시 나는 제주도민회 어른들과도 자주 어울렸기 때문에 도민회 선배들에게 딱한 처지에 놓인 후배들에 대해 많은 이야기를 하고 있었다. 서울대학교와 가까운 봉천동에 살다 보니, 형편이 어려운 후배들이 우리 집에 와서 자고 가는 일이 많았다. 한두 번도 아니고 노상 후배들이 집을 드나드니, 그야말로 집이 개판이 되어버렸다. 도저히 이렇게는 안 되겠다 싶어, 제주도 출신 선배들에게 "후배들 장학금 좀 줄 수 없겠느냐"라며 부탁하고 다녔다. 후배들의 처지에 공감하면서도 선뜻 돈을 주겠다고 나서는 사람은 없었다. 내가 운동권 출신이기 때문에 더욱 그러했을 것이다.

그러던 10월쯤, 사법연수원생 김영철의 소개로 시청 플라자호텔 뒤에 있는 한 술집에서 오현중·고 선배인 현경대 검사를 만나게 되었다. 서울지검 특수부 검사였던 그 선배에게 농담처럼 서울대 후배들 장학금 문제에 관해 얘기했다. 그런데 그가 의외로 진지하게 받아들였다. 알고 보니 그 역시 무척 어려운 환경 속에서 주변 사람들의 도움을 받아 가며 공부한 사람이었다. 얼마 안 가, 자기가 돕고 싶다는 회신이 왔다.

그가 서울대학교 앞에 방을 세 개 마련해 '탐라학사'라고 이름을 붙여 학생들이 지낼 수 있도록 해주었다. 가끔 쌀도 들여놓아 주었다.

훗날 알게 된 것이기는 하지만, '탐라학사'의 운영자금 중 상당 액수는 YKK 회사를 경영하는 이기빈 전 의원(작고)에게서 나온 것이었다. 어쨌든 그 일로 당시 검사였던 현경대 선배와 인연을 맺게 되었다. 그는 처음부터 정치에 뜻을 두고 있었던 사람이었다. 어느 날 나를 만나자고 해서 나갔더니 진지하게 의논을 해왔다.

"주위에서 나한테 자꾸 국회의원을 하라고 해서 말이야…."

"아니, 지금같이 전두환 군사정권이 활개 치는 세상에서 무슨 정치를 합니까?"

"글쎄, 해야 할지 말아야 할지 고민인데…."

그렇게 말하고는 끝났다고 생각했다. 그런데 해가 바뀌어서 또 연락이 왔다. 확실하게 매듭을 지어야겠다고 생각했다.

"저는 선거권도 없어요. 도와드릴 수가 없습니다. 그리고 검사하고 계시니까 당연히 민정당으로 출마하실 거 아닙니까? 저는 전두환 쪽 사람은 못 도와줄니다."

내가 단호하게 나오자, 정색하고 말했다.

"아니야. 나는 진짜 야당을 할 거야. 민한당은 이름만 야당인 가짜니까, 나는 무소속으로 나갈 생각이야."

'진짜 야당'이라는 말을 듣고 발목이 잡히고 말았다. 당시 야당은 민한당이었지만, 민정당과 별반 다름없는 어용 야당에 가까웠다. 정부가 구색을 갖추기 위해 만든 정당이라는 소문이 파다했으며, 실제 민한당은 야당의 구실을 하지 못한 채, 권력의 충실한 거수기 노릇만 하고 있었다.

그는 내가 운동권인데다가 지역사회에서도 평이 좋으니 큰 도움이 될 것으로 판단한 것 같았다. 도와주겠다는 확답은 못 했지만, 지난번 '탐라학사' 건으로 신세를 지기도 해서, 난감한 처지가 되어버렸다.

그의 부탁을 받고 제주도에 가서 그에 대한 평가가 어떤지 이리저리 살펴보았다. 제주 역시 지역 민심을 재는 지표는 택시 운전사들이었다. 나는 일부러 택시를 타고 이곳저곳 다니며 그에 대한 민심의 동향을 살폈다. 그런데 현경대라는 사람 자체를 거의 모르고 있었다. 후배들을 만나 물어봐도 마찬가지였다. 서울에 와서 다시 그를 만났다.

"제주도 택시 기사 몇 십 명한테 물어봤더니 거의 모르던데요. 인지도가 이렇게 낮은데 뭘 어떻게 하시려고 그럽니까? 하지 마세요."

그런데도 그는 주위의 오춘탁 선배 등을 통해 설득하는 등, 도와달라고 부탁을 했다.

"그동안 제주도 후배들을 위해서 애써준 분이니, 이번에는 도와드리자. 단 며칠만 가서 돕고 2월 26일 서울대 졸업식을 핑계로 올라와 버리자"라고 생각했다.

1981년 2월 8일에 현경대 후보자와 단둘이 제주도로 내려갔다. 3월 26일이 11대 총선일이었고, 그 한 달 전인 2월 26일은 서울대학교 졸업식이었는데, 제주도에서 계속 선거운동을 하느라 내 졸업식에도 참석하지 못했다. 정말 부지런히 뛰어다녔다. 내가 아는 후배들은 다 모았다.

본격적인 선거운동이 시작되었다. 그런데 내가 어딜 가나 경찰들이 따라왔다. 처음에는 야당 후보라서 그러는 건가 생각했는데, 알고 보니 운동권 경력이 있는 나를 감시하고 있었다. 그럴수록 오기가 생겨 더 열심히 운동을 펼쳤다. 28살밖에 되지 않은 내가 실질적인 선거 책임자처럼 행동했다. 선거운동을 하며 거의 2,000명 이상의 학생과 청년을 만나고 다녔다. 어딜 가더라도 "현경대 후보가 진정한 야당을 할 사람"이라고 하면서 열심히 외치고 다녔다.

나에게는 민주투사라는 이미지가 있었고, 국회의원을 나가보라는 사람들이 있을 정도로 지명도가 있었다. 젊은이 중에는 나를 우상처럼 여기는 후배도 있었다.

선거 결과 무소속의 현경대 후보와 강보성 후보가 당선되었다.

당시 전국에 92개 지구당이 있었는데, 김대중 전 대통령의 고향인 목포·신안 지역과 제주도, 이렇게 단 두 군데에서만 민정당 후보가 떨어졌다. 어떤 이들은 "제주도 놈들은 빨갱이다"라고 했고, 운동권 친구들은 "강창일 대단하다"라고 했다. 나는 개선장군처럼 서울로 올라왔다.

그렇게 선거운동에 몰두하느라, 태동문화사 일도 흐지부지되고 말았다. 어떻게 해야 하나, 다시 백수 생활을 해야 하나 고민이었다.

우리가 대학원에 진학하여 다시 학생운동을 할까 보아 진학하지 못하게 하라는 지침이 내려왔다고 한다. 말도 안 되는 조치에 분개한 사학과 학생 중에는 연세대나 성균관대 대학원으로 가는 동지들도 있었다. 나로서는 그것 또한 자존심이 허락하지 않는 사안이었다.

그때 현경대 의원이 비서관으로 일하는 게 어떻겠느냐고 제안했다. 지금은 보좌관이라 하지만 그때는 비서관이라는 이름으로 통칭하던 때였다. 공부를 계속하려던 계획이 무너져 내리니 딱히 할 일이 없는 참이었다. 의원실에서는 답을 기다리고 있었다. 당장 호구지책이라 여기고 국회로 들어갔다.

그렇게 비서관이 되어, 지금은 KBS 별관 연수동이 있는 여의도 사무실로 출근하게 되었다. 그저 비서관일 뿐인데, 잘 모르는 이들은 국회의원 사무실에 있다고 하면 무조건 지위가 높은 사람으로 여기기도 했다.

그런데 난처한 일이 벌어지고 말았다. 무소속으로 당선된 현경대 의원이 제주도 발전을 명분으로 민정당에 입당해버린 것이었다. 선거운동을 하는 내내 사람들에게 "현경대는 진짜 야당을 할 사람"이라고 외치고 다닌 내 꼴이 우습게 되었다. 본의 아니게 많은 사람 앞에서 거짓말을 한 격이 되어버렸다. 난처하고 괴로운 마음에 매일 술을 마셨다. 강남규 같은 후배는 술집에서 변절했다고 욕을 하기도 했다.

"그만둬야지… 연말 국회까지만 끝내고 그만둬야지."

그런데 바쁜 일은 계속 생겨나, 이러지도 저러지도 못하는 사이 시간만 흘러갔다. 내 스스로가 망가지는 것 같았다. 그런데 그만두고 서울대학교가 아닌 다른 학교로 진학을 하는 것도 내키지 않았다. 그래서 유학을 결심했다.

이런저런 핑계를 대고 일단 의원실을 나오는 데 성공했다. 후련했다. 다시는 정치 바닥에 얼씬하지 않으리라 다짐했다. 일본으로 떠나기 전까지는 김학민의 친구가 만든 '역민사(歷民社)'라는 출판사에서 잠시 일을 했다. 일주일에 서너 번 나가서 기획 일을 하며 손문의 책, 일본사와 중국사에 관한 책도 출판했다.

시간은 좀 걸렸지만, 결국 도쿄대학 대학원 동양사학과 연구생으로 입학 허가증을 받을 수 있었다. 문제는 여권이었다. 3개월이 넘게 기다려도 여권이 발급되지 않았다. 1983년 9월 15일까지 일본에 도착해서 면접도 받고 등록도 해야 하는데, 미칠 노릇이었다. 외교부에 문의해보면 매번 중앙정보부에서 허가가 나와야 한다는 말만 되돌아왔다. 역시 반정부운동을 했던 이력이 문제였다. 정보부에서 전화가 올 때마다 욕을 쏟아부었다.

"반정부운동도 안 하고 공부하러 외국에 가겠다는데, 그것도 방해해? 안 가고 한국에 있으면서 치열하게 반정부운동해 버리겠어!"

당시 시청 옆에 있었던 외교부 출입국 관리소까지 찾아가서

"여권 내놓으란 말이오! 내가 국회의원 비서관까지 했던 놈인데, 왜 여권도 안 내주냐고!"

이미 그해 6월에 김대중 전 대통령은 미국으로 망명을 떠난 상태였고, 내 주변에도 유학을 간 사람이 몇 명 있었다. 도대체 나는 왜 보내주지 않는지 이해가 되지 않았다. 그러다 8월 말이 되었다. 답답한 마음에 선배인 김학민·최민화(작고)를 만났다. 당시 최민화는 기독교사회연구소라는 곳에서 일하고 있었는데, 내 딱한 상황을 듣더니 무척 도와주고 싶어 했다. 기독교 운동 쪽을 담당하는 정보부 사람이 연세대학교 신학과 동기동창이라며 그에게 한번 말해보겠다고 했다.

며칠 뒤에 그 사람에게서 전화가 왔다. 9월 초에 여권을 내주겠다고 하더니, 술 한잔 먹고 싶다며 코리아나호텔로 나오라는 말을 했다. 그런데 그때 나는 유학 준비다 뭐다 해서 수중에 돈이 거의 없을 때였다. 밥이라도 사야 하는데 어쩌나 고민하다가 3만 원인가를 준비해서 약속 장소로 김학민·최민화와 나갔다. 두세 명 밥값이라도 내주자는 생각이었는데, 이 정보부 사람이 제 똘마니

여덟 명을 우르르 데리고 나왔다.

"이분들이 민주화 운동을 하신 분이다. 잘 인사해라."

제 부하들 앞에서 어깨에 힘을 주며 그런 말을 하는데, 그때는 어찌나 얄밉던지. 호텔이라 커피값만 2만 원이 넘게 나왔다.

그곳을 나온 뒤에는 김학민·최민화와 함께 술집으로 갔다. 건하게 술을 먹었는데, 술값을 그가 계산하더니 집에 갈 때는 내게 택시까지 잡아주었다. 헤어지기 직전 내 손을 잡고 그는 이렇게 말했다.

"강 선생, 열심히 공부하고 한국에 돌아와서 민족지도자가 되어 주시오. 그리고 국회의원의 신원보증을 제출해 주세요"라는 것이었다.

친구인 비서관 박종웅(전 의원)에게 부탁해서, 손세일 내무위원장의 신원보증서를 제출하여 여권을 발급받을 수 있었다.

일본으로 떠나기 전에 고향도 한 번 다녀와야 했고 송별회도 해야 했다. 사람들과 인사를 나누며 정신없는 시간을 보내다가 입학수속을 밟기 위해 일단 일본으로 떠났다.

한국에서의 신변 정리가 아직 끝나지 않았기 때문에 입학수속만 밟고 다시 서울로 돌아왔다. 그때는 석사과정 2년 정도 하여 논문을 쓰고 나서, 미국이나 남미 등 또 다른 세상을 좀 더 돌아보고 귀국하자는 생각이었다. 그제야 떠난다는 사실이 실감이 나기 시작했다. 갑자기 가슴속에서 뜨거운 눈물이 흘러나왔다.

"아, 이렇게 조국을 등지는구나!"

도쿄에 있는 유학생들 몇 명을 만났는데, 어디서 들었는지 벌써 다들 나에 대해 알고 있었다. 어떤 유학생은 나를 대하는 태도나 말투가 꼭 정보부 요원 같았다. 반정부 인사였던 사람이 유학을 왔다고 하니 나를 경계하는 것이었다. 단, 사회학과에 '민청학련' 동지인 이종구가 먼저 와 있어서 이것저것 챙겨주었다.

제4장
도쿄대학에서 유학 생활

1983년, 일본 도쿄대학으로 유학을 가다

　처음에는 혼자 일본으로 갔다. 가기 전에 봉천동 집을 팔아서 400만 원을 마련했다. 그중 200만 원을 일본에 가져가고 일본에 계신 큰 형님이 100만 엔(당시 한국 돈으로 350만 원)을 도와주었다. 그나마 도쿄대는 학비가 없었기 때문에 1년 정도는 살 만한 돈이 마련되었다.

　내가 혼자 일본에 있는 동안, 아내와 큰딸은 처가에서, 아들은 제주도 어머니 집에서 지냈다. 그렇게 6개월 정도 혼자 살다가 아내가 교사 생활을 그만두고 아이들과 함께 일본으로 왔다.

　그전까지는 도쿄대 앞에 있는 방세 3만 엔짜리 좁은 방에 혼자 살았는데, 식구들이 오면서 5만 엔짜리로 옮겼다. 우리나라처럼 독립적인 방이 아니라 칸막이로 구분된 다다미방이었지만, 그래도 방이 두 개인 집에서 네 식구가 함께 살게 되었다.

　대학원의 연구생 신분이었기 때문에 대학원에 입학하기 위해서는 시험을 치르고, 최소 200매 이상의 대학 졸업논문도 제출해야 했다. 서울대 졸업논문을 워낙 허술하게 썼기 때문에 그 기회에 제대로 다시 쓰기로 마음먹었다. 일본에 있는 자료까지 찾아내어, 원고지 400~500매 분량으로 완성했다. '이재수의 난'을 새롭게 「1901년의 제주도민 항쟁에 대하여」라는 제목으로 작성했다. 이 논문은 나중에 한국어로 번역하여 『제주도사연구』 창간호(1991년)에 수록했다.

　대학원 입학시험 준비를 하느라 아르바이트할 시간이 없었다. 어떻게든 아껴 쓰는 수밖에 없어 생활은 늘 곤궁했다. 나처럼 민주화운동을 하다가 유학을 간 사람이 김명식·이종원·이종구가 있었는데, 고맙게도 도쿄 YMCA의 이인하

이사장(목사)이 김명식과 나의 딱한 사정을 듣고, 3만 엔씩의 장학금을 주었다. 그리고 조선장학회라는 곳에서도 2~3만 엔가량의 장학금을 받을 수 있었다. 거기에다 아내가 아르바이트해서 1년을 겨우 버텼다.

대학원 시험은 간단하지 않았다. 오래간만에 부지런히 시험공부를 하여 합격할 수가 있었다. 4월부터 대학원에 다니게 되었는데, 5월이 되자 수중에 돈이 다 떨어지고 말았다. 타국에서 달랑 한 푼도 없는 알거지가 되었다. 모든 것을 포기하고 다시 귀국해야 하느냐는 생각까지 들었다.

그때 도큐(東急) 장학금이라고 하는, 일본의 대기업인 도큐 그룹에서 외국인에게 주는 장학금에 대한 정보를 들었다. 석사 2년 차부터 지급해주는 것이 관례였다. 그래도 사회학과의 이인지 선배가 시도라도 해보라고 하여 신청했는데, 하늘이 도와주었는지 장학생으로 선정되었다. 덕분에 2년 동안 매달 12만 엔이라는 돈을 받으며 석사과정을 무사히 마칠 수 있었다. 하늘이 무너져도 솟아날 구멍이 있다더니 정말 그랬다.

석사과정

서른한 살에 아이가 둘이나 있는 상태에서 유학을 떠나는 일은 쉬운 결정이 아니었다. 나는 유학을 그저 학위나 따겠다는 목적으로 떠난 게 아니었다. 나는, 공부를 학위나 세속의 영화를 누리기 위한 도구로 삼고 싶지 않았다. 진정한 학문을 하고 싶었다. 목숨을 건 치열한 학문을 하고 싶었다.

그 때문에 쉬운 논문으로 학위를 받을 생각도 없었다. 또한 한국에 돌아와서 대학교수를 하겠다는 식의 세속적인 계획도 세우지 않았다. 좀 더 깊이 있는 공부를 하고 싶었고 더 넓은 세상도 보고 싶었다. 그리고 나를 옥죄고 있던 당국의 감시에서 벗어나고 싶었다. 한국은 숨이 턱턱 막힐 정도로 통제된 사회이니, 일단은 숨통이라도 트고 싶었다.

일본유학의 의미를 가져야 하기 때문에 우선 일본에만 있는 자료를 가지고 써야 한다고 생각했다. 그래서 석사과정 전공 분야는 일제 침략사 쪽으로 정했다. 당시는 일제의 한국침략을 정당화하는 '후지오 망언' 등의 사건들이 일어나는 등, 일본 우익들이 활동을 활발하게 할 때였다.

일본은 우경화된 세력이 이끌어가는 나라였다. 정계와 관계는 물론 재계의 뿌리까지 그들이 장악하고 있었다. 근대 천황제가 천황을 중심에 둔 제국주의 국가였다면, 전후 일본은 민주주의의 옷을 입은 우익의 나라였다. 나는 일본 우익들에 대해 알고 싶었다. 일본을 제대로 이해하기 위해서는 일본의 우익부터 알아야 했다. 일본 우익의 뿌리를 찾다가 천우협(天佑俠)이라는 단체를 발견했다.

동학농민전쟁이 일어났을 당시, 일본 우익낭인들의 모임인 천우협은 동학농민군을 지원하기 위해 조선에 들어왔다. 이들은 일본 정부와 연결되지 않은 독자적 결사체였다. 천우협이 동학농민군을 지원하려 한 이유는, 조선의 민씨 정권을 타도하고 연합정권을 수립하여, '한일연방'을 실현하기 위해서였다. 이후 천우협은 청일전쟁 당시에도 종군하여 통역이나 정탐원으로 종사했는데, 천우협 해산 이후에는 이전 활동의 경험을 바탕으로 조선 사정 전문가로서 성장하여, 명성황후 시해 사건에서도 몇몇은 크게 암약했다. 그리고 얼마 지나지 않아 흑룡회(黑龍會)라는 최대의 우익단체를 만들어 일제의 강점 과정에서 크게 활동했다.

'서양'에 반대되는 '동양'을 내세워서, 아시아가 하나가 되어야 한다고 주장했다. 이 논리를 가지고 그들은 '한일합방론'을 주창했고 나아가 세계 제2차 대전을 발발시킨 일본의 '대동아공영권'의 논리를 만들어가기 시작했다. 그것이 대아시아주의로서, 일본 정통 우익의 사상이다.

나는 사료에 대해서는 집착이 매우 강했다. 아세아문화사 편집부장 하면서 터득한 자세이기도 하다. 천우협을 연구하면서, 도쿄대 신문잡지 자료실에서 천우협의 일원인 스즈키 덴칸(鈴木天眼) 등이 발행했던 『2·6신보』를 찾아낼 수가 있었다. 지금까지 별로 주목하지 않았던 메이지기의 신문이었다.

거기에는 엄청난 사실들이 실리었다. 천우협 무리와 전봉준 장군이 남원에서 만난 사실, 그들의 주고받은 편지, 일본 공사관으로 가마에 실려 끌려가는 스케치 그림 등, 이루 다 열거할 수가 없을 정도였다. 후에 한길사의 『사회와 사상』 창간호(1988년 9월)에 「갑오농민전쟁 자료발굴: 전봉준 회견기 및 취조기록」으로 소개하기도 했다.

또한 일제 강점기 자료에는, 메이지 신궁 옆에 '한일합방기념탑'이 있다고 소개되어 있었다. 그런데 현재는 없었다. 이리저리 수소문해보았더니 흑룡회의 계보를 잇는 우익들이 대동숙을 만들어 지금도 활동하고 있다는 것이었다. 아사히신문의 야마시타 야스노리(山下靖典) 기자·김명식 선배와 같이 도쿄 근처에 있는 오메(靑梅)라는 곳에 갔다.

농장이 있었는데, 일본 훈도시를 입고 검도 연습을 하고 있었다. 대낮인데도 우리에게 큰 잔으로 정종을 권하면서 이런저런 이야기를 나누었다.

"안중근과 전봉준은 동양 최고의 영웅이다. 이토 히로부미는 동양을 망치게 한 원흉이니, 안중근 의사는 잘 죽였다"라는 의외의 발언을 했다. 깜짝 놀랄 따름이었다. 농장 뒤에 기념탑이 있어서 사진을 찍을 수가 있었다. 거기에 있는 '합방공로자'에는 송병준·이용구 등의 이름은 있었지만, 이완용·이토 등의 이

오메 대동숙의 일한합방기념탑. 아사히신문의 야마시타 기자·김명식 선배와(1988년)

름은 찾아볼 수가 없다. 그때 일본의 정통 우익에게는 자기 나름대로 정치철학이 있다는 것을 알 수 있었다. 그래서 일제 강점기에 수많은 인사들이 회유되는 등 농락당하였다.

또한, 당시의 일본 신문들을 찾아보았더니, 1906년에 마포에서 일본군이 의병을 처형하는 사진이 프랑스인에 의해 촬영되어 있어서 찾아낼 수가 있었다. 그것을 신용하 교수께 드렸더니 중앙일보에 크게 실리고, 교과서에 수록되기도 했다.

도쿄대학의 학풍은 근엄했다. 그중에서도 문학부가 제일 보수적이고 엄격했다. 사학과는 구체적인 실증을 중요시했다. 나 역시 특히 일제 침략사이기 때문에 확실한 증거를 가지고 글을 써야 했다. 천우협에 대한 실증적 연구에 몰

석사를 마치고 도쿄대 아카몽(赤門) 앞에서. 어머니와 가족(1988년)

두했다. 천우협과 동학농민전쟁의 관계를 연구해서 「천우협과 조선 문제 - '조선 낭인'의 아시아주의론 연구의 일환으로서」라는 제목으로 석사논문을 완성했다. 내 논문은 도쿄대학의 전통 있는 『사학잡지』라는 학술지에 실리기도 했다. 도쿄대 『사학잡지』는 논문을 게재하기 쉽지 않은 학술지이다. 공부를 시작하는 학자의 처지에서는 게재만으로도 영광이었다. 내 연구가 일본의 침략 문제와 직결되는 부분이라 많은 연구자가 주목했던 게 아닌가 생각한다.

유학 시절에 만난 일본인들은 나를 많이 도와주었다. 특히 지도 교수 다케다 유키오(武田幸男) 선생님은 학문의 학 자도 제대로 모르는 나에게, 학자로서 기본자세를 갖추도록 엄하게 지도해주셨다.

이노우에 가즈에 선배는 친 누님처럼 책상·냉장고 등 생활용품은 물론 일본

다케다 교수님을 모시고 이사쿠사 탐방. 미야다 세츠코(작고)·가츠야·이노우에·이성시·기무라·야마우치·스가와(작고)·나미키(작고)·하야시·오오이·최혜주 등과(오른쪽 구석, 1989년)

어까지 열심히 도와주었고, 그 후에도 박사학위 논문의 책 출판 등도 힘써주셨다. 나미키 마사히토(작고)는 연구생일 때 튜터로서 일본어를 가르쳐주고, 학회에도 데리고 다녔다.

그런데 한국 대사관에서는 나를 괴롭혔다. 유학생 중에 프락치를 심어 내 일거수일투족을 감시하고 있었다. 유학 시절 나는 좋은 선생님이 계신다는 이야기를 들으면 어디라도 찾아가서 수업을 들었다. 그리고 조총련이니 민단이니 하는 출신을 따지지 않고 학생들을 만나 서로의 생각을 나누었다. 어느 날 수업이 끝난 뒤 지도 교수가 나를 부르셨다.

"강 군, 요즘 ○○○○ 세미나에 나가나?"

"예, 그렇습니다."

"요즘 이상한 얘기가 들리니까 조심하는 게 좋겠어."

지도 교수가 그런 정보를 준다는 것은 누군가가 나를 지켜보고 있다는 뜻이다. 결국 같이 공부하는 유학생 중에 프락치 노릇을 하는 자가 있다는 것을 알게 되었다. 불러내어 한 차례 주먹이라도 날리려고 했더니, 내 기세에 겁을 먹고 줄행랑을 쳐버렸다. 그 장본인이 한국의 어딘가에서 대학교수를 하고 있다는 소문을 들었다. 또 어느 날은 유학생 하나가 나에게 이런 말을 했다.

이번에 아무개가 한국에 다녀왔는데, "강창일 선배가 평양에 갔다 왔다고 하는데 정말입니까?"

그 말을 듣고서야 근래 들어 유학생들이 나를 슬슬 피하는 이유를 알게 되었다. 내가 잠시 한국에 갔다 온 것을 북한에 다녀온 것이라고 거짓 소문을 내어 유학생들 사이에서 나를 따돌리려는 수작이었다. 그때는 한국에서 조금씩 민주화의 바람이 일어나고 있을 때였는데도 그런 공작이 빈번하게 일어났다. 그리고 그런 일들의 뒤에는 언제나 한국의 정보요원들이 있었다. 그리고 당시 보안사 사찰 명단이 양심선언으로 공개되었는데, 400여 명의 '요시찰' 명단 중에 끼어 있기도 했다.

후지오 문부상의 망언과 유학생들의 규탄대회

1986년 후지오 마사유키(藤尾正行) 문부상이 일본의 한국침략을 정당화하는 발언을 했다. 이 망언으로 한국과 일본 양국은 들끓었다. 이른바 '후지오 망언' 사건이다.

그는 공식적인 기자회견에서 "이전 내각에서 끝난 일이다. 불평을 늘어놓는

자는 세계사에서 그 같은 일을 한 적이 없는가를 생각해보라"라는 천박한 역사의식을 드러냈다. 이뿐만 아니라 일본의 유명 월간잡지인 『문예춘추』에 자신의 발언을 정당화하는 글을 몇 차례에 걸쳐 게재하기까지 했다.

기고문에서는 "당시의 한반도가 청국의 속령이었고 그 상태를 그냥 두었으면 러시아의 속령이 되었을 것이다. (중략) 한일합방은 양국의 합의에 따라 성립된 일이다"라고 했다. 또한 "19세기 대한제국은 독립 국가를 유지해갈 만한 능력도 기개도 없어, 외교적인 혼란을 자초하고 말았다"라는 내용도 담고 있었다.

한국에서는 일본제품 불매운동이 일어났고, 정부에서도 이 발언을, 한·일관계를 파탄시킬 만한 '망언'으로 규정해, 후지오의 즉각 파면과 해명을 요구했다. 심지어는 일본의 국민조차도 후지오 망언에 대해 비판의 목소리를 높였고, 일본의 각 신문도 각료로서 자질을 문제 삼았다. 당연히 유학생 사회에서도 '후지오 망언'은 그대로 묵과할 수가 없었다.

나를 포함한 몇 명의 도쿄대 유학생들은 "이런 식이라면 일본에서 공부할 수 없다"라며 울분을 쏟아냈다. 우리는 도쿄대학 교정에 플래카드를 붙이고 규탄 성명서를 발표한 다음, 삭발식을 거행했다.

"문부 대신 사과하라. 도쿄대를 자퇴해서 귀국하겠다!"

일본인 학생들이나 교수 중에서도 우리에게 격려를 보내는 이들이 꽤 있었다. 도쿄대학의 학풍은 보수적이었지만, 교수 중에는 양심적이고 진보적인 생각을 가진 이들이 많이 있었다. 이 삭발식은 조용했던 유학생 사회에서 파문을 일으켰다. 현지 신문에서도 우리의 항의 기사를 많이 실었다. 그러나 한국 신문은 아마도 이런 사실조차 모르고 있었으리라.

일본인 뿐만 아니라 한국에서 온 인사에게 울분을 터뜨린 일도 있었다. 1985

도쿄대 유학생 하종문·김익한·조성원·유화·조명철·손병규·최석완 등과(1988년)

년 봄부터 약 2년간 서울대학교 경제학과의 안병직 교수가 일본에 머물며 도쿄대에서 강의했다. 그때만 해도 안병직 교수는 진보적인 인사로 알려져 있었기 때문에, 그분을 접할 좋은 기회라고 생각하고 유학생 몇명이 강의를 들으러 갔다.

그런데 안 교수가 강의 중에 "그때의 조선은 힘이 없고 썩을 대로 썩어 있었기 때문에 망할 수밖에 없었다"라는 식의 말을 서슴지 않았다. 강의가 끝나자마자 유학생들이 몰려가 항의했다.

"교수님, 학부생에게 이런 식으로 강의하시면 곤란하지 않습니까?"

그러나 안 교수는 "그게 사실"이라는 말만 남기며 그 자리를 피해버렸다. 나중에, 일본에서 조선은행에 관한 책자 영인본이 출판되었을 때도 그는 비슷한 말을 하고 다녔다.

　현지 신문에, "조선은행이 들어온 덕분에 한국의 은행은 근대화되었다"라는 식의 서평을 실은 것을 보고, 다시 한번 사과하라는 항의를 한 적도 있었다. 이후 그는 전향한 것인지, 현재는 '뉴라이트' 진영의 대표적인 인사로 꼽히고 있다. 일본 체류 시절부터 벌써 그에게서 그런 성향을 엿볼 수 있었다.

　1987년 4월에는, 한국에서 '대통령 직선제 개헌 백만인 서명운동'이 일어났다. 이에 불안을 느낀 전두환 정권은 모든 개헌논의를 금지하는 '4·13' 호헌 조치를 단행했다. 그러나 이 조치가 오히려 민주화를 열망하는 국민의 분노를 격발시키는 계기가 되었다. 전국 각지에서 직선제와 민주화를 요구하는 시위가 들불처럼 번졌다. 교수들을 비롯한 전국의 지식인들이 개헌을 위한 서명운동에 나섰다는 소식을 듣고, 우리 유학생들도 가만히 있을 수 없었다.

　"지금 이렇게 공부하고 있는 우리도 곧 지식인이 될 텐데, 그냥 있을 수 없다. 도쿄대 유학생들의 입장을 발표하자!"

　당시 함께 공부하고 있었던 사회학의 이종구·정치학의 서동만(작고)·건축학의 윤명오·농업경제학의 김영철·철학의 이종철·영양학의 권순자 등이 함께 하겠다고 나섰다. 그러나 당시 400~500명가량 되던 도쿄 유학생이 모두 다 똑같은 생각을 하고 있었던 것은 아니었다. 한번 모이면 100~200명 정도 모이곤 했는데, 모인 사람들 사이에서도 왈가왈부 말들이 많았다. 우리가 성명서를 준비한다는 소식을 들은 대사관에서는 방해하려고 시도하기도 했다.

　한 달 정도 준비를 거친 5월 말경, 결국 유학생들의 성명서가 발표되었다. 유학생들이 정치적 문제에 대해 입장을 천명한 것은 3·1운동 직전에 일어난 '2·8' 독립선언 이후 처음이라고 했다.

참여자들의 이름이 한국 정부의 '요시찰' 명단에 오를 만한 사건이었지만, 그래도 성명서 발표 당일에는 100명이 훨씬 넘는 유학생들이 모였다.

한겨레신문, 방북 취재사건

1988년도 초 겨울방학을 맞아 한국에 돌아왔다. 당시 나는 '4·3' 사건 관련 행사를 준비하고 있었다. 행사의 전반적인 상황점검도 할 겸, 잠시 들른 일정이었다. 일을 끝내고 일본으로 다시 돌아가려고 비행기를 타는데, 당시 한겨레신문의 고희범(전 한겨레신문 사장)과 문학진 기자(전 국회의원)를 공항에서 만났다. 고희범은 '제사협'(제주사회문제협의회)에 관여하고 있었기 때문에 서울에서도 자주 얼굴을 보던 사이였고, 대학 때는 같은 하숙집에 살던 절친한 1년 선배였다. 나를 전송하러 나온 줄 알고 의아했는데 같이 탑승했다.

일본에 간다기에 무슨 일이냐 물었더니, 대답을 얼버무리는 품새가 아무래도 수상쩍었다. 비행기를 타고 나서야 일본을 통해서 북으로 들어가려 한다는 사실을 털어놓았다. 김일성과 인터뷰를 준비하고 있다고 했다. 가슴이 뜨끔했다. 남북한 왕래는 물론이며 조총련계 사람만 만나도 그 사실이 정보 당국의 귀에 들어가 조사를 받던 시절이었다. 아무리 취재차 북한을 들어간다지만, 사실은 밀입북이었다. 두 사람의 표정에도 무척 상기되고 긴장한 기운이 역력했다. 그것이 '한겨레기자 방북 취재사건'의 시작이었다.

나리타 공항에 내렸는데, 두 기자가 쫄래쫄래 나를 쫓아오더니 잡고 늘어졌다. 일본어도 모르고 지낼 곳도 없다는 거였다. 내가 사는 집에서 신세 좀 지자며 통사정했다. 당시 아내는 교육 문제로 아이들과 귀국해서 누나가 빌려준 목동 임대아파트에서 생활하고 있었다. 하지만 일본 집에는 같이 살고 있는 유학생 김영철이 있었다. 참 난감했다. 그러나 고희범과 문학진이 자신들은 유서까지 쓰고 왔노라고 비장한 어조로 간청하는 모습에 마음이 약해지고 말았다. 방북 취재가 문제화될 것이 뻔했고, 우리 집에 묵었다고 하면 정보 당국은 분명 나까지 괴롭힐 터였다. 하지만 승낙했다. 그들이 하는 일이 옳다고 판단했기 때문이다. 옳음을 실천하는데, 까짓거 도와주지는 못할망정 박대할 수는 없었다. 나중에 손해를 입더라도 그때 가서 고민하기로 했다.

결국 두 사람은 우리 집에서 2~3주가량 함께 지냈다. 처음에는 숙식만 제공하기로 했는데, 갈수록 나도 발을 뺄 수 없게 되어버렸다. 내가 통역도 해주고 도움이 될 만한 사람들도 여럿 소개해 주었다. 일본의 저명한 역사학자 와다 하루키(和田春樹) 교수, 이와나미(岩波) 출판사의 사장인 야스에 료스케(安江良介) 선생도 만났다. 그는 북한의 김일성과 네트워크가 만들어져 있었던 터였다.

여러 채널을 수소문한 결과, 드디어 북한 측에서 들어와도 좋다는 연락이 왔다. 그러나 수교하고 있지 않아, 여권이니 비자니 하는 문제들이 간단하지 않았다. 자칫 북한에서 망명으로 거짓 홍보를 해버리면 큰일이었다. 고민 끝에 내가 아이디어를 하나 냈다.

"차라리 북경에 가서 전 세계 기자를 모아 회견을 해. 취재하러 간다고 명확히 밝힌 다음에 가는 거야."

두 사람이 무릎을 쳤다. 그러나 결과적으로 그 취재는 성사되지 못했다. 북한 측에서, "당신들의 통일 충정은 알겠으나, 자칫 일이 잘못되면 우리가 올림픽을 방해하려는 것으로 오해할 수 있으니 다음에 와 달라"는 정중한 최종답변을 보냈기 때문이다. 당시에는 아직 김일성 주석이 생존해 있을 때라, 김일성을 직접 취재하겠다는 요청을 부담스럽게 여기지 않았나 싶다.

이후 문학진과 고희범은 한국으로 돌아갔다. 그때 그들은 한겨레신문사 고문이었던 리영희 선생이 북한 측에 보내는 편지도 가지고 있었다. 리영희 선생이 이 취재사건 때문에 구속되는 것은 그로부터 1년 뒤의 일이다.

도쿄대 석·박사과정에서 연구 활동

가족들이 한국으로 떠난 뒤, 공부에만 몰두했다. 별달리 해야 할 일도 없었기 때문에, 열심히 공부하다가 가끔 사람들 만나 세상 이야기 나누는 것이 일과였다. 그러던 어느 날 도쿄대 일본사 전공의 이토 다카시(伊藤隆) 교수에게서 급히 연락이 왔다. 그는 현재 일본 일본 '역사수정주의'의 대표적 인물로 되어 있지만, 당시 일본사 수업도 들었기 때문에 친한 사이였는데, 좋은 자료가 있다는 정보를 내게 주었다.

"강 군, 이 자료 한번 살펴보지 않겠나?"

일제강점기인 1936년부터 1941년까지 조선총독부 정무총감을 지낸 오노 로쿠이치로(大野綠一郎)가 소장하고 있던 자료를, 그 유족이 일본 국회 헌정자료실에 기증했다고 했다. 태평양 전쟁 시기의 자료는 매우 희귀한데다, 그 시기를 주제로 연구하는 자도 드물었기 때문에 몹시 욕심이 났다. 졸업이 1~2년 늦어지더라도 박사논문의 주제를 「일제의 식민지 지배정책사」로 바꾸기로 했다.

아세아문화사에서 일할 때 역사 자료가 얼마나 소중한 것인지 깨달았다. 그 이후로 나는 희귀 역사 자료에 대한 병적인 욕심이 있었다. 그 자료에는 이전에 한 번도 공개된 적이 없는, 일제 전시 강제 동원체제에 대한 기록들이 망라

되어 있었다. "이런 대단한 자료를 고국으로 챙겨 가면, 그것만으로도 역사학도로서 크게 공헌한 셈이고 유학의 의미가 있는 것이 아니겠는가!"

나는 거의 매일 일본 국회 헌정자료실에 가서 문서를 보고 그 자료들을 정리했다. 현물이 없으면 마이크로필름으로도 보았다. 전부 극비 자료라서 복사도 하기 힘들었고, 대외비 열람이어서 지도 교수의 추천장을 가져가야만 가능했다. 1년 반 동안 아침 10시에 가서 오후 5시까지 하루 종일 자료에 파묻혀 살았다. 그러다 보니 눈도 많이 나빠졌다. 하지만 그런 수고로움 덕분에 일본어로 되어 있는 자료들에서 중요한 것은 필사할 수가 있었다. 나중에는 좋은 후원자를 만나게 되어 40통에 달하는 마이크로필름 형태로도 가질 수 있었다.

그 자료에는 일본이 왜 '창씨개명'을 감행했는지, 강제 동원은 어떻게 자행되었는지에 대한 기록들이 상세히 나와 있었다. 1939년부터 약 1년 동안 행적이 묘연했던 김일성이 만주에서 빨치산으로 활동하는 기록도 있었다.

자료를 분석할수록 엄청난 내용들이 쏟아졌다. 그런 방대한 내용들을 모두 기록하고 정리했으니, 이제 남은 일은 귀국해서 박사논문만 쓰면 되겠다고 생각했다. 이후 짧은 글들을 몇 편 쓰며 논문 준비를 하다가 1990년에 영구 귀국을 하기로 했다. 그때 내가 필사해 놓은 노트는 아직도 소중하게 보관하고 있다. 다시 역사학자로서 연구에 몰두하는 날이 오면, 그것을 들여다보며 책을 집필할 생각이다.

조국을 잃은 미아가 되다

1990년 봄에 잠시 한국에 들어왔다. 짐을 풀고 사람들과 약속을 지키기 위해 집을 나섰는데, 이상한 기운이 느껴졌다. 예전 감시와 체포를 피해 도망 다녔던 그 불길하고 서늘한 느낌을 동물적 감각으로 느낄 수 있었다. 조심스레 주위를 살펴보자, 역시 나를 미행하고 있었다. 특히 까만 세단 하나가 계속 나를 감시하고 있었다. 어느 날인가는 봉천동에 있는 김명식 선배의 집에 가려고 택시를 탔는데, 까만 차가 또 따라오는 것을 확인하고, 일부러 다른 길로 빙빙 돌았다. 그래도 끝까지 쫓아오기에 갑자기 택시를 세웠다. 물론 나를 쫓던 세단도 멈춰 섰다. 나는 뚜벅뚜벅 그 차를 향해 걸어갔다. 그리고 세단의 창문을 두드렸다.

"이봐! 도대체 왜 나를 쫓아다니는 거요?"

"무슨 말을 하는 건지…? 쫓아다닌 거 아닌데."

차 안에 있던 사람들은 딴청을 피웠다. 그날 나는 김명식의 집에서 일부러 다섯 시간이나 머무르다가 갑자기 뛰쳐나와 숙소로 돌아왔다. 나오기 전에는 "지금 미행하고 있는 것 같으니, 혹시 나를 잡아가면 나중에 이러이러하게 해달라"며 작전을 짜놓기도 했다. 그러나 미행만 계속하고 잡아가지는 않았다.

1989년 문익환 목사와 서경원 의원의 방북 사건이 일어나면서 공안 바람이 다시 거세게 불고 있을 때였다.

김명식 선배가 구속되었다. 그는 당시 아시아·아프리카·라틴아메리카(일명 아라리) 연구원을 만들어 원장을 맡고 있었다. 구속될 당시에는 평화운동 및 민주화운동 관련 시민사회단체를 총망라해서 꾸려진 전국민족민주운동연합('전국연합')의 통일위원장도 맡고 있었다.

구속의 표면적인 이유는 아라리 연구원에서 소나무출판사와 공동으로 발간한 『제주 민중항쟁』이라는 '4·3' 자료집 내용이 국가보안법을 위반했다는 것이었다. 그러나 실상은 그가 통일위원장으로 있었던 '전국연합'의 활동을 막으려는 음모였다.

아라리연구원은 나와도 관련이 있었다. 일본에서 법정 대학에 다니던 문경수의 지도 교수가 일본 아라리 책임자였는데 한국에도 지부를 만들고 싶어 해서, 그를 김명식에게 소개해 주었다.

그때는 이미 '한겨레기자 방북 취재사건'으로 리영희 선생도 구속된 뒤였다. 고희범·문학진 기자가 일본에 왔을 때 도와준 바가 있으니, 나는 그쪽과도 연결이 되는 셈이었다.

일본에서는 김명식을 지원하는 모임이 만들어졌다. 이미 그는 '지문 날인 거부' 운동으로 유명 인사가 되면서 일본에 많은 지인을 두고 있었다. 그 모임의 목사님과 신부님이 한국에 가서 김명식을 면회하고 오더니, 나에게도 잡혀 들어갈 수 있다며 귀국하지 말라고 당부했다. 누나에게 전화해보았더니 다급한 목소리로 "너를 간첩으로 몰아놓았다"라며 아예 올 생각을 말라며 질색한다. 고희범에게 연락했더니 역시 오지 말라는 대답이었다. 10월에 귀국하려고 살던 집도 정리하고 짐도 한국으로 다 보내놓은 상태인데, 무엇보다도 나는 지은 죄가 아무것도 없는데 오지 말라니 미칠 노릇이었다.

나는 조국에 돌아가지 못하는 도쿄의 미아가 되었다. 조성원 등 지인들 집을 전전했다. 한 달은 이 유학생 집, 또 한 달은 저 유학생 집을 돌아다니면서, 10월부터 다음 해 2월까지 5개월을 그렇게 보냈다. 논문을 써야 했지만 그런 상태에서 논문이 써질 리가 없다.

1991년 2월이 되자, 이래서는 아무것도 안 되겠다는 생각이 들었다. "죽기 아니면 살기다. 귀국하자!"

마지막으로 김석범 선생을 만나 부탁을 드렸다.

"선생님, 저 귀국하면 아무래도 한국에서 잡아넣을 것 같은데, 제가 구속되면 완전 날조이기 때문에 뭐라고 말씀이라도 좀 해주십시오."

일종의 양심선언이었다. 얼마 지나지 않아 선생님은 『세카이(世界)』에 쓰고 말았다. 대사관에서 난리가 났다고 한다.

무거운 발걸음으로 고국을 향하는 비행기에 올랐다. 심란하고 처연했다. 내 조국보다 외국이 더 안전하다는 이 역설적인 사실에 비애감마저 들었다. 정말 이방인이 되어버린 것만 같았다. 비행기에서 내리자마자 체포될 수도 있었다. 나는 오기로 마음을 다잡았다. 질 수 없었다. 지금까지 버텨온 세월을 생각해서라도 나는 다시 싸워야 했다. 비행기가 김포공항에 내렸다. 입국 심사를 받는 곳에 이르자 내 여권을 보더니 기다리라고 했다. 정보부원인지 경찰인지 알수 없는 사람들이 어딘가에 전화하며 부산을 떨었다. 나는 30여 분 동안 기다리는 내내 짐짓 큰소리를 쳤다. "무슨 일로 나를 여기 이렇게 잡아 놓는 거요?"

당장 잡아넣을 구실을 찾지 못했는지 결국 그들은 나를 내보냈다. 공항을 나와 택시를 탔는데, 또 검은색 세단 한 대가 계속 쫓아왔다. 가족이 있는 목동 아파트에 도착해 며칠 동안 집 밖으로 한 발짝도 나가지 않았다. 물론 검은색 세단 역시 집 밖에서 대기 중에 있었다. 그들은 들이닥치지는 않고 내내 나의 동태만 감시했다.

그리고 일주일 동안 또 집안에만 있었다. 그래도 잡아가지는 않으니, 어떤 사건에 나를 엮으려다가 여의찮게 된 모양이라 판단했다. 일본에서 교수 자리라도 알아볼까 하고 다시 도쿄로 갔다. 모 대학에 원서도 넣어보았지만 쉽지 않았다. 그러던 차에 배재대학에서 교수 채용한다는 연락이 와서 귀국하게 되었다.

제5장

귀국과 배재대학교 교수

1991년, 귀국과 배재대학교 교수

잠시 귀국해서도 사람들을 거의 만나지 않았다. 잘못하다가는 내가 만난 분들께 본의 아닌 폐를 끼칠 수도 있다고 생각했기 때문이다. 유일하게 만난 분이 최서면 선생(작고)이었다. 도쿄에 있는 국제한국연구원장을 지낸 분으로, 독도문제와 안중근 의사 연구자이다. 나를 아껴주셨던 분이라 찾아뵙고 귀국 인사를 드렸다.

선생께서 도쿄대 출신 선배를 한 사람 소개해 주겠다며 배재대학교 이성근 총장을 불러내셨다. 그분은 도쿄대학에서 석사과정을 하셨던 분이다. 두 분은 연세대 선후배로 무척 돈독한 사이인 듯 보였다. 대화 도중, 이 총장이 내게 물었다.

"강 선생은 전공이 뭐지요?" "한·일관계사, 일제 침략사입니다"라고 하고 명함을 한 장 드렸다.

"그런데 배재대학교가 어디에 있습니까?"

"대전에 있어요."

그 정도 수인사를 하고 일본에 돌아가 있는데, 뜻밖에 배재대학교에서 연락이 왔다. 아시아사(史) 전공 교수를 뽑는다며, 금요일까지 원서를 제출하라는 것이다. 일부러 일본까지 전화를 걸어 알려준 것을 봐서는 나를 뽑아주려는 게 확실했다. 하지만 망설여졌다. 배재학당은 유명했지만 대전에 있는 지방대학이었다.

사실 꼭 교수가 되어야겠다고 생각해본 적도 없을 정도로 세상 물정을 잘 몰랐다. 주변의 몇몇 지인들에게 물어보았다.

"한국에서 대학교수 하려면 어렵나?"

"엄청나게 어렵지. 하늘의 별 따기니까, 일단 어디라도 뽑아준다는 곳이 있으면 해."

그러나 마감이었던 금요일까지 원서를 제출하지 못했다. 배재대 총장에게 전화를 걸어, 일본에 있다가 비행기 편에 문제가 생겨 제때 내지 못했다고 사정 설명을 했다. 서둘러 교수 추천서를 받아야 했다. 그런데 떨어지면 망신이라는 생각이 들어, 서울대 국사학과 은사들께는 도저히 추천서를 받으러 갈 생각을 하지 않았다. 그래서 평소에 나를 아껴주셨던 다른 학교, 다른 학과 교수님들께 추천서를 부탁드렸다. 서강대의 이광린 교수와 서울대 사회학과의 신용하 교수였다. 신용하 교수님은 "강창일 군을 데려가는 건 대단한 영광"이라는 감동적인 내용의 추천서를 써주시기도 했다.

며칠 뒤인 월요일에 처음으로 대전역을 가보았다. 배재대학교를 찾아갔더니 교무처장이 그리 달갑지 않은 태도로 나를 맞았다.

"마감도 지났는데, 왜 이제 내는 겁니까?"

사정을 미리 말했는데도 고압적으로 나오자 자존심이 상했다. 말이 떨어지기 무섭게 받아쳤다.

"주세요. 그러면 도로 갖고 가겠습니다."

내가 강하게 나가자, 오히려 교무처장이 당황스러워하며 급히 안색을 바꾸었다.

"아니, 일단 내세요. 총장님이 특별히 받으라고 하셨으니까."

그래도 미심쩍었는지 아니면 꼬투리라도 잡으려 그랬는지, 서류를 훑어보던 교무처장이 다시 물었다.

"왜 목사 추천서가 없어요? 우리는 미션스쿨이라 목사 추천서가 있어야 하는데요."

"제 종교는 기독교가 아닙니다."

"아… 그러면 곤란합니다."

나는 종교까지 속이면서 교수가 되고 싶지는 않았다. 어쨌든 서류를 제출하고 면접도 보았다. 며칠 지나자 학교에서 채용을 결정했다는 연락이 왔다. 내 채용 안에 대해 이사진 모두가 찬성한 것은 아니었지만, 일단 총장이 적극적으로 나를 밀었고, "이렇게 소신 있는 사람이 필요하다"라며 적극적으로 찬성한 이사도 있었던 모양이었다. 배재대학교 교수 중에 목사 추천서 없이 채용된 사람은 오로지 나밖에 없었다고 한다.

배재대학은 종립대학이지 신학교가 아니다. 만일 종립대학에서 그런 일이 지금도 벌어진다면 위헌이라고 생각했다.

그즈음 정치권에서도 나를 찾았다. 당시 '꼬마 민주당'에서 원내 총무를 하고 있었던 이철 의원이 어느 날 전화를 했다.

"내일 아침 나 좀 꼭 보자."

도쿄에 연락했더니 불통이어서 서울 집으로 전화해서 연락되었다고 했다. '민청학련'으로 함께 고생했고 학교 선후배 관계라 한국에 들어올 때 간혹 만나는 사이였다. 이철 선배는 만날 때마다 내게 정치를 권했다. 학생운동을 할 때부터 느꼈지만, 역시 순발력이 있는 선배였다. 나를 삼청동에 있는 모 호텔 10층으로 데려갔다. 그곳에서는 이기택·노무현·김정길 등 몇몇 사람들이 모여 각 지구당 책임자를 정하면서 공천 준비를 하고 있었다. 내가 온 걸 보더니, 국회의원으로 출마해서 제주도 지구당 책임자를 하라고 했다. 영문도 모르고 따라왔다가 졸지에 공천받을 처지에 놓였다. 갑자기 출마하라는 말을 듣고서, 나는 엉겁결에 농담 반 진담 반으로 둘러댔다.

"3년 동안 교수로 일하기로 얼마 전에 결정됐습니다. 서약서도 썼기 때문에 안 하면 법에 걸립니다. 출마는 안 하는 대신 열심히 돕겠습니다."

당시 제주도 담당이었던 부산의 김정길 의원이 "그러면 광역 도의원 할 만한 사람을 추천해 달라"고 했다. 생각나는 인물을 추천했지만 모두 사양하면서, 참신해서 좋은데 무소속으로 당선되고 나서 입당하겠다는 것이었다. 모두가 야당 하는 것에 겁을 먹고 있었다. '4·3'의 트라우마라고 생각한다. 결국 호남 출신 한 사람이 출마했는데 떨어졌다.

이철 의원뿐만 아니라 동교동 쪽에서도 연락을 해왔다. 제주도에서 야당 소속으로 출마할 사람이 늘 마땅치 않았기 때문에 선거 때마다 내가 계속 세평에 올랐다. 그 다음 도지사 선거 때도 여당에서도 연락이 왔고 월간조선에서도 "돌풍을 일으킬 인물이라"는 세평이 실리기도 했다. 그러나 그런 말을 줄기차게 들으면서도 정치 쪽으로는 마음이 동하지 않았다. 우선 학문을 하고 싶었다. 그리고 지조 있고 절개 있는 이 땅의 지식인이 되고 싶었다.

배재대학교에서는 교수 충원일에 맞추느라 5월 26일 자로 급히 교수 채용 발령을 내주었다. 그러나 결국 마지막 신원조회에 걸리고 말았다. 학교 재단 측에서도 그때야 내 이력에 대해 알게 되었다. 연구실까지 배정받았는데도 교육부에서 정식 발령장이 나오지 않았다. 피가 거꾸로 솟는 느낌이었다. 도저히 용납할 수 없었다. 이 나라 민주화를 위해 운동을 하다가 존재하지도 않은 조작 사건으로 고생했는데, 이제 와 그 사실을 문제 삼는다는 건 납득하기 어려운 일이었다. 설사 '민청학련' 사건이 문제라 하더라도 나는 법적으로 사면과 복권을 다 받은 상태였다. 교수 채용이 안 되면 행정소송을 제기하고, 정치계로 가겠다고 마음먹었다.

9월이 되자 총장이 나를 불렀다.

"왜 전력에 대해서 다 얘기하지 않았어요?"

"예전의 일에 대해서는 사면·복권을 받았기 때문에 말씀드릴 의무가 없습니다. 그리고 괜히 말씀드렸다가 총장님께 누가 되지 않을까 하는 생각도 했습니다."

"이사회에서 많은 얘기가 오고 갔었고 교육부에서도 문제 삼았는데, 이제 다 해결됐으니 열심히 연구해 주세요. 나도 4·19 세대인데, 처음부터 얘기하지 그랬어요."

결국 가을이 되어서야 최종임명장을 받고 교수로서 제대로 일을 시작할 수 있었다. 대전에 방을 하나 빌려서 주말 부부를 하며 살았다. 말하자면 내 생애 처음으로 한국의 주류사회에 편입된 사건이었다. 하지만 그렇게까지 기쁘지는 않았다. 그나마 안정적인 생활을 하게 되었고 역사 연구에 몰두할 수 있는 여건이 마련되었다는 점은 좋았다.

육체적 시련, 세상을 다시 보다

교수가 된 지 1년이 지난 1992년 9월, 추석을 며칠 앞두었을 때였다. 목욕탕에 갔는데, 다리에 느껴지는 물의 온도가 달랐다. 이후 걷는 것도 힘들어져, 디스크로 의심하고 가까운 병원에서 치료받았다. 그러나 전혀 차도가 없어 다시 영동 세브란스 병원으로 갔다. 의사 선생이 살펴보더니 간단한 병이 아닌 것 같다며 정밀 검진을 권했다. 결국 입원하여 MRI 등 정밀 검진을 시작했다. 검진 결과는 충격이었다.

"척수 신경 속에 종양이 있습니다. 암일지도 모르니 수술받으셔야겠습니다."

아찔했다. "하늘이 어찌 이렇게 무심할 수 있나. 그 고생 끝에 이제 겨우 세상을 향해 일어서려는 나에게 이런 벌을 내리다니…"

입원한 지 이틀 만에 수술받았다. 수술 전에는 서약서도 썼다. 서약서에는 "하반신 불수가 될 수도 있다", "사망할 수도 있다"라는 문구들이 나열되어 있었다. "하늘에 맡기는 수밖에 없다"고, "이게 내 운명의 끝이라면 어쩔 수 없다"고 생각하면서도 하늘이 원망스러웠다.

4시간이 넘는 대수술 끝에 깨어났다. 수술은 성공적이었고 다행히 악성종양은 아니었다. 그런데 걸을 수가 없었다. 다리를 못 움직이는 것은 아니니 하반신 불수는 아니었지만, 걷는 데 필요한 신경이 손상된 것이다. 또 방사선 치료를 받아야 했다. 학교는 잠시 휴직했고 병원비는 감당하기 어려울 만큼 들어갔다.

"감옥도 뭐도 다 힘들지만, 가장 힘든 것은 병이구나."

병은 사람을 겸손하게 만든다. 나는 그동안 살아온 인생이 부끄러웠다. 두 달 동안 일주일에 두 번씩 방사선 치료를 받기 위해 집과 병원으로 오갔다. 시간이 흐르면서 지팡이를 잡고 걸을 수 있게 되었다. 그러나 의사 선생은 언제 재발할지 모르니 매사에 조심하라고 엄중하게 경고했다.

다리는 늘 시리고 아팠다. 명확한 원인을 알 수 없으니 언제 더 나빠질지 알 수도 없었다. 그렇게 좋아하는 술도 끊고 집에만 누워 있었다. 3개월이 지나서야 시간 강사로 때우고 있었던 수업이며 이런저런 일들이 걱정되어 학교에 내려가 보았다. 그러나 그때도 지팡이를 짚고 다녔고 오래 서 있지도 못했다. 그나마 집 앞까지 김재진·윤형렬 등 동료 교수가 차를 몰고 와준 덕분에 같이 타고 대전까지 다녀올 수 있었다.

난 내게 베풀어준 배재대학교와 교수님들의 호의를 결코 잊지 못한다. 동료 교수들은 면회는 물론이며, 500만 원이나 되는 거금을 모아서 병원비에 쓰라며 보내주었다. 눈물겹게 고마웠다. 다른 대학에 옮기지 않고 배재대학에서 줄곧 교수 생활하기로 결심했다.

혹자들은 '민청학련' 때 고문 후유증이 아니냐고도 한다. 그러나 확인할 방법이 없다. 하늘의 뜻이고 운명인가 자위하면서 살아가고 있다.

우선은 일본을 알아야 한다는 생각에서 일본학과를 만들었다. 그리고 학생처 부처장과 교무처장을 역임하다가 국회로 들어왔다.

지금도 정순훈(전 총장)·조창호(물리학)·이문지(법학)·윤형렬(법학)·김정숙(불문학)·이정규(건축학)·김칠민(물리학)·김재진(생물학)·이길주(러시아문학)·송태섭(경영학) 교수하고는 종종 만나서 옛날 얘기도 하면서 지낸다.

당시, 일제의 지배정치에 관한 관심이 차츰 높아질 때라, 서울에 있는 대학교에서 오라는 제안도 있었지만, 나는 학자적 소양과 학문적 능력을 배재대학교를 위해서 헌신할 것을 다짐했다.

또 한 가지의 결심은, 학계에서 내가 필요한 일이라면, 크고 작음을 떠나 어떤 일이라도 하겠다는 결심이었다. 박사학위 논문을 마무리하려면 적어도 1년 이상은 다른 글을 쓰지 않고 논문에만 매달려야 했다. 그러나 병이 언제 재발하여 죽을지 모르는데, 박사논문 하나에만 매달려 있을 수 없었다. 그때 내 심성은 그랬다.

"목숨이 붙어있는 한, 학자로서 주어진 일이 있으면 무엇이라도 하자."

연구 활동

원고 청탁이 오면 거절하지 않았다. 논문도 많이 썼고 여러 매체에 글도 많이 기고했다. 잠이 안 오면 새벽 3시에도 학교 연구실에 나가서 글을 썼다. 매 순간이 아쉬웠다. 병을 이겨가며 무엇보다도 달라진 것은 삶에 대한 태도이다. 아프기 전에 비해 세상을 훨씬 더 너그럽게 받아들이게 되었다. 나는 관조의 힘이 얼마나 세상을 평화롭게 만드는지 알게 되었다. 병으로 인한 후유증은 이후로도 계속 나를 괴롭혔지만, 오히려 그로 인해 세상을 아름답게 보고 감사하는 마음을 갖게 되었다. 비로소 '일체유심조'의 진면목을 깨닫게 된 것일까.

그 무렵 서울대 후배인 정진성 교수가 '정대협'(한국정신대문제대책협의회)에 관여하고 있었다. 하루는 당시 MBC문화방송에서 특별기획으로 '정신대' 문제에 관한 특별방송을 기획했는데 정진성 교수에게 출연 제의가 들어왔다. 장시간 방송이라 혼자 출연이 부담스러웠던 정진성 교수가 내게 같이 하자고 제안했다. 몸이 좋지 않아 거동하기조차 쉽지 않았지만, 함께 출연하기로 했

배제대 연구실에서(1994년 3월)

다. 잔혹한 일제의 만행과 왜곡된 역사의 진실을 알려야 한다는 소명 의식 때문이었다. 그 방송은 우리 사회에 종군위안부 문제를 확산시키고, 세상에 '정대협'을 알리는 계기가 되었다.

그때까지는 비행기를 타지 못해서 2년간 제주도에도 내려가지 않았다. 사실 의학적으로 명확한 병인을 밝혀내지 못하는 게 더 불안했다. 언제 다시 쓰러질지 예상할 수 없었기 때문이다. 그러나 언제까지 이렇게 살 수는 없었다. 다시 마음을 다잡았다. 하루를 살더라도 최선을 다해 살자. 비록 내일 쓰러지는 한이 있더라도 오늘 하루 후회 없이 살자. 회피하지 말고 묵묵히 믿는 바를 실천하며 살기로 했다.

박사학위를 받다

도쿄대학 지도 교수인 다케다 유키오 선생은 내가 아프다는 소식을 듣고 한국까지 병문안을 와 주셨다. 내가 몸이 아파 논문 제출도 못 하고 있으니, 모두 무척 안타까워했다.

이전까지 도쿄대학의 문학부는 소위 '구제(舊制) 박사' 시대였다. 학자의 연구가 끝나면 그 노력을 인정해 학위를 주는 방식이었다. 그러다 1993년경부터 현재와 같이 과정을 마치고 졸업논문을 쓰면 학위를 주는 '신제(新制)박사(과정박사)' 시대로 바뀌고 있었다. 도쿄대학은 '구제박사' 제도를 오랫동안 고수하다가 문부성의 압력 때문에 바꾸었는데, 문학부의 학과는 그 와중에도 끝까지 버티다가 뒤늦게 '신제박사' 제도를 수용했다.

'구제박사'는 학문의 완성이고 '신제박사'는 시작한다는 의미가 있기도 하다. 그래서 '과정박사'와 '논문박사'로 구분하기도 한다.

　1996년 요시다 미츠오(吉田光男) 교수가 좋은 소식을 전해왔다. 〈한일문화교류기금〉이라는 장학제도가 생겼는데 그 장학금을 받을 수 있게 해주겠다는 소식이었다. 일본에서 매달 45만 엔의 장학금을 받으며 연구에만 몰두할 수 있다고 하니 더없이 좋은 기회였다. 그래도 건강도 안 좋고, 학교의 일들을 잠시 접고 가야 하는 터라 망설여졌다. 갈까 말까 고민하다 서류를 냈더니 통과되었다는 연락이 왔다.

　1997년 4월부터 1998년 3월까지 도쿄대 문학부 객원 연구원으로 지낼 수 있게 되었다. 해외의 장학기금을 받았기 때문에 학교에서도 흔쾌히 허락했다. 가벼운 마음으로 일본으로 떠났다. 다리는 여전히 불편했지만 그나마 걸을 수 있어 다행이었다. 다시 석사 때의 주제로 돌아가 논문을 준비했다. 천우협과 명성황후 시해사건, 흑룡회라는 우익단체에 관한 행동과 사상을 주제로 삼았다. 그 사이 관계 자료도 많이 출간되어 있었다.

　1998년도 3월이 되어 귀국했다. 복직하고 나니 바빠졌다. 원고 청탁도 산더미처럼 쌓여 있었다. 학위논문을 쓰기 위해서는 방대한 자료들을 살펴봐야 했다. 적어도 1년은 자료에 파묻혀 살아야 했다. 그렇다고 그 작업에만 몰두할 수도 없었다. 일본의 지도 교수가 계속 원고를 보내라고 독촉했지만, 시간이 없었다.

　정말 촌음을 아껴가며 작업을 했다. 그래서 2000년에 거의 완성할 수 있었다.

　그런데 마지막 난관이 기다리고 있었다. 바로 언어 문제였다. 도쿄대의 바뀐 제도 아래에서는 3년 이내에 졸업논문만 완성하면 되지만, 나는 이전 '구제박사' 방식에 따라 논문을 제출해 더 복잡한 심사과정을 거쳐야 했다. 그간의 연구 결과를 단행본으로 펴내면 그 책으로 심사하는 방식이었다. 하지만 문제는 당장 일본어로 책을 내기가 어려웠다. 지도 교수와 논의 끝에 우선 한국어로 단행본을 내기로 했다. 그리고 그 책을 일본어로 번역한 다음, 두 개를 같이 제출해서 심사받기로 했다.

2001년부터 본격적인 책 출판 작업을 시작했고, 2002년 역사비평사에서 『근대 일본의 조선 침략과 대아시아주의』라는 제목으로 책을 출판했다. 일본어 번역 작업을 거쳐, 2003년 마침내 박사학위를 받았다. 2002년 6월에 제출해서 2003년이 되어서야 받았으니 번역과 심사에만 1년이 걸린 셈이다. 요시다·이노우에 선생 등 많은 분의 도움을 받은 덕분에 무사히 끝낼 수 있었다. 이후 졸업논문으로 쓴 책을 일본에서 단행본으로 출판하려는 계획도 추진하고 있었다. 그러던 중에 정치권으로 오게 되면서 중단된 상태였다가, 2022년 대사를 마치고 귀국하면서 아카시서점(明石書店)에서 『近代日本の朝鮮侵略と大アジア主義』라는 제명으로 출간했다.

'과거청산'을 위한 전방위적 활동

일제 침략사를 전공한 사람이 많지 않다 보니, 한·일관계에 대한 문제를 논의하는 여러 자리에서 나를 불렀다. 1965년 맺어진 한일협정에 대한 개정을 논의하는 자리에도 나갔고, 일본 측에서 독도에 대한 망언이 나올 때마다 대응책을 모색하는 자리에도 나갔다. 사회운동의 하나라고 생각하고 열심히 참여했고, 관련 문제들에 대한 글도 많이 썼다.

특히 열심히 참여했던 주제 중의 하나는 '정신대' 문제였다. 1990년 한국정신대문제대책협의회가 결성되면서 서울대 사회학과의 정진성 교수가 내게도 함께하자고 제안했다. 강만길·이만열 교수 등과 함께 참여하며 역사학자로서 이론과 자료를 제공했다. 다른 연구자들에게 참여를 권하기도 했고, 관련 심포지엄에 참석해 열심히 토론도 했다.

그 무렵 나는 박원순(전 서울시장, 작고)이 초대 이사장이었고, 이이화 선생·정석종·김정기·서중석·방기중 교수 등이 설립한 역사문제연구소에도 깊이 관여했다.

그 외에도 1994년 〈동학농민전쟁 100주년 기념사업회〉, 1995년 〈한일과거청산범국민운동본부〉 활동에도 참여했다. 〈한일 과거청산 범국민운동본부〉가 만들어졌을 때는 김명윤 상임의장을 도와 기획위원으로 일했다.

또 하나 열정적으로 참여했던 단체는 〈한국전쟁 전후 민간인학살 진상 규명 범국민위원회〉이다. '4·3' 사건의 진상을 규명하기 위해 노력하며 여러 자료를 찾아보다가 한국전쟁 당시에도 민간인이 많이 학살되었다는 사실을 알게 되었다.

〈범국민위원회〉를 만들게 된 직접적인 계기는, 1999년 언론에 보도된 대전 산내골 학살사건이었다. 한국전쟁 당시 군·경에 의해 학살되어 매장되어 있었던 형무소 재소자들의 유골이 발굴된 것이다. 성공회대 사회학과 김동춘 교수가 제안했다.

"이들은 재판도 받지 못하고 형무소에 갇혀 있다가 억울하게 죽은 사람들입니다. 이렇게 많은 사람이 죽었는데, 우리 학자들이 공동연구라도 해봐야 하지 않습니까?"

더욱 중요한 것은 거기 매장된 '4·3' 유족의 명부가 대전의 국가기록원에 남아 있었다는 것이다. 그것이 이른바, 각 교도소에 불법 감금되어 있었던 유족

대전 산내골에서 유족과 함께(2006년 7월)

들을 찾는 운동으로 나가고 〈4·3 행방불명자 유족회〉 발족으로 이어졌다.

변호사·학자들이 처음 모여 시작한 이 활동은 유족회 분들의 염원을 반영하여 〈범국민위원회〉로 발전할 수 있었다. 그 과정에서 이이화 선생, 문경학살 유족회 분들, 그리고 오마이뉴스 정운현 편집국장도 큰 도움을 주었다. 이들의 활동은 결국 2005년 〈진실과 화해를 위한 기본법〉을 만드는 데까지 나아갔다. '4·3' 특별법을 만들고 추진했던 것이 좋은 선례이자 모티브가 되었다.

당시 활동을 할 때 전국에서 나에게 전화가 왔다. 해방 이후 한국전쟁 과정에서 억울하게 죽임을 당했던 피해자 가족들이 그동안 억눌러 온 한을 풀어달라는 하소연이었다. 거창은 말할 것도 없고 강화도 등 전국 곳곳에서 자신들의 아버지와 할아버지의 원통한 삶을 알려왔다. 그중 문경에 계신 채의진 유족회장은 워낙 정성이 지극하여 몸보신하라며 메뚜기를 잡아 보내오기도 했다. 역사를 바로잡는 일은 피해자의 신원은 물론이며, 응어리진 가족들의 한을 해원하는 일이기도 했다. 역사학자로서, 국회의원으로서 참 뿌듯하고 가슴 벅찬 경험이었다.

동아시아의 평화를 위한 연대 활동

2001년 4월 중국 사회과학원에서 갑자기 초청장이 왔다. 중국 사회과학원은 '중국 공산당의 싱크 탱크'라 불리는 최고의 연구기관이다. 7월에 열리는 〈일본의 내외정책〉 국제학술대회에 참석하여 「근대일본의 조선 침략과 아시아주의」라는 주제로 발표해달라는 요청이었다. 아마도 일본에서 같이 공부했던 누군가가 나를 추천한 모양이었다. 그러나 몸이 좋지 않을 때여서 해외에 나가는 일이 큰 부담이 되었다.

차일피일 답을 미루고 있는데, 6월이 되자 비행기표며 참가비를 다 부담해주겠다며 다시 공문이 왔다. "북한에서도 허종호 선생을 단장으로 해서 다섯 명의 학자가 참석할 예정이니, 한국 대표로 꼭 참석해 달라"는 말에 더 이상 거절을 할 수 없었다. 북한의 저명한 역사학자인 허종호 선생은 한국에서도 잘 알려진 분이다. 그분이 그 자리에 온다는 소식을 들은 국내 학자 몇 명은 안부를 전해달라는 부탁을 하기도 했다.

7월 중국 베이징 공항에 내려 행사장인 북경 화평호텔로 갔다. 중국·일본·북한 그리고 한국의 내가 참석한 3박 4일간의 국제대회였다. 중국은 워낙 인구가 많다 보니 일본 관련 연구자들도 많았고 이 대회에도 100여 명이나 참석했다. 일본 참가자 중에는 홀로코스트 연구의 권위자이자 이바라키 대학의 명예 교수인 아라이 신이치(荒井信一) 선생(작고)과 일본의 교과서 문제 운동가인 다와라 요시후미(俵義文) 선생(작고)이 있었다. 한국은 원래 일본 관련 연구자가 많지 않은데다 행사에도 나 혼자 온 터라, 혼자서 발표도 하고 사회도 보는 등 일인다역을 해야 했다.

마지막 날, 대회를 총괄하는 자리에서, 3국의 학자들은 현재 상황을 두고 '일본의 新 군국주의 부활'이라는 결론을 내렸다. 그리고 현 상황에 대해 3국의 학자들이 일본의 양심적인 지식인들과 함께 공동으로 대응해야 한다는 데 의견을 같이했다.

또한, 나는 일본이 교과서를 왜곡하거나 야스쿠니 신사 참배를 강행하는 데 대해 중국의 입장을 물었다. 이런 행동들은 한국에게만 해당되는 일이 아니라 중국과도 밀접한 관련이 있는데도 왜 별다른 노력을 하지 않느냐고 꼬집었다.

그날 저녁에는 같은 호텔에 묵고 있었던 허종호 선생과도 이야기를 나누었다. 그 역시 행사 주제와 관련한 중국 측의 애매모호한 입장에 대해 아쉬움을 토로했다. 직접 만나본 허종호 선생은 마치 시골 할아버지같이 소탈한 분이었다. 그러나 대회 기간 내내, 북한 대사관 직원들로 보이는 몇 명의 젊은이들이 허종호 선생을 따라다니며 감시했다. 게다가 다음 날 아침 일찍 허종호 선생은 출발할 예정이었기 때문에 이야기를 나눌 시간도 많지 않았다. 그날 밤 몇 명의 사람들이 호텔로 나를 찾아왔다.

"강 교수님, 내일 아침에 시간 있으십니까?"

"누구십니까? 우리를 초청하신 분들이 아닌 것 같은데…."

"아까 대회에서 일본 역사 교과서 왜곡이라든가, 야스쿠니 신사 참배 등에 대한 문제를 제기하셨던 부분에 대해서 논의하고 싶습니다."

다음 날, 까만 세단이 와서 나와 아라이 신이치 선생을 태워 갔다. 목적지에 도착해서 보니 중국 공산당안 연구소였다. 중국 사회과학원 내에만 몇 십 개의 사회과학 관련 연구소가 있는데, 그중에 가장 권위를 가진 곳이 바로 공산당안 연구소이다. 컴컴한 3층으로 안내받아 어느 방으로 들어갔더니, 나이 지긋한 열 명가량의 사람들이 앉아 있었다.

"어제 선생이 한 얘기 잘 들었습니다. 중국 역시 일본의 만행을 잊어버리면 안 된다고 생각합니다. 그런데 중국 정부로서는 중국 인민들이 반일 데모라도 할까 봐 큰 걱정입니다. 자칫 중국인들이 들고 일어나면, 중국 내에 있는 일본인들이 몰살당하는 큰 불상사가 일어날 수도 있습니다. 반일 감정을 누르면서 이 문제를 제기해야 합니다."

내가 어제 제기한 문제가 꽤 중국인의 자존심을 건드린 모양이었다.

"좋습니다. 그럼 함께 진지하게 논의하면서 한·중·일이 공동 대응하는 방안을 찾아봅시다."

일본은 아라이 선생, 중국은 근대사학자 롱웨이누(領有木)와 흑룡강성 사회과학원장 부핑(普平) 선생이 중심이 되었다. 한국의 책임자는 내가 되었고, 북한의 허종호 선생도 보조를 맞추어 찬성했는데, 그날 밤 떠나 버렸다.

귀국해서 2001년 말에는 안병욱·안병우·양미강 목사·서중석·이수호 전교조 회장·이신철 박사 등과 함께 '일본 역사 교과서 개악 저지 운동본부'를 만들었다. 나는 운영위원장으로 함께 했고, 현재 이 단체는 '아시아 평화와 역사교육 연대'로 활동을 이어 나가고 있다.

한·중·일 국제대회를 준비하기로 하고 서울대학교 호암관에서 처음으로 준비 회의를 열었다. 그 자리에서 제1차 국제회의는 다음 해 3월 난징에서 '난징 대학살' 기념식에 맞추어 개최하는 데 합의했다.

중국 난징에서 학술대회(2002)

그리하여 2002년 3월 27~30일 난징에서 〈역사 인식과 동아시아 평화〉 한·중·일 국제심포지엄이 열렸다. 동아시아 평화를 주제로 한·중·일 공동학술회의로서는 사상 최초였다. 중국 공산당과 난징학살기념관이 주관한 이 행사에는 한국에서 30여 명, 일본에서 20여 명이 참석했다. 북한 학자들도 초청했지만, 한참 북한과 중국의 관계가 틀어져 있을 때라 결국 참석하지 못했다. 행사 마지막 날에는 매우 중요한 합의사항이 있었다.

"한·중·일 3국이 공동으로 역사 교과서 부교재를 만듭시다"

이날의 합의는 4년간의 논의를 거친 끝에, 2005년 『미래를 여는 역사』라는 제명의 교과서로 결실을 보았다. 나는 난징에서의 심포지엄 이후 정치 활동을 하게 되는 바람에 교과서 출간에는 직접 관여하지 못했다. 그러나 그 단초를 만드는 데 이바지했다는 점은 무척 자랑스럽게 생각한다. 이 교과서야말로 한·중·일 3국의 상호존중과 공동번영, 그리고 평화로운 동아시아의 미래를 기원하는 노력의 산물이다.

지금도 3국에서는 각각 〈아시아평화와 역사교육연구소〉를 만들어 연대 활동을 이어가고 있다(소장 이신철). 나는 처음 만드는 데 역할했다는 '죄'로 2023년 8월부터 이사장을 맡고 있다.

제6장

제주 '4·3' 운동
- 진실을 밝히자

1988년, 일본에서 진상 구명 운동

내가 1972년 서울대학교 제주학우회 회장 때에 〈제주 실태 조사〉로 '4·3'을 해볼까 하는 의견이 나왔었다. 어떤 선배가 그것은 지금 상황에서 도저히 안된다고 했다. 그래서 지금 '새마을 운동'이랍시고 우리의 고유 신앙과 다름없는 '할망당'을 미신이랍시고 다 파괴하고 있는데, 조사를 하자고 뜻을 모아서 했던 적이 있었다. 그때 '할망(무당)'들을 만나서 본풀이를 듣다 보면, 거의 35여 년 전의 그 참상이었다.

그래서 우리는 '4·3'이 머릿속에 크게 각인 되었고 뇌리를 떠나본 적이 없게 되었다. 그런 때에 현기영 선생이 1978년부터 『창작과 비평』에 「순이삼촌」을 연재하기 시작했고, 제주 출신의 민주화 운동가들과 함께 조촐하게 숨어서 위령제도 지내게 되었었다.

한국에서 같이 '4·3' 위령제를 함께 지내기도 했던 김명식 시인은 나보다 먼저 일본으로 유학을 가 ICU(국제기독교대학)에서 공부하고 있었는데, 그의 부인은 일본인 여성이었다.

그는 천주교의 수사(修士) 출신이면서 시인으로, 긴급조치 9호 위반으로 3년간 교도소 생활을 한 민주투사였다. 우리보다 감성적으로나 이론적으로 한발 앞서 있는 분이었다.

일본의 유명한 소설가이면서 『삼천리』라는 잡지의 편집자로 활동하셨던 김석범 선생이라는 분이 있다. 이분은 50년대에 『까마귀의 죽음』이라는 '4·3' 작품을 썼고, 당시에는 대하소설인 '4·3' 사건을 다룬 『화산도(火山島)』라는 소설로 일본의 문학계를 뒤흔들 정도였다. 총 7부작에 달하는 이 소설은 일본에서 아사히신문의 '오사라기 지로상'과 마이니치 신문의 '마이니치 예술상'을 수상한 대작이다. 그가 재일 동포가 아니었으면 노벨상을 받았을 것이라고 얘기할 정도였다. 일본에서도 그분을 존경하는 사람들이 무척 많았다.

원래는 조총련계였지만, 교조주의와 전체주의를 싫어했던 성향 때문인지 나중에 조총련을 탈퇴했다. 오히려 테러의 대상이 될 정도였다.

그가 와세다 호시엔에서 강연을 하였는데, 김명식 선배와 같이 가서 강연 듣고 식사 자리에 가서 인사도 했다. 그가 깜짝 놀라면서, 오히려 우리를 이상하게 보는 것이었다. 한국에서는 자기를 '불온 분자'로 보는데 오히려 인사하면서, 뵙고 싶다고 했기 때문이었다.

김명식은 1980년대 후반, 일본에서 유명 인사가 되어 있었다. 외국인들에게만 의무적으로 시행하는 지문 날인 제도에 반대하는 운동을 벌였기 때문이다. 지문 날인 거부운동의 중심은 일본 내에서는 여전히 이방인 취급을 받는 재일 동포들이었지만, 나를 비롯한 이규배(와세다대 유학생) 등 유학생들도 많이 동참했다. 나와 이규배는 유학생들의 서명도 받고, 유학생 명의의 성명서도 발표하는 등 열심히 도왔다. 그때 나는 석사학위 과정을 끝내고 박사과정 1년 차로서 공부하고 있을 때였다.

1987년 4월 3일, 지난 추억도 떠올리고 '4·3'도 추모하려는 뜻으로 김명식 형과 만났다. 술이 두어 순배 도는 동안 이런저런 이야기를 나누다, 한국의 민주화 문제로 화제가 옮아갔다. 우리의 결론은 한국의 민주화도 이제 머지않았다는 것이었다. 그리고 이제 '4·3' 사건을 본격적으로 역사 앞에 내놓을 때가 되었다는 것에 의견 일치를 보았다.

"하지만 잘못하다가는 이념 논쟁으로 번져서 우리가 빨갱이로 몰리고 만다. 그러니까 한국과 일본에서 동시에 이 문제를 띄워 국제적인 문제로 만들어버리자." 둘이 작전을 짰다. 한국에서는 서울과 제주에서, 일본에서는 도쿄와 오사카에서 동시에 공개적으로 '4·3' 사건에 대한 40주년 기념 심포지엄을 열자는 계획이었다. 민단이 이런 일에 뛰어들 리 없었고, 조총련 역시 전혀 관심이 없었다. 일단 진보적 기독교인과 문화인·예술인·지식인들을 중심으로 해서 개최하기로 하고 본격적인 준비 작업에 들어갔다.

며칠 지나 다짜고짜 김석범 선생님께 연락해서 우에노(上野)에서 만났다. 나는 선생님 앞에서 당돌하게 말했다.

"선생님께서 '4·3' 사건을 소재로 글을 쓰신 덕분에, 밥 세 끼 드시고 있지 않습니까? 이제 갚아주십시오. 지금 저희가 준비하는 행사에 선생님께서 앞에 좀 나서 주십시오."

김석범 선생은 매우 놀란 눈치였다.

"아니, 아직 젊은 유학생이면 나를 만나는 것만으로도 겁을 먹을 텐데, 어쩌

김석범·김명식 선생과 제주에서. '4·3'상 수상 차 내도(2015년 8월)

면 이렇게 당돌하게 부탁을 하나…."

선생은 놀라면서도 유학생이 이런 계획을 세우고 있다는 것에 감동하여 눈물까지 보이셨다. 그리고 "앞장 서겠다."라고 약속했다. 천군만마를 얻은 기분이었다.

"1년 뒤인 내년 4월 3일을 목표로 준비하자."

김석범 선생 역시 많은 일들을 겪어보신 터라, 전략적인 방향을 잘 설정하셨다. 한국에서 빨치산 노릇을 하며 좌익적 입장에 섰다가 나중에 민단으로 전향했던 김민주 선생이 있었다. 김석범 선생이 그분을 불러 우리의 일에 함께하게 했다.

그리고 오사카에는 친구이자 유명한 역사학자 강재언(작고), 신망 있는 조규창 선생(작고)과 도쿄의 김규찬(작고)·현광수 선생 등 두루두루 연락을 취했다. 되도록 좌우에 치우치지 않는 사람들에게 협조를 구했다. 우리는 치밀하게 1년 전부터 준비해나갔다. 김명식은 그해 6월 지문 날인 거부 때문에 추방당해서 부인과 함께 한국으로 귀국했다. 그때부터 김명식은 서울과 제주에서, 나는 일본에서 준비했다.

김명식은 정윤형·현기영·고희범 등과 제주사회문제협의회('제사협')라는 단체를 결성했고, 나는 일본에서 나대로, 김석범·김민주·탐라연구회의 양성언 회장·고이삼 신간사 사장 등과 연락을 취하면서 준비해나갔다. 실무적인 일은 고이삼 사장이 도맡아 했다. 두어 차례 한국도 방문해 서로의 준비 상황을 점검하기도 했다.

1988년 4월, 도쿄와 서울에서 '4·3' 사건에 관한 공개적인 첫 심포지엄을 열었다. 한국에서는 역사문제연구소가 공동주최자로 함께 했다. 도쿄에서는 한국YMCA에서 개최했다. 안타깝게도 정부의 압력 때문에 제주도와 오사카에

제주 출신 도쿄 유학생의 대사 송별연. 이규배·부홍식·양재철·고경수·최욱성·고광명·김재영 등과(2021년 1월)

서는 열지 못했다.

'6·29' 선언 이후 민주화 바람이 불 때였는데도 방해 공작은 없어지지 않았다. 이로 인해 처음에 동참을 약속한 유학생들도 정작 행사장에는 많이 참석하지 않았다. 그렇지만 이규배 등 제주 출신 유학생 50여 명은 자리를 같이했다. '4·3' 사건에 대한 조명이 시작된 역사적인 순간이었다. 서울과 도쿄에서 각각 500~600여 명씩이나 참석한 성공적인 행사였다. 이로써 '4·3' 사건은 일본과 한국의 언론이 주목할 수밖에 없는 세계적인 사건이 되었다.

제주4·3연구소를 만들다

1988년도 여름, 방학을 맞이하여 한국에 들어왔다. 김명식과 만나 '4·3' 관련 운동을 지속적으로 해나갈 방안에 대해 토의했다. 결국 '4·3' 관련 연구소를 만들기로 합의했다. 하지만 문제는 자금이었다. 그때 강재언 교수가 내게 이런 제안을 하셨다.

"국사편찬위원회에서 나오는 연구비가 있는데, 자네가 일본 우익에 관한 논문을 한번 써보면 어떻겠나?"

원래는 강재언 선생에게로 온 제안이었는데, 학비도 대줄 겸 나를 추천해 주시려는 의향이었다. 이전에 이미 일본 우익에 대한 논문을 쓴 적도 있었기 때문에 받을 자격은 충분했다. 나는 김명식 선배에게 이런 계획을 전달했다.

"이번에 받은 연구비 200만 원을 내놓을 테니, 우리 4·3연구소를 만듭시다."

200만 원이면 당시로서는 적은 돈이 아니었다. 연구소를 시작할 준비자금으로 충분했다. 당시 서울에서 노조 운동을 하고 있었던 홍만기가 직장까지 그만두고 연구소 간사로 일하겠다고 자청했다. 소식을 들은 김석범 선생과 강재언 선생도 "한국에서 책을 출판했는데, 그 인세를 쾌척하겠다"라는 말씀을 해주셨다.

그렇게 일사천리로 진행되던 와중에 연구소장을 누구로 정할 것인가 하는 문제에 부닥쳤다. 일이 추진되어온 과정이나 그 공헌도로 보자면 김명식 선배가 마땅히 소장직을 맡아야 했다. 그러나 그는 민주투사였기 때문에, 자칫 잘못하다가는 이념 논쟁에 휘말릴 수도 있었다.

소장으로 현기영 선생을 추대하자는 얘기가 나왔다. 빨갱이라는 소리를 들을 일은 없는 분이었다. 그러나 앞에 나서는 것을 극도로 싫어하는 그는 아니나 다를까 듣자마자 손부터 내저었다. 두루두루 존경받는 분이 소장 하셔야 한다며 끈질기게 설득했지만, 한사코 거절했다. 나는 현기영 선생을 설득하다 나중에는 펑펑 울어버렸다. 선생께서 마지못해 승락해 주셨다.

이제 사무국장으로는 제주에 사는 '골빈당'의 문무병 선배를 모셔야 했다. 그 과정은 무척 간단했다. 일단 전화를 했다.

"형님, 술이나 한잔 합시다. 비행기표 사 드릴 테니 서울 한번 오시오."

그는 아무 말 없이 그날로 올라왔다. 그는 시원시원하고 소탈한 양반이었다. 서교동에서 만나 사무국장 얘기를 꺼냈더니 별다른 질문조차도 하지 않았다.

"알았어, 같이 하자."

이사장으로는 경제학자이자 홍익대 교수인 정윤형 선생(작고)을 모셨다. 정윤형 선생은 4·3연구소의 취지에 적극 공감하시며 많은 돈도 기부하셨다. 나는 이사직을 맡았다. 4·3연구소를 꾸리기 위해 어른들부터 젊은 활동가들까지 두루 만나고 다니며, 허풍도 참 많이 떨었다.

"김석범과 강재언 선생은 인세를 받으면 그것도 기부하기로 했고, 유명 인사인 여러 선생이 도와주기로 했으니 다 잘될 것이다."

그런 내 허풍 때문에 홍만기 간사가 더 고생했을지도 모른다. 1989년 제주 4·3연구소가 창립되었고, 또한 도내 11개 시민단체가 공동으로 〈사월제 공동준비위원회〉를 결성하여 '제41주기 4·3추모제'도 개최했다.

'제41주기 4·3추모제' 때는 마침 일본의 새 학기가 4월 5일에 시작되어서 나도 제주도에 다녀갈 수 있었다. 시민회관에서 행사했는데, 대학생들과 많은 유족이 참석했다.

제주에서는 공식적인 '4·3' 첫 추모행사였다. 속으로 앓아온 서러움이 세상 밖으로 나오는 순간이었다. 가슴이 떨리면서 긴장과 흥분감이 몰려왔다. 얼마나 긴 세월이었던가? 억울하게 죽임을 당한 영령들과 유가족의 가슴에 피멍이 짙어진 시간이었다. 빨갱이라는 손가락질과 그로 인해 당할 피해가 두려워 차마 밝히지 못했던 역사의 진실 규명이 시작된 것이다.

순서 중의 하나로 내가 강연하게 되어 있었다. 그날은 행사장 주변에서 반대 시위가 조직적으로 일어나고 있었다. 배후가 있음이 분명했다. 위령제를 지내고 내가 단상에 올라가 발표하는데, 청중 속에 섞여 있던 반공유족회의 서갑동 등이 하나둘씩 일어나 이상한 질문들을 해댔다. '4·3'을 용공으로 몰아가려는 행태였다. 나는 그만 화가 치밀어 단상에 서 있다는 것도 잊은 채 욕설을 쏟아내고 말았다. 화가 머리끝까지 났다. 진실을 밝히려는 자와 은폐 혹은 왜곡하려는 자들과의 첫 싸움이었다. 나는 분을 참지 못하다 급성 위경련을 일으켜 병원에 입원까지 했다.

4·3연구소가 정식으로 개소식을 연 것은 그로 두 달이 지난 1989년 5월 10일이었다. 물론 준비는 훨씬 전부터 하면서 행사를 주도하다가 드디어 '4·3' 사건의 진상 규명과 명예 회복을 위한, 또 한 걸음을 뗀 것이다. 나에게 진상규명 운동은 역사학자의 의무이기도 하고 민주화운동의 연장선에 있었다.

4·3연구소의 초대 소장이었던 현기영 선생, 그리고 2대 소장이었던 고창훈 제주대 교수가 물러나고 나자, 소장을 맡을 사람이 없었다. 나와 고희범이 나서서 여러 사람을 만나 요청해 보았지만, 선뜻 나서는 이가 없었다. 연구소 설립부터 함께 했던 사람들이 모여 상의했다. 아무한테나 맡길 순 없는데 어찌할 것인가. 모인 이들의 중론은 나에게로 향했다. 그러나 병상에서 일어난 지 얼마 지나지 않았을 때라 무척 부담되었다.

"강창일 아니면 할 사람이 없잖아. 이사회가 있을 때만이라도 제주도에 내려가. 아니면 이름만이라도 걸어. 연구소장인데 아무래도 교수가 하는 게 좋지

현기영·김명식·강요배·김정기·김상철·문창우 주교·송승문 유족회 회장·박창욱(전 회장)·홍성수(전 회장)·이규배 이사장·허영선 소장·김창후·이석문 교육감·강철남 의원·오승국·이문교(전 평화재단 이사장)·양조훈 평화재단 이사장·양징심·오화선·김은희·조정희 등 연구소 30주년 기념식.(2019년 5월)

앉겠어?"

그렇게 하여 1995년 2월, 4·3연구소의 소장을 맡게 되었다. 2003년 말까지 9년간 소장으로 있었고 그 이후부터 2004년 국회의원으로 출마하기 전까지는 이사장으로도 있었으니 꼭 10년간 직접적으로 연구소 일에 관여한 셈이다.

당시 연구소에는 두세 명의 상근자가 있었지만, 월급도 제대로 주지 못했다. 제주대학에서 '4·3' 운동을 해 왔던 양성자·김동만·김은희·오화선 등, 그리고 김창후 부소장·양한권 사무국장·한겨레의 허호준 기자 등이 사명감을 가지고 헌신적으로 해주었기 때문에 연구소는 돌아갈 수 있었다.

신경 쓸 일이 많았기 때문에 두 달에 한 번은 제주도에 가야 했다. 이름만 걸어놓기는커녕, 교수로서의 업무를 제외하고는 온통 전업으로 연구소 일에 매달려야 했다.

제주도에서는 점점 '4·3'과 관련된 활동들이 활발해지고 있었다. 1998년에는 '4·3' 제50주기를 맞아 범도민위령제와 학술·문화사업을 주도적으로 추진했다. 당시 제주도 민주화 운동권에서는 가장 선배인 양동윤 선배가 '4·3' 도민연대를 만들어 제주 민주화 운동권을 하나로 묶어 참여했다.

제주 언론계에서는, 특히 제민일보에서 특별 취재반(반장 양조훈)을 만들어서 다루었다. 제주KBS는 거의 다루지 않고, 제주MBC는 자기일처럼 '4·3' 문제를 다루었다. 거기에는 송창우와 김찬석 같은 기자들이 있었기 때문이다. 중앙지에서는 한겨레가 허호준 기자의 취재로 줄곧 다루었다.

특히 송창우 기자는 1998년 3월, 4·3연구소와 〈4·3 범국민위원회〉 주최로 성균관대학에서 열리는 '4·3' 행사에 취재차 왔다가 거금을 내놓아, 행사 끝난 다음에 뒷풀이를 할 수가 있었다. 어떻게 거금을 쾌척했는지 물어보았더니, 제주 출신 국회의원들을 만났는데 촌지를 주더라는 것이었다. 그는 성격상 그러한 것을 도저히 받을 인품이 아니었는데, 우리 일꾼들이 불쌍해서 그 돈을 받아서 우리에게 내놓았다는 것이었다. 의원들이 우리가 지원을 요청했을 때는 거들떠보지도 아니했는데. 그 얘기를 듣고 기자가 권력이라는 것을 새삼 느낄 수 있게 되었다.

그러나 '4·3' 사건에 대한 상처와 두려움은 여전히 너무나 깊어, 사건에 대해 말하는 것조차도 금기시하는 이들이 많았다. 4·3연구소의 소장으로서 사람들 앞에 설 때면 나는 이렇게 호소했다.

"이렇게 많은 사람이 죽었습니다. 그러나 죽은 사람은 있는데, 죽인 사람은 없다고 합니다. 사람들이 이렇게 죽어야 했던 정치적·사회적 구조가 존재했던 것입니다. 그리고 이것은 인권의 문제입니다."

당시 나는 광주 5·18재단의 이사직도 맡고 있었다. 4·3연구소장이라는 직함을 달고 있다 보니 자연스럽게 광주에서 활동하는 이들도 '4·3' 문제에 대한 인식을 갖게 되었다. 광주에 자주 내려가 그 지역 사람들에게도 호소했다.

"4·3사건은 제주도만의 문제가 아닙니다. 민족의 문제이자 한반도의 문제, 더 나아가 세계의 문제입니다." 정수만 유족회장·전남대 정근식 교수(현재 서울대 명예교수, '전 과거사정리위원회' 위원장)·안성례 시의원(명노근 선생님 부인)·김태홍 구청장(전 국회의원, 작고) 등 많은 분이 귀를 기울여주셨고 진상규명운동에 동참했다.

〈동아시아 평화와 인권〉 국제심포지엄

1996년 가을 무렵, 김명식 선생과 함께 재일한국인 학자이자 세계적인 인권운동가인 서승 선생을 만났다. 우리는 제주 '4·3' 사건이 당시 동아시아를 물들이고 있었던 국가 테러리즘의 하나라는 점에 의견 일치를 보았다. 대만의 '2·28' 사건, 일본의 오키나와 학살사건, 광주의 '5·18', 그리고 제주도가 있었다. 태평양전쟁과 미군정 시대 좌우 이데올로기 속에서 죽어간 사람들, 국가의 폭력에 희생된 사람들이 있었다. 우리는 동아시아 국가의 테러리즘에 대한 공동 연대체를 만들기로 했다. 그리고 돌아오는 2월 대만 '2·28' 사건 기념일에 함께 대만을 방문하기로 했다.

1997년은 '2·28' 사건의 50주년을 맞는 해였기 때문에 대만에서 행사를 성대하게 준비했다. 행사명은 〈동아시아의 냉전과 국가 테러리즘〉이었고, 한국에서는 30여 명이 넘는 사람들이 참석했다. 서울에서는 강만길 교수(작고)·서중석 교수·박원순 변호사(작고)·당시 변협 회장이었던 김창국 변호사, 제주도에서는 김영훈 도의회 부의장(작고)·박희수 도의원·현기영 선생·한림화 작가·허호준 기자·김동만 교수 등이 함께했다. 일본과 오키나와에서 온 사람들과도 만나 함께, 대만 학살 현장을 방문했다. 그렇게 동아시아의 연대가 시작되었다.

분위기를 이어 2회 행사는 제주도에서, 그다음 3회는 오키나와에서 하기로 했다.

그때 논문 준비로 인해 1년 가까이 일본에 머물렀지만, 일본에 있으면서도 틈틈이 행사 준비를 계속했다. 1998년 2월에 귀국하면서부터는 본격적으로 제주도에 내려가 준비했다. 준비 주체의 정식명칭은 〈동아시아 평화와 인권〉 한국위원회였다. 제주4·3연구소가 주관했고 나는 운영위원장을 맡았다.

국제대회인 데다 참가자만 총 500여 명에 달하는 행사이다 보니 준비해야 할 일은 끝이 없었다. 참가자들의 비행기표는 자부담으로 하더라도 숙박에만 1억 5,000만 원 이상이 필요했다. 나는 예산을 모으기 위해 이리저리 뛰어다녔다. 후원해줄 만한 곳을 찾았고, 제주도지사·제주시장·서귀포시장 등을 만나 식사비라도 지원해달라고 설득했다. '4·3'이 금기시되고 있던 때라 흔쾌히 도와주는 곳이 없었지만, 제주MBC의 송창우 기자 등이 뒤에서 힘써 준 덕분에 무사히 마칠 수 있었다.

여전히 금기어였던 '4·3' 사건을 전면에 내세우기 위해서는, 국내외적으로 주목할 만한 인물들을 반드시 초대해야 했다. 평생 반전 평화 활동에 헌신했고, 김대중 납치사건 당시 김대중 전 대통령을 구출하는 데 앞장섰던 덴 히데오(田英夫) 일본 참의원, 노벨평화상 수상자이자 후에 동티모르 대통령을 지낸 라모스 오르타가 참석하겠다는 답변을 보냈다. 전 소련 대통령인 고르바초프도 초청하려고 노력했으나 성사시키지 못했다.

2000년 4월 3일 제주에 오신 김석범 선생과 4·3운동가들. 조동현·이순자·김정기·현기영·양조훈·백경진·허상수·한동완·양한권·백경진·김종민 등과(2000년 4월)

김석범 선생님이 마지막 제주에 왔을 때 오화선·김정기·문무병·허영선·조정희·김은희 등과(2015년 8월)

노벨평화상 수상자인 라모스 오르타와 (1998년 8월)

『화산도』의 작가 김석범 선생도 초대했는데, 그분이 일본도 한국 국적도 아닌 '조선적'을 가진 상태였기 때문에 비자가 나오지 않았다. 발을 동동 구르며 여러 경로로 알아보다가, 결국 김대중 정권의 이종찬 국정원장과 연결되어, 행사가 끝나기 하루 전에야 극적으로 참석하실 수 있었다. 그나마 김대중 대통령이 당선됨으로써 분위기가 바뀌었기 때문에 가능했던 일이었다.

마침내 1998년 8월 21일 제주 그랜드호텔에서 제2회 〈동아시아 평화와 인권 국제학술대회〉의 막이 올랐다. 기조 강연자였던 라모스 오르타는 우선 동티모르 사태에 관해 설명한 다음, 주권과 인권, 그리고 서구적인 인권관과 동양적(유교적)인 인권관을 비교하면서, 인권과 생명이 그 어느 권력이나 이데올로기도 범할 수 없는 지고지순한 인류의 보편적 가치임을 역설했다. 그리고 참가자들은 대회의 주요 의제였던 미국의 동아시아 정책, 동양 3국에서의 인권 유린 사태와 현황 등에 대해서도 심도 있는 논의를 펼쳤다. 그 과정에서 '제주 4·3'은 제주나 한국만의 문제가 아니라 세계사적 의미를 갖는 사건으로 규정했다.

성공적인 행사였다. 일본 120여 명, 대만 50여 명 등 외국인만 180여 명이었고, 국내에서는 300여 명이 넘게 참석했다. 3개 언어 동시통역이 동원되었다. 김대중 대통령은 환영 동영상까지 보내주었고 민주당 의원들도 여럿 참석했다. 국내의 진보적 지식인들도 많이 참석해 열띤 토론에 참여했다.

이전까지는 한겨레신문을 제외한 중앙 언론에서 '4·3' 사건에 대해 무관심했다. 그랬던 중앙일보 등 중앙 언론이 제주도까지 달려와 우리 행사를 취재해갔다. 물론 그 이유 중 하나는 노벨평화상 수상자인 라모스 오르타 덕분이었다. KBS 방송까지 와서 영상으로 담아갔고 독일 언론사에서도 취재해갔다. 그분을 초청하기 위해 많은 공을 들였던 것이 전혀 아깝지 않을 정도였다.

행사 도중에 내부에서 문제가 생겨 무산될 위기가 있었다. 그때 연구소의 박찬식과 김동만이 '구원투수'로 헌신하여 수습할 수가 있었다.

행사는 무사히 막을 내렸지만 나는 원형탈모증에 걸릴 정도가 되었다. 집에도 가지 못하고 스태프들이 일하는 캠프에서 쪽잠을 잔 날이 수두룩했다. 그래도 행사를 잘 치러냈고 3,000만 원 가량의 예산을 남기기까지 했기 때문에 그 뿌듯함은 이루 말할 수 없었다. 남은 행사비는 4·3연구소의 예산으로 사용할 수 있었다.

이 행사를 성공적으로 마칠 수 있었던 것은 서승·김명식·강남규·양한권·박찬식·김동만 등의 헌신적 노력과 열성 때문이었다. 그렇게 4·3연구소는 동아시아 연대를 만들어내고 국제적인 운동단체로 발돋움했다. 다음 해인 1999년에는 오키나와, 2000년에는 광주에서도 '5·18'을 주제로 한 행사를 열었다.

'4·3' 때문에 법에 물어진 경우는 김명식과 김동만, 두 사람이다. 김명식은 그가 원장으로 있는 아라리연구원에서 소나무출판사와 공동으로 발간한 『제주 민중항쟁』이라는 '4·3' 자료집 내용이 국가보안법을 위반했다는 것으로 문제 삼아 실형을 선고하여 구속시켰다. 4·3연구소의 김동만은 1997년 내가 도쿄대 객원교수로 가 있을 때에 '4·3' 영상물을 일본에서 상영하기 위해 일본에 왔다. 그 때에 많은 관계자들을 만나서 증언도 채록했다. 재일동포들은 고향 사람이 가면 촌지를 주는 것이 상례였다. 그에게 동포를 만나더라도 절대 촌지는 받지 말도록 당부했다. 그는 어디 가서 채록하더라도 일절 사양했다. 정보기관에서는 무언가 있지 않을까 해서, 귀국하자 그를 국가보안법으로 기소했다. 1심에서는 유죄를 선고받았으나, 2심에서는 무죄 판결을 받고 사건은 종결되었다. 당시만 하더라도 '4·3'에 관한 한은 그만큼 험한 세상이었다.

1999년, '4·3' 특별법 제정과 〈진상 보고서〉

제주도 내에서도 '4·3' 관련 활동을 방해하는 우익 세력들이 많았다. 김대중 대통령이 당선된 후에도 국회에서조차 "4·3사건은 빨갱이들의 짓"이라고 주장하는 사람들이 있었다. 우리는 그들의 시각을 교정하고자 힘겹게 싸워야 했다. 시간이 지난 지금에 와서야 '4·3'에 색을 입히려는 시각들이 많이 수그러들었지만, 아직도 단말마적인 발악을 하는 무리가 있다.

나는 그들과 싸울 때마다 당당하게 말해왔다.

"나는 제주도가 고향이라는 것 말고는 '4·3'과 아무런 관계가 없는 사람입니

청와대에서 김대중 대통령·이희호 영부인과(1999년 12월)

다. 그런 내가 '4·3' 사건을 위해 노력하는 것은 인권과 민주주의를 지키기 위한 것입니다."

향후 '4·3' 문제를 어떻게 풀어갈 것인가에 대해 사람들과 논의했다. 국회에 특별위원회를 구성하자는 의견도 있었지만, 자칫하다가는 말싸움만 하다가 끝나버릴 위험성이 있었다. 실제적인 효과와 지속적인 정신계승을 위해서는 '4·3특별법'을 제정해야 했다. 하지만 법을 만든다는 것은 정말 어려운 일이다. 하지만 어렵다고 포기할 수는 없었다. 옳은 일이라면 어려움을 무릅쓰고라도 반드시 실천해야 한다. 그것이 바로 역사의 진보이다.

1998년부터 특별법 제정을 위한 기반 작업을 시작했다. 한겨레신문의 고희범·현기영·양한권·명지대의 김홍식·성공회대의 허상수·방송통신대의 김순태

청와대에서 대통령의 〈4·3특별법〉 서명식. 박창욱·양금석(작고)·양조훈·양동윤·김두연·고희범·임문철 등과(2000년 1월)

(작고)·홍익대의 정윤형(작고)·재야운동가 박찬식 등 다양한 분야의 사람들이 모였다. 가능한 한 자주 만나 논의를 거듭했고 안팎으로 도움을 청했다.

당시는 새천년민주당이 집권당이었던 시절이었다. 민주당 측에서는 "2000년 4월 총선을 앞두고 있어 색깔 논쟁에 휘말리면 곤란하니 선거가 끝난 다음에 하자"는 입장을 전해왔다. 실망스러웠다. 나는 오히려 대통령 당선된 직후인 2년 이내에 가장 힘이 있으니, 힘이 있을 때 추진해야 한다고 판단했다. 2000년이 지나면 오히려 불가능할지도 모른다고 생각했다.

김성재 청와대 수석·권노갑 고문·임채정 정책위원장·김충조 행자위 위원·김진배 '4·3' 특위 위원장 등 많은 정치인을 만나 설득 작업을 벌였다. 추미애 의원이 '4·3' 특위 간사 역할을 맡아주었고 대변인인 정동영 의원도 많이 도와주

김대중 대통령 서거 10주년에 누카가 일련회장이 추모하러 와서 김홍업·김홍걸·나가미네 대사·김성재 등과(2019년 5월)

었다. 법안 내용에 대해서는 강금실 등 '민주사회를 위한 변호사 모임'과 김순태 교수(작고)·부상일 대학원생(현 변호사)·강건 대학원생(현 판사) 등이 법안 초안을 만들었다.

 그러던 1999년 봄, 대전의 국가기록원에 근무하는 김재순 국사학과 후배로부터 연락이 왔다. '4·3' 자료가 보인다는 것이었다. 4·3연구소의 연구부장 박찬식 박사가 대전에 출장을 가서 국가기록원에서 학살당한 사람들의 명단을 찾아냈다. 대단히 큰 수확이었다. 그러나 연구소 이름으로 발표하면, 이 놀라운 사실이 문화면 기사로 취급될 수밖에 없었다. 생각 끝에 추미애 의원의 도움을 받았다. 추미애 의원 이름으로 그 명단을 발표한 덕분에, 정치면에 기사가 실렸다. 이전까지 '4·3' 사건에 대해 피상적으로만 알고 있었던 추미애 의원은 그 일을 계기로 '4·3'에 대한 인식이 달라졌고 투사가 되었다고 한다.

오랜 시간 정성들여 준비한 특별법 법안도 추미애 의원 이름으로 국회에 제출됐다. 당시 한나라당에서도 변정일 의원이 법안을 제출한 상태였다. 그에게는 아버지가 '4·3' 사건으로 인해 고초를 겪은 개인사가 있었다. 또 그 이전에 김영삼 대통령이 선거 때 제주도에 와서 '4·3'과 관련한 공약을 한 바도 있었다. 한나라당 내에서도 극우 보수라 불리는 몇 사람 이외에는 함부로 반대하지 않는 분위기가 만들어졌다.

우리의 법안과 변정일 의원의 법안에는 약간의 차이가 있었다. 1947년 3월 1일 '3·1운동 기념대회'에서 일어난 경찰의 무차별 발포사건은 '4·3' 사건을 촉발하는 중요한 계기다. 그 발포사건으로 인해 제주 민중과 민족운동 세력들의 분노가 폭발했고, 결국 1948년 4월 3일 제주도 곳곳에서 일제히 무장 항쟁이 시작되었기 때문이다. 기점을 1947년 3월 1일로 보느냐, 1948년 4월 3일로 보느냐는 이 사건의 성격을 규정하는 근본적인 문제였다. 경찰의 발포가 있었던 3월 1일을 기점으로 할 경우에는 '저항'에 방점이 찍히고, 도민들이 들고 일어난 4월 3일에 맞출 때는 '무장봉기'에 방점이 찍히기 때문이다. 우리는 인권의 문제로 접근했기 때문에 3월 1일, 즉 '제주도민들의 저항'과 '저항에 대한 탄압'이라는 관점의 차이였다. 변정일 의원은 깊은 생각 없이 진상 규명만을 생각하여 그렇게 했다고 생각한다.

마침내 1999년 12월 26일 국회에서 우리가 제출한 〈제주 4·3사건 진상 규명 및 희생자 명예 회복을 위한 특별법〉이 통과되었다. 제주도는 온통 축제 분위기였다. 오랫동안, 이 법안을 위해 함께 노력한 사람들, 안팎에서 도와준 사람들, 다른 법안을 준비했던 변정일 의원까지 모두 다 너무나 고마웠다.

다음 해인 2000년 1월 11일 김대중 대통령이 직접 법안에 사인함으로써 공포되었다. 이때 청와대에 초청되어 그 역사적 순간을 지켜보았던 인사들은 양금석·임문철·박창욱·김두연·양동윤·양조훈·고희범 그리고 나이다.

특별법이 제정되었으니, 일을 책임지고 진행할 위원회를 만들어야 했다. 〈제주 4·3사건 진상 규명 및 희생자 명예 회복 위원회〉를 조직해야 했고, 실무위원회와 〈진상 조사 보고서〉 작성 기획단도 꾸려야 했다. 법안이 만들어졌다고 해서 행정 관료들이 바뀐 것은 아니었기 때문에 위원회를 구성하는 일은 쉽지 않았다. 고희범과 나는 10개월간 행정자치부 직원들과 싸우다시피 실랑이를 벌였다. 구성원을 두고 행자부와 우리의 의견이 충돌을 일으켰기 때문이다. 우리 입장에서는 정부 각료들이 위원회에 너무 많이 들어오게 되어 위원회가 보수적인 성향으로 흘러갈 가능성을 염려했다. 균형을 맞추기가 얼마나 어려웠던지 나중에는 보이콧을 해야 하나 고민할 정도였다.

결국 강만길 교수·박재승 변호사·서중석 교수·김정기 제주교대 총장·박창욱 유족회 회장·임문철 신부 등을 중앙위원회 명단에 올렸다. 〈진상 조사 보고서〉 작성 기획단에는 박원순 변호사가 단장을 맡았고 나는 간사를 맡았다. 군과 경찰 쪽의 인사도 들어왔지만, 수에서 밀리지 않도록 구성했다. 그렇게 틀을 짜는 일에만 몇 개월이 걸렸다.

그때부터 〈진상 조사 보고서〉 기획단이 3년에 걸쳐 보고서를 작성했다. 양조훈·박찬식·김종민 등은 전문위원으로 활동했다. 경찰과 군에서 파견된 이들이 문서를 폐기하거나 증언을 거부하는 등 훼방을 놓기도 했지만, 기획단 사람들은 그에 굴하지 않고 열심히 작업했다. 그렇게 하여 2003년도 초에 〈진상 조사 보고서〉가 발간되었다.

죄의 유무와 관계없이 '4·3' 사건 때 군경 토벌대에 의해 살해됐다는 이유만으로도 희생자의 가족들이 감시당하고 사회활동에 제약받았다는 점도 명확히 밝혔다. 마침내 한국 현대사에서 엄청난 인명 피해를 낳고 그 후손들에게까지 깊은 트라우마를 남긴 비극적인 사건이 밝은 햇빛 아래 조금씩 그 진실을 드러내기 시작했다.

국가 공권력에 의한 인권 침해에 주안점을 둔 이 보고서는 사건의 배경과 전개 과정, 피해 상황을 종합적으로 다루었다. '4·3특별법'에 의해 희생자로 신고된 수는 1만 5천여 명이지만, 미신고자가 많고, 당시의 자료와 인구 변동 통계 등을 감안할 때 인명 피해 규모는 최소한 2만 5,000명에서 3만 명에 이를 것으로 추정된다.

'4·3' 특별법은 김대중 대통령의 결단에 의해 제정되었다. 대통령께서는 1년에 한번 정도 과거의 민주화 동지들을 청와대에 불러 만찬을 베풀어 주셨다. 1999년 12월 초에 청와대에서 민주화 동지들을 만나서 만찬할 때는 대통령께 "4·3문제를 꼭 풀어주십시오"라고 부탁했더니, 잘 알았다고 답을 해주시고, 당에 직접 지시했다고 한다.

2002년에는 청와대에서 또 민주화 동지들을 모아 저녁 만찬을 하게 되었다. 박영숙 고문·강만길 교수·배다지 선생·나병식·송기원 등 30여 명이 참석하고 각 부처의 장관들도 동석했다. 2시간 정도 시간이 주어졌는데 공식적인 발언이 끝나서, 아무도 발언을 하지 않자 대통령께서 이석하려고 했다. 나는 제일 나이 어림에도 불구하고 이때가 아니면 얘기할 기회가 없을 것 같아, 급히 일어서서 말씀을 드렸다. 특별법이 만들어졌음에도 특히 일본 쪽에서는 신고하는 사람이 적어서 대사관에 적극적으로 해달라고 지시해달라는 요지였다. 경청하고서 그 자리에서 부처에 잘하도록 지시했다.

그 뒷날 각 부처에서 집으로 전화가 수없이 왔다. 어제 무슨 얘기를 했느냐는 것이었다. 그분들이 계셨는데 듣지 않고, 대통령 얼굴만 보고 있었나 하는 생각이 들어, 실소를 금하지 않을 수 없었다.

하버드 대학에서 '4·3' 강연

당시 우리는 '4·3' 사건에 대한 미국의 책임을 묻고 있었다. '4·3' 사건은 명백히 미군정 하에서 일어난 역사적 비극이므로, 미국의 양심 있는 지식인들도 진상 규명 운동에 함께해야 한다고 주장했다. 그러던 2001년, 하버드대학교 옌칭연구소 부소장인 베이커 박사와 한국문학 전공인 맥칸 교수가 '4·3' 사건에 대해 강연해 달라는 제안을 해왔다. 베이커 교수는 한국의 민주화운동 세력과도 친밀한 관계를 유지하고 있는 분이었고, 여익구 선배(작고)와 고은 선생도 하버드대학에 초청한 적이 있었다.

문제는 방문하는 데 드는 비용을 우리가 부담해야 한다는 것이었다. 우리나라 학술진흥재단 등의 지원금을 받아서 오라는 뜻이었다. 제안받은 처지에서는 영 내키지 않았다. 하버드대학에서 강연하는 걸 영광으로 생각하라는 것인가? 엄연한 초청인데, 초청하는 쪽에서 비행기표와 숙박은 책임져야 하는 게 마땅했다. 이건 돈이 아니라 자존심의 문제였다. 나는 이런 식으로는 갈 수 없다는 답변을 보냈다.

가느냐 마느냐 하는 문제로 1년간 옥신각신하며 버티다가, 결국 그쪽에서 먼저 손을 들었다. 2003년 4월 모든 경비를 지원받아, 나와 박원순 변호사(작고)·서중석 교수·이문영 교수(작고)가 강연하러 미국을 방문했다.

당시는 '9·11' 테러가 일어난 지 얼마 안 되었을 때라, 입국 심사가 무척 까다로웠다. 신발도 벗어라, 가방도 열어보라는 등 요구사항이 많았고 어딜 가도

검문·검색을 했다. 뉴욕 케네디 공항에 내려 경비행기를 갈아타고 보스턴에 도착했다. 그리고 하버드대학에 가서 강연하며 '4·3' 사건에 대한 미국의 책임을 물었다.

"당시 동아시아에서 일어난 이와 같은 사건들에 대해 미국이 책임감을 느껴야 합니다!"

미국의 정의와 양심에 호소하는 강연이었다. 미국 내의 시민사회단체 관계자들과 학생들이 많이 참석했다. 강연이 끝난 뒤, 다른 사람들은 뉴욕의 '9·11' 테러 현장을 보러 간다며 며칠 머무르자고 했지만, 나는 사흘 만에 돌아왔다. 음식도 맞지 않고 말도 통하지 않는 곳에 있자니 무척 지루했다. 사실 나는 미국에 있는 동안 영어는 총 다섯 마디도 하지 않았다. 영어를 잘하는 박원순 변호사 뒤만 따라다녔다. 당시 통역은 민주화 투사인 백태웅 교수가 했다.

'4·3' 진상 규명과 명예 회복의 기나긴 길

'4·3' 특별법이 제정되면서 위령 사업으로서 '4·3' 평화공원 조성을 추진했다. '4·3' 평화공원은 단순한 공원이나 충혼 묘와는 다르다. '4·3' 영령들을 위로하는 위령 묘역의 역할뿐만 아니라, 역사적 사실을 보존·기록하고 후세에 알리는 역사공원으로서의 성격을 지녀야 한다. 더 나아가서는 21세기 평화의 섬 제주를 상징하는 평화인권센터로서의 다목적 문화공간으로 자리 잡아야 한다.

이전까지는 '4·3' 사건으로 인해 죽은 억울한 영령들을 위로하는 위령제가, 정해진 장소도 없이 상황에 따라 여기저기 옮겨 다니며 치러졌다. '4·3' 평화공

노무현 대통령께서 4·3유족회에게 사죄. 라마다호텔에서(2003년 10월)

원에서 위령제를 지내자는 유족들의 절절한 바람을 반영해 '4·3' 공원 부지부터 미리 선정했다.

처음에 공원 부지로 선정된 제주시 봉개동은 한라산이 한눈에 들어오는 곳이다. 그러나 많은 사람이 처음 확보된 5만 평을 보더니, 너무 작고 위치도 좋지 않다며 불만스러워했다. 박경훈 화백과 김동만 교수가 나에게 와서 "좀 더 넓은 부지를 확보해야 하지 않겠느냐"라고 했다. 나는 바로 우근민 제주도지사를 찾아갔다.

"공원 부지 위에 길이 있는데 길 지나다 오줌 싸면 영령들 머리 위에 떨어지게 되어 있습니다. 이것은 도리가 아니니 길 위에 있는 7만 평 이상을 더 확보해야 합니다"라고 설득했다.

그 결과, 처음 확보된 부지 위쪽의 7만 평을 더 사들일 수 있었다. 평화공원

4·3행사를 끝내고 강우일 주교님과(2017년 6월)

을 지금처럼 만들 수 있었던 것은 우근민 도지사 덕분이기도 하다.

　2001년부터 시작된 공사는 1단계 위령 시설, 2단계 '4·3' 사료관 사업에 이어, 현재 3단계 사업은 계획을 세워놓았으나 중단된 상태이다.

　2003년 10월 31일 국가원수로서는 처음으로 노무현 대통령이 제주도 라마다호텔에 와서 유족들에게 사과했다. 당시 정무수석이었던 유인태 그리고 '4·3' 위원회의 중앙위원이었던 서중석 교수와 박재승 변호사 등이 애쓴 결과이다. 그뿐만 아니라 노무현 대통령은 2005년 4월 3일 추모제에도 참석해서 다시 한번 유족들 앞에서 국가의 잘못을 시인하고 사과했다. 대통령의 사과를 들으며 수많은 유족이 눈물을 흘렸다. 반세기 동안 가슴에 맺혔던 한과 울분이 비로소 풀리기 시작했다. 국가권력에 의해 죄 없이 학살당한 원혼들도 저승에서나마 편하게 눈을 감으셨으리라.

　김대중 대통령의 굳은 의지가 '4·3' 특별법을 제정하여 진상 규명의 기초를 놓았다면, 노무현 대통령은 그 뜻을 이어받아 명예 회복으로 결론을 맺었다. 문재인 대통령은 재임 기간에 줄곧 찾아왔고, 또한 배·보상법을 통한 완전한 명예 회복을 이루어주었다.

　일련의 제주 '4·3' 진상 규명과 명예 회복 사업은 세계에서 가장 훌륭한 모범 사례로 자리매김하면서, 제주를 '평화의 섬'으로 우뚝 서게 하고 있다.

제7장

국회의원
(제17대·제18대·제19대·제20대)

제17대 국회의원(2004년~2008년)

열린우리당의 창당과 정치권의 권유

2002년 1월에 정동영 의원에게서 만나자는 전화가 왔다. 무슨 일인가 싶어 대전에서 서울로 올라가는 길에 강남터미널 근처에 있는 호텔 커피숍으로 갔다. 거의 2~3년 만에 얼굴을 보는 셈이었다. 당시 그는 민주당 최고위원을 하고 있었다. 또한 권노갑 고문에게 물러나가라는 투의 쓴소리를 하여 인기가 하늘을 치솟던 때이기도 했다. 친구 신중구와 함께 온 그는, 내게 갑자기 이런 부탁을 했다.

"저 대통령 후보로 나가려고 합니다. 형이 좀 도와주십시오."

뜻밖의 말이었지만, 이내 고개를 끄덕일 수 있었다.

"평도 좋고 인기도 있으니 정치를 하겠다고 했으면 한번쯤 큰 꿈을 꿔야지. 그런데 내가 뭘 어떻게 도와줄 수 있을지?"

"형님이야 제주도에서 영향력이 있으시잖아요. 언제 제주도에 내려가십니까?"

"나야 자주 가지. 4·3연구소 일도 있고. 다음 주에도 내려갈 일이 있어."

"그러면 그때 같이 내려가서 4·3연구소 분들에게 인사도 드리고." 그러더니 문득 결심한 듯이 힘을 실어 말했다.

"대통령 출마 선언을 제주도에서 하면 어떨까요? 모두 서울에서 출마 선언을 하는데, 저는 참신하게 제주도에서 시작해서 치고 올라가는 것도 좋을 듯합니다."

사실 나는 김근태 의원 쪽에서 부탁하여, 이미 제주일보에 추천사를 쓴 적이 있었다. "김근태와 같이, 청정 제주에 맞는 사람이 대통령이 되었으면 좋겠다"라는 내용이었다.

그래서, 김근태 의원 쪽 장세환 특보(후에 국회의원)에게 "대학 시절부터 친형제처럼 지내온 정동영이 후보로 나온다는데, 나 때문에 '민청학련' 사건에 연루되면서 고생도 많이 했던 사람이라 도와주지 않을 수가 없다"라고 얘기했다. 다행히 그쪽에서도 이해해주었다.

그렇게 민주당 대통령 후보 경선이 시작되었다. 2월부터 두 달 동안 치러진 국민 경선의 첫 번째 지역이 바로 제주도였다.

나도 거의 1주일에 한 번씩 제주도에 내려가서 도와주었다. 그런데 제주도의 정치판에 있는 도의원이니 뭐니 하는 사람들은 이미 다른 정치인들에게 줄을 선 상태였다. 정동영에게는 전북 향우회 이외에는 거의 없었다. 나는 지인이라도 열심히 소개해주며 공을 들였다. 후배 김영식·의사 현창옥·한라일보 편집국장 강만생·전 북제주군의회 의장 윤창호 등이었다. 경선 결과 제주도에서는 흥미로운 판도가 펼쳐졌다.

그때 대세론은 이인제 후보였는데, 한화갑 후보가 176표로 1위에 올랐고, 이인제 후보 160표, 노무현 후보 126표, 정동영 후보도 120표를 획득했다. 그래서 이인제와 김근태 후보가 거꾸러지고 한화갑·노무현·정동영 후보가 떠올랐다.

이후의 역사도 결국 그렇게 된 것을 보면, 그때의 판도가 훗날을 미리 보여주었다는 생각마저 든다. 결국 노무현 후보가 대통령 후보로 결정되었지만, 정동영도 끝까지 완주해서 정치인으로서 큰 수확을 얻었다.

대통령 후보가 결정된 직후인 8월, 북제주군에서는 보궐 선거가 있었다. 16대 국회의원으로 당선되었던 장정언 씨가 선거법 위반으로 의원직을 박탈당했기 때문이다. 그런데 젊은 후배들은 자꾸 나더러 출마하라는 말을 했다. 제주대 민주화 투사이자 당시 노무현 후보 책임자였던 현길호(현 도의회 원내대표) 등이 만나자고 찾아왔다. "선배님이 보궐 선거에 나와 주십시오."

당시 한나라당 후보였던 양정규 의원은 40여 년 동안 정치한 5선 의원이었다. "고인 물은 썩는 법이니 한 사람이 그렇게 오래 하면 안 된다"라는 생각이 들면서도 내가 나가야겠다는 생각은 하지 않았다. 그때까지도 나는 학자로 남아 있고 싶은 생각이 강했다. 대학 교수로서, 일본 문제 전문가로서, 그리고 시민사회 활동가로서도 이미 자리 잡고 있었고, 학자로서도 가장 빛나고 있을 때였다. 정동영을 도와준 건, 아무 사심없이 도와준다는 생각으로 했을 뿐이었다.

민주당에서 오는 전화를 계속 피해 다니던 7월 말, 현길호가 노무현 후보에게 전화를 바꾸어 주었다. 노후보가 "강창일 씨, 제주도에서 출마하시면 승산이 있다고들 합니다. 이번에 출마하시죠."

"노 후보님, 제가 밖에 있으면서 도와드릴 수 있는 게 더 많습니다."

단호한 목소리로 나를 설득하던 노무현 후보는 내가 끝까지 버티자 나중에는 다소 화가 난 목소리로 말을 했다. "아니, 사람들이 그렇게들 원하는데 해야 하는 거 아닙니까?"

나는 속으로 생각했다. "학자에게는 학문 세계가 제일 중요한 건데, 왜 자꾸 정치를 하라고 하나." 그 후 일본의 학회에서 발표해야 한다는 핑계를 대고 일본으로 도망갔다. 휘말리고 싶지 않았다. 결국 보궐 선거에서는 한나라당 양정규 의원이 당선되었다.

그러면서도 대통령 선거 기간 동안, "노무현 후보가 당선되어서 그걸 계기로 역사가 정리되어야 한다"라고 이야기하고 다녔다.

2002년 12월 노무현 후보는 우여곡절을 거치면서 기득권 세력을 대변하는 이회창 후보를 누르고 당선되었다. 이것은 가히 한국의 '정치변혁'이라고 할 만한 사건이었다. 줄곧 사회적 기득권 세력이 장악하고 있던 정치권력을 민주당이라는 비주류 세력 중에서도 비주류인 그가 당선되었기 때문이다. 물론 김대중 대통령이 있었지만, 그는 김종필과 연합하여 당선된 '반쪽짜리'라고 해야 할 것이다.

전국적으로 '노사모'가 결성되어 선거운동을 했는데, 그들은 또한 그 지역에서 주류가 아닌 비주류 세력이었다. 능히 한국의 정치변화를 실감하게 되었다.

국회의원 출마와 당선

2003년 8월, 또 정동영이 전화를 해서 이번에는 열린우리당 창당 발기인 100인에 이름을 걸어달라고 했다. 당시의 민주당 소속 국회의원 50여 명에다 학계·시민운동계·관계 등을 총망라한 창당 준비였다.

"정치를 하는 것이 전제조건이라고 하면 부담스럽다. 하지만 학계 대표로서 하는 거라면 괜찮다."

'민주주의의 완결'이라는 명분이 있었기 때문에 기꺼이 이름을 걸었고 신당 준비위원으로도 참여했다.

2004년 1월이 되자, 당 대표 선거가 있었다. 여전히 제주에서는 하마평에 오르고 있었고, 정치에 관한 생각이 점점 구체적으로 다가왔다.

"정치를 하는 것이 나의 운명인가…."

그러던 중, 한라일보 편집국장으로 있었던 강만생에게서 전화가 왔다.

"네 이름이 여기서 자꾸 오르내리는데, 얼굴도 안 비추면 건방지다고 하지 않겠냐? 그러니까 1월 강씨 종친회와 오현동문회라도 나와서 얼굴 좀 비춰라."

마침 오현 동문회에서 공로패를 받기로 되어 있었기 때문에, 12월 31일에 제주도로 내려갔다. 공로패도 받고 선배들에게 인사도 드렸다.

강씨 종친회에 가서 인사드렸다. 이미 그쪽에서는 강창일이 국회의원으로 출마할지 모른다는 말들이 파다하게 퍼진 상황이었다. 종친회가 끝나고 청년회 후배들과 술을 먹는데, 강덕희라는 종친 후배가 다가왔다.

"백문찬 선배로부터 교수님 말씀 많이 들었습니다. 교수님이 선거에 나서야 하지 않겠습니까?"

"에이, 무슨 그런 소릴 해…. 정치는 할 생각 없어요." 그렇게 말하고는 서울로 올라왔다.

당시 나는 배재대학교의 교무처장으로 있었기 때문에, 25명이나 되는 신임 교수를 뽑아야 하는 바쁜 일정 속에 있었다. 그러면서도 민주당 안팎에서 같이 하자는 제안은 계속되었고, 내 고민 또한 점점 깊어졌다.

후배 중 홍명환 등은 '강창일 홈페이지'까지 만들며 분위기를 띄우고 있었다. 특히 '4·3'으로 억눌러 왔던 제주에서는, "이제, 노무현 대통령처럼 한번 바꾸어보자"라는 분위기가 팽배해 있었다.

1월 8일 당 의장 선거에서 정동영이 당선되었다. 사실 그가 당선되지 않으면 "오히려 잘 됐다" 하고서 정치판과 인연을 끊으려고 생각하고 있던 참이었다. 당 의장 선거 결과를 바라보는 내 마음은 평소와 달랐다. 비로소 "내가 정말로 정치를 해야 하는 운명인가"라는 강한 느낌이 몰려왔다.

방학 때라 제주도에 내려갔다. '노사모'를 중심으로 열린우리당 멤버들이 다 모여 있었는데, 그때까지도 제주도당 위원장직을 맡을 사람을 찾지 못하고 있었다.

1월 19일 중앙당에서 내게 도당 위원장을 맡겼다. 그때 열린우리당에서는 후배인 변호사 한 명이 출마하려고 준비하고 있었다. 내가 아끼는 후배였지만, 문제는 그가 변호사로 있을 때 위증교사죄로 인해 구속된 경력이 있다는 점이었다.

제주도는 그때까지 한나라당이 지배해온 곳이었다. 전에는 현오봉·홍병철·양정규가, 당시는 변정일·현경대·양정규, 이들이 여당으로서 몇십 년간 계속 국회의원을 지냈다. 제주도도 선거 혁명을 통한 정치교체·세대교체가 필요한 때이기도 했다. 그리고 이미 2003년 10월 노무현 대통령이 제주도에 와서 '4·3' 사건에 대해 사과하고 유족들과 뜨거운 악수를 한 바도 있었다. 제주도민들도 이제 정말로 세상이 변하고 있다는 것을 느끼게 된 사건이었고, 정신적으로도 'NO'라고 할 수 있을 정도로 '정신적 해방'을 맞이하고 있었다.

출마 지역은 처음부터 제주시로 못을 박았다. 나더러 왜 무주공산인 북제주군에서 나오지 않고 제주시에서 출마하냐며, 말들이 많았다. 당시 제주도 인구 55만여 명 중에 제주시 인구가 30여만 명, 북제주군이 10여만 명, 서귀포가 15여만 명이었다. 제주시에서 깨고 나가야 변화의 바람이 일어날 수 있다고 생각했다.

사실, 북제주군은 양정규 씨도 안 나오겠다고 선언한 상태였고, 민주당 쪽에서도 출마할 사람이 없는 무주공산이었다. 그러나 아무리 고향이라고 해도 "북제주군에 사람이 없으니까 나왔다"라는 말은 듣고 싶지도 않고 자존심도 허락하지 않았다. "호랑이 굴에 가서 호랑이를 잡아야 제주가 평정된다"라고 생각했다. 제주시 국회의원인 현경대 선배와는 깊은 인간관계가 있었다. 그렇지만, 정치라는 공적 영역이기 때문에 어쩔 수 없는 선택이었다.

2월 3일 제주시에서 기자 회견을 열어 출마를 선언했다.

"우리 제주도에서 선거 혁명 한번 신나게 해봅시다!"

어머니가 돌아가신 뒤에는 제주도에 거처할 곳도 없었다. 혹시나 하는 마음에 배재대학교 농협 구내 은행에 가서 3,000만 원을 빌렸다. 이 돈은 사무실 빌리기에도 부족한 금액이었지만, 만약 출마하게 되면 임시방편으로라도 쓸 생각이었다.

결국, 제주시 후보인 내가 제주도 전체 선거운동을 총괄하게 되었다. 서귀포며 북제주군을 다 살펴봐도 도와줄 만한 사람들이 마땅치 않아, 일단 민주화운동을 함께 했던 사람들을 우리 사무실로 모셨다. 학교에는 휴직계를 냈다. 그리고 그동안 썼던 글들을 모아 『굴곡의 역사를 헤치며』라는 제목의 책을 내고, 2월 중순에 출판기념회를 열었다. 부랴부랴 개최한 행사였는데도 700~800명이나 되는 분들이 참석해서 많은 격려를 해주셨다. 그때쯤 서울에서 아내도 내려왔고 제주도에서 지낼 방도 구했다. 돈도 없고 집도 없었지만, 고맙게도 이 사람 저 사람이 자기 일처럼 도와준 덕분에 우왕좌왕하면서도 버틸 수 있었다.

'민주주의의 완결'이라는 대의명분 아래 내걸었던 슬로건은 '희망의 정치, 감동의 정치'였다. 제주도 정치의 세대교체를 이루고 깨끗한 정치를 펼치겠다며 열심히 뛰었다. 가장 큰 공약은 '4·3' 사건의 완전한 명예 회복과 당시 제주도민 전체의 관심사였던 〈제주특별자치도 법〉의 제정이었다.

처음 지지율 조사에서는 한나라당 후보는 37%, 내가 4%로 나타났다. 우려하는 사람들도 있었지만, 나는 원래 낙관적인 성격이라, 시간이 갈수록 인지도가 올라가면 비슷해질 거라 믿었다. 그다음 지지율 조사에서 나는 8%로 올랐고 상대는 33%로 떨어졌다. 초반 조사인 것치고는 잘 나온 편이었다. 지지율이 꾸준히 오르는 것을 보니 이길 수 있겠다는 확신이 생겼다.

그런데, 그때 '노무현 대통령 탄핵'이라는 사상 초유의 사태가 일어났다. 탄핵이 터지자마자 내 지지율은 무려 49%까지 치솟았고 상대는 19%로 더 낮아졌다. 우리 선거진영의 사람들은 이 상황을 보고 "이제 다 됐다"라며 여유를 부리기까지 했다.

그러나 거품이 빠지면서 30% 가까이 되던 차이는 점점 줄어들었다. 25년간 제주도에서 정치를 하며 탄탄하게 기반을 다진 그분의 역량은 만만치 않았다. 결국 나는 4.5%의 차이로 대한민국 17대 국회의원에 당선되었다.

나는 처음부터 자신만만했다. 스펙도 제대로 알려지기만 하면 뒤떨어지지 않는다. 또한 나에게는 '4·3' 유족·호남향우회·불교 신도·청년과 대학생들·강씨 종친들이 돕고 있었고 특히 친인척과 친구들이 누구보다도 많았기 때문이었다.

이 선거에서 많은 분이 헌신적으로 도와주었다. 본래 친지가 많아서 4촌·조카들 따져 합하면 2,300여 명이 될 정도의 대가족이었다. 그들 또한 지역에서 덕망을 쌓고 있어서 큰 도움이 되었다.

숙부님(작고)과 큰고모님(작고)은 친척들을 다 거느리며 운동을 해 주셨다. 친구가 많은 재일 형·동생 미선과 상헌(작고)·방자 누님(작고)·사촌인 영일(작고)·승일·영자·매자·애자·동일·남일·홍일·애란·이대근·이범종·이순자(작고)·이수자·고신관·이평식 등 이루 다 거명할 수가 없을 정도이다.

제주도에서 대성이라고 할 수 있는 강씨 종친이 있었다. 강경호 회장을 비롯한 강영백·강영석·강선창·강창식·강덕주·강창익·강인선·강행부·강세표·강순신·강인택·강수길·강문윤·강우현·강성언·강덕희·강순관·강형규·강창욱·강창숙·강춘수·강태복·강유림·강용희·강헌치·강효상·강희석·강승철·강필정·강남구 등 다 헤아릴 수가 없다(그들은 제20대 선거까지도 도와주었다).

형제처럼 지내는 제주상고 출신인 김병관·한정민 등도 잊을 수가 없다.

'4·3' 청년회 회장이고 제주대학 총회장 출신이면서 제주도의 김근택 총책을 맡고 있었던 오영훈(현 제주도 도지사)은 유세 준비와 연설 교육 등을 담당했고, 당선된 이후 초대 보좌관을 지내었다. 발이 넓은 김진덕이라는 고등학교 12년 후배는 이향우와 함께 조직책으로 열심히 표를 모으러 다녔다. 그는 당선된 이후 지역의 초대 보좌관을 했다. 고대 출신인 이향우는 후에 정세균 대통령 후보 제주도 책임자를 맡아 활동했다. 20대 초반임에도 불구하고 고영준은 수행하면서 모든 일을 처리했다. 순발력이 뛰어나고 언변도 좋아서 어려운 일도 술술 잘 풀어 주었다. 그는 당선된 이후 지금까지도 나와 같이 지내고 있다. 나의 고교 스승이신 김홍림 선생님은 당선된 이후에도 후원회장을 맡으셔서 제주 사무실을 지켜 주셨다.

후배 강영필(전 제주MBC 국장)과 송재호 제주대 교수(현 국회의원)는 방송 토론 준비를 해주었다.

송재호는 절친인 송재용의 동생으로, 서울에서 그가 초등학생이고 내가 대학생 때 만나서 재미있게 미래에 대해 얘기했던 추억이 있다. 또한 그의 선친 송방식 선생은 현경대 씨가 무소속으로 나올 때 내가 표선집에 찾아가서 "이제는 우리들의 시대입니다"라고 하면서 도움을 청했는데 흔쾌히 승낙해서, 그 지역에서 전두환의 민정당을 꺾고 1위를 했던 에피소드도 있다.

강승진·김지택 등은 정책과 홍보 등을 책임졌다.

이른바 '노사모' 멤버들도 자기 일처럼 했다. 홍명환·고석준·김경진·이경언·김광일·김병찬 등 이루 다 헤아릴 수가 없다. 제대 운동권 출신들인 오만식 도의원·문대림·현길호·오옥만 등과 전교조의 김창후·이용중·이석문(후에 교육감 역임) 등도 자기 일로 생각했다.

'4·3'으로 맺어진 동지들인 양한권·김동만·박경훈·박찬식·오화선·오승국 등 그리고, 제주 MBC의 송창우·김찬석·송문희도 자기 일하듯이 도왔다.

정준호 호남향우회 회장은 선거법 위반으로 벌금형을 받으면서까지 향우들을 동원해 주었고, 이종천·허진광·김길천 회장 등도 헌신적으로 도와주었다. 전북 향우회의 소순배·소준홍 회장 형제는 정동영 당 의장과의 인연도 있고 해서 자연스럽게 합류할 수가 있었다. 강수봉 회장(작고)은 18대부터 합류하였다. 그는 나 때문에 향우회 일을 보기 시작하여 제주도 연합회장까지 역임했다. 제주의 호남향우회는 자기 돈 쓰면서 선거운동을 했기 때문에 전국에서 가장 모범적인 사례로 평가되기도 한다.

또한 나는 중학생 때부터 불교 활동을 해왔기 때문에 원명사의 대효 스님을 비롯하여 김용범과 문승필·이병철 등 대학생불교연합회 회원들도 도왔다. 마침 상대가 독실한 기독교인이기 때문에 불교 대 기독교 싸움이라는 식으로 흘러갔기 때문에 더욱 열심히 해주었다.

그때 마침 우근민 지사가 입당했다. 가장 큰 조직을 갖고 있고 현역 도지사이기 때문에 매우 큰 힘이 되었다.

임흥순 변호사 빌딩에 도당 사무실을 만들 수 있었고, 장정언 전 의장님은 선거사무실의 집기 등을 전부 마련하여 주셨다. 후배 오용덕 치과 원장은 선거기획 책임자로 활동했다. 그중에서도 후배 김영식과 친구 진성진·김덕용 원장·양인천 음식업 협회 회장 등의 노고는 이루다 말할 수가 없다. 제주에 있는 이규배·부홍식·고정석·김재범·김재영·강태욱을 비롯한 일본 유학생들도 마찬가지였다.

반골이면서 낭만파인 '골빈당'의 문무병·김상철·고충석·이재훈·홍진표·부종호 등도 있다. 제주시에 사는 고산향우회의 윤기홍·강태복·이창수·동창인 고명옥·김권진·후배인 양성언·박원협 등도 열심히 했다. 한경면에 사는 분들도 좌남수·고영찬 등과 함께 제주시까지 와서 선거운동을 했다.

'4·3' 유족회의 양영호·박창욱·김두현·홍성수·이중흥·송승문·진덕문·박영수·양상홍, 그리고 백조일손 유족회의 조정배 교장 선생님 등도 '4·3' 해결을 위해 내가 되어야 한다고 생각하여 대부분의 유족을 모아주었다. 제주도의 시민운동가인 임문철 신부님·김수열 등도 마찬가지였다.

서울에 있는 선후배들도 열심히 했다. 서울에서 '4·3' 운동을 같이하는 제사협의 정윤형·김명식·고희범·강요배·허상수·양한권 등은 내 선거를 자기 일로 생각하여 뛰어다녔다.

동창인 이기정(작고)·이상권·오성정(작고) 등은 일부러 내려와서 도왔다. 절친인 현창옥과 이수형은 그 부인까지 물불을 가리지 않고 뛰어다녔다. 특히 동신프리마의 오익종 회장과 부인인 고임순 씨(작고), 오동혁 사장은 친인척뿐만이 아니라 오씨 문중을 독려하여 주기도 했다. 김승천은 처가부터 형수와 누나들이 자기 일처럼 뛰어다녔다. 강용기·문대후·문용길·장대흥·김근재·김성익·고성문 등 오현동창들은 20대까지 방을 만들어 활동할 정도였다.

대학생 때부터 동생처럼 지내었던 후배 김용택(작고)은 건달 세계에도 발이 넓어 몸을 사리지 않고 뛰어 다녔다. 나를 정치판에 오도록 한 강덕희·강순관·백문찬(작고)·양호선 등은 제주시의 애월향우회를 하나로 엮어 주었다. 이분들 덕분에 제주시 노형동에서 압승할 수가 있었다

제주일보사 회장으로서 막강한 파워를 갖고 있던 김대성 선배님은 신문을 통해서 여론 조성에 힘써 주었다.

늘 그분들의 은혜를 어떻게 갚아야 할까 하는 부담과 사명감을 갖게 되었다. "초심을 잃지 않고, 한눈 팔지 않으면서 나라와 제주를 위해 의정 활동을 열심히 하는 것이 보답"이라고 생각했다.

정동영 의장의 지원 유세(2004년 4월)

"번갯불에 콩 구워 먹듯이"라는 말이 있듯이 선거를 치렀다. 끝나고 나서 이 사람 저 사람이 도와주었다고 하는데 이름도 얼굴도 잘 모를 지경이었다. 그후 4년 동안 열심히 다니면서 겨우 얼굴이나 이름을 익힐 정도였다. 몰라보아서 "배은망덕하고 건방지다"라고 하여 떠나버린 사람도 꽤 있다고 한다.

그때 제주시에서 나만이 당선된 것이 아니라 북제주군과 서귀포에서도 승리할 수가 있었다. '탄핵의 영향'도 있었지만, 보수세력의 40년 아성을 민주 세력이 모두 결집하여 무너뜨린 가히 '선거 혁명'이라고 평할 수 있을 정도였다.

행정자치위원회에서 활동

국회에 들어가자마자 '4·3' 문제를 비롯하여 한국전쟁기 민간인 학살 사건에 대한 진상규명과 명예 회복에 앞장서야 하고, 또한 〈제주특별자치도법〉도 통과시켜야 했다. 그래서 교수 출신이기 때문에 교육위원회에 들어가라는 권유를 뿌리치고 행정자치위원회에 들어갔다.

그때는 '친일파' 문제, '4·3' 문제 등 '과거사' 문제를 제대로 해결해야 한다는 분위기가 당위로서 형성되어 있었다. 그래서 〈과거사 청산을 위한 국회의원 모임〉을 만들어 국회에 등록하고 대표로서 활동하였다. 2004년에는 '과거사' 문제로 매스컴을 가장 많이 탄 의원으로 유명세를 치르기도 했다.

정치판에서는 생각이 다르고 보기 싫은 사람들도 만나야 한다. 전에는 체질에 맞는 사람들끼리 만나는데, 국회는 다르다. 그런 것에 익숙해지는 데 오랜 시간이 걸렸다.

또한 열린우리당 내에서도 끼리끼리 패거리 지어 다닌다. 저녁 늦게 끝날 때는 같이 식사할 사람도 없이 두리번거리게 된다. 그래서 적당히 나이도 들고 격이 있는 의원들을 모아서 〈외로운 사람들의 술 먹는 모임〉 이른바 '외술모'를 만들어 가끔 회포를 풀기도 했다. 광주의 김태홍 의원·박찬석 경북대 총장·부산의 조성래 변호사 등이었다.

이명박 서울시장과 수도이전 문제를 가지고 설전(2004년 10월 국정감사에서)

〈과거사청산을 위한 국회의원 모임〉에서 신용하 교수를 모시고, 김한길·김태홍·김희선·노웅래 등과(2006년 5월)

　한국전쟁 당시 양민 학살 사건의 규명과 동학농민혁명기념재단을 설립하는 일 등에도 앞장섰다.

　17대 국회의원 선거에서도 〈제주특별자치도 기본계획〉은 중요한 이슈 중 하나였다. 이 기본계획은 21세기 제주의 미래 발전전략이다. 외교·국방·사법을 제외한 모든 분야에서 고도의 자치권을 갖는 국제자유도시로 재탄생시킨다는 원대한 그림이었다. 17대 의원으로 당선된 다음, 이 계획을 구체적으로 실현하기 위해 행정자치위원회에서 많은 활동을 했다. 2006년 7월 1일부로 〈제주특별자치도 설치 및 국제자유도시 조성을 위한 특별법〉이 국회에서 통과되었다.

　이와 더불어, 〈4·3 특별법 개정안〉을 통과시켰다. 이전까지는 '4·3사건'의 희생자를 기존의 사망·행방불명·후유장애자로 한정하고 있었다. 개정안에서는 불법적으로 구금되어 있었던 수형자들도 '4·3사건' 희생자로 인정받을 수 있도록 범위를 넓혔다. 이를 계기로 실제 '4·3사건' 관련 수형인과 유족이 희생자로서 명예 회복을 할 수 있게 되었다. 그리고 집단 학살 및 암매장지 조사와 유골 발굴 등을 위한 법적 근거를 마련했고, 장기적인 '4·3' 사건의 진상규명과 명예 회복을 위해 '4·3' 평화재단도 설립하기로 했다.

〈진실·화해를 위한 과거사정리 기본법〉을 제정하기 위해서도 원혜영 의원과 열심히 노력했다. 2005년에는 이 〈과거사 기본법〉을 통과시킬 수 있었다.

전국에서 처음 도입되는 제주자치경찰제도의 초석도 쌓았다. 2005년 어렵게 제주서부경찰서를 신실했다. 제주의 경찰청장은 예전에 경무관이었는데, 치안감으로 승격시켰다.

당시 경찰청장은 최기문이었다. 행자위에 검사 출신인 김기춘 의원이 있었는데, 그는 검사 출신이어서 경찰을 무시하고 하시했다. 청장에게 "국가보안법을 어떻게 생각하는지"를 집요하게 물어보니, 청장은 국회에서 법을 만들어 주면 그에 따라 집행하겠다는 원론적 답변을 했다. 듣기 민망할 정도로 질책했다. 그때 나도 엄청 화가 나서 "쓸데없는 질문 한다"라고 크게 대들어서 정회되고 최 청장은 위기를 모면했다. 다음날 고맙다고 하면서, 자기가 도울 일이 없냐고 해서, 숙원인 서부경찰서를 만들어 달라고 부탁해서 그다음 해에 신설할 수가 있었다.

어찌 보면, 나는 어릴 때부터 학생운동·시민운동 등에 참여하며 경찰들로부터 많은 감시와 탄압을 받은 사람이라고 할 수 있다. 그러나 그 과정에서 경찰들이 겪는 고충도 많이 알게 되었기 때문에 국회의원이 된 후에, 어떻게 하면 그들의 처우를 개선할 수 있을까 고민했다. 제주도에 가서 직접 경찰들을 만났을 때 그들이 이런 말을 했다.

"예전에는 경사만 해도 높은 자리에 올랐다고들 했는데, 이제는 경사들이 아이들을 장가보내기도 힘들어졌어요. 요즘 하급 경찰들은 경위를 하는 게 꿈입니다."

그래서 경찰들의 승진 소요 기간을 1년씩 단축하고 근속 승진 대상에 경위까지 포함되도록 〈경찰공무원법〉 개정안을 제출하여 통과시켰다. 하위직 경찰의 인사 적체를 해소하고 사기를 진작하려는 목적이었다. 전·현직 경찰공무원 모임인 무궁화클럽에서는 내게 감사패를 수여했다. 경찰관들의 애환과 숙원을 풀기 위한 내 노력을 인정해준 것 같아 무척 기뻤다. 지금도 많은 경찰이 감사하다고 인사를 한다.

〈민방위법〉도 개정했다. 예전 민방위 교육을 받으러 갔을 때 살펴보니, 결석자도 너무나 많았고 나태하게 잠만 자다가 가는 사람도 즐비했다. 생업에 종사해야 할 성인들이 바쁜 시간을 내어 참석하는데, 이렇게 엉터리로 해서야 의미가 있겠는가 하는 생각이 절로 들었다. 민방위대 소집 연령을 45세에서 40세로 낮추고, 8시간의 교육 시간도 4시간으로 축소했다. 내용에도 실질적인 교육을 할 수 있도록 많은 아이디어를 냈다.

아라동은 고도 제한 때문에 당시 있는 집도 불법이었다. 오랫동안 의원과 시장이 뛰어다녔지만, 전혀 해결되지 않고 있었다. 2006년 미국 IKAO(이카오)에 국토부 관리를 보내어서 풀어내었다. 그 동네 사람들에게서 땅값 많이 올랐다고, 크게 대접받은 적도 있다. 그러한 정보를 사전에 알고 장난치는 것이 정치권의 수법이기도 했지만, 일체 누구에게도 발설하지 않았다. 나보고 바보라고 한다.

건설교통위원회(후에 국토해양위원회로 개칭)에서 활동

이런 활동을 하며 3년간 행정자치위원회에 있다가, 2007년 제주도 항공 대란이 일어나면서 건설교통위원회로 옮겼다. 제주도의 항공편 부족은 그간의 고질적인 문제였다. 제주도의 관광객 수는 매년 많이 늘어나고 있었지만, 국내 항공사들은 오히려 제주노선에 투입했던 대형 항공기를, 수익성 높은 국제노선에 투입하고 제주노선으로는 소형 기종을 배치하는 추세였다. 그만큼 좌석 수가 줄어든 셈이니, 비성수기나 주중에도 비행기표를 구하기가 어려워졌다.

김포~제주노선 항공기 탑승률은 2004년 70%대에서, 2006년 95% 이상으로 크게 치솟았다. 공항에서 아무리 대기해도 사전 예약 없이는 좌석을 구하기가 어려울 지경이 되자, 제주도민들과 제주도 방문객들의 불만이 폭발했다. 대형 항공업계의 횡포였다. 급한 대로 건교부에서 행정적 조처를 해, 항공사 측에다 임시 항공기를 추가 편성하도록 했다.

제주공항의 문제를 근본적으로 해결하기 위해서는 신공항이 필요하다는 결론에 이르렀다. 그때부터 전문가를 초빙하여 정책토론회를 개최도 하고, 정부 측에 건의도 했다. 제주는 당시 1,800만여의 여객이 오는 데 앞으로 4, 5년이 지나면 2,200만이 될 것이기 때문에 현재의 공항으로는 도저히 감당할 수가 없다는 것이었다.

한국공항공사 측에서는 제주공항은 황금알을 낳는 곳이기 때문에 재정 걱정은 하지 않아도 된다고 하였다. 그때의 대안은 현재의 제주공항에서 바다로 12km 정도 나아가 신공항을 만들자는 것이었다. 당시 대략 4조 5천억 원이 필요하다는 추계도 나왔다.

그 후 정권이 바뀌어 박근혜 정부 때에 예결위원회에서 경제부총리인 최경

정종환 장관에게 제주공항 문제 질의(2008년 9월)

환 의원에게 용역비 30억 원을 내어놓으라고 질의를 하는데, 그는 흔쾌히 승낙했다. 그런데 2016년 12월 초에 바다로의 확장이 아니라, 성산포에 신공항을 만든다는 기상천외의 발표를 했다. 이유는 비용이 3조 5천억 원 정도면 된다는 논리였다. 어느 누구도 예상하지 못한 지역이었고 자연환경 문제가 있는 곳으로, 모두가 의아하게 생각했다. 아직도 이 문제는 해결이 안 된 상태로 답보 상태에 있다.

해군기지 문제

제주 해군기지는 1993년에 처음으로 제기되었다. 중국에 대한 자위적 기지가 필요하다는 주장이었다. 그 후 훨씬 시간이 지나서 노무현 정부 때인 2007

년 초에 해군과 정부는 제주에 민간 복합항을 만들기로 했다. 대통령은 해수부 장관을 역임해서 바다의 중요성을 충분히 인지하고 있었다. 종래에는 육군을 중심으로 군사력을 구축했으나, 이제는 태평양으로 나아가야 한다는 당위성을 가지고 접근했다.

나는 당시 제주도당 위원장을 맡고 있었기 때문에 초미의 관심사였다. 일단 그 논리에 찬성하면서 '평화의 섬' 제주도를 지켜야 한다는 것 때문에, 지혜롭게 대처해야 했다.

수심도 가장 깊고 대중국 기지로서 가장 좋은 조건을 갖춘 화순항을 최적지로 생각했다. 그리고, 단지 해군항만이 아니라 해양경찰항·민항·해군기지를 삼위일체로 하여 건설해야 한다는 입장을 청와대에 전달했다. 당시에도 내부에서 찬반이 첨예하게 대립하고 있었고, 해군은 적극적이었으나 국방부와 육군은 별로 관심을 두지 않고 있었다.

5월에 당시 지사였던 김태환 씨는 주민들을 모아 놓고 해군기지 건설을 설득하기 시작했다. 그런데 화순 지역에서는 반대가 많았다. 위미리 주민이나 강정마을 주민과도 접촉하였는데, 강정 주민들 일부가 찬성하자 그곳으로 점지했다. 그때부터 제주 전역에서 반대 투쟁이 격화되어 우여곡절 끝에, 이명박 정부 때인 2012년부터 본격적으로 추진하게 되었다. 이름도 '민군 복합관광미항'으로 했다.

그 문제로 제주 사회와 강정마을은 상처가 아물기 힘들 정도로 엄청난 갈등을 겪었다. 민주주의는 절차와 과정을 민주적으로 해야 한다는 것을 더욱 실감하게 되었다.

노무현 대통령과의 만남

노무현 대통령과는 많은 일화가 있다. 그중 몇 개만 소개하려고 한다.

내가 4·3연구소 소장일 때 2003년 10월에 제주에 오셔서 4·3 유족 및 관계자들을 라마다호텔로 불러 위로회를 열었다.

그는 "국가가 제주도민을 살상했다. 정말로 대통령으로서 사죄의 말씀을 드린다"라고 했다. 모두가 일어나서 기립 박수를 보내었다. 김두현 유족회장은 울면서 "대통령님 감사합니다"라고 하여, 장내를 숙연하게 했었다.

탄핵이 끝나고 2004년 12월에, 제주도에 초도순시차 오게 되었다. 컨벤션 센터에서 각 부처 관계 장관과 제주도 유지들을 모시고 말씀하시었다. 끝난 다음 갑자기, 나에게 한마디 하라고 마이크를 건네주었다. 사전에 전혀 얘기가 없

라마다호텔에서(2003년 10월)

청와대에서 평화의 섬 선포식 (2005년 1월)

었다. 당황하면서도 몇 마디했다. "APEC 총회를 부산에 뺏기어서 제주도민이 섭섭해하고 있습니다. 그리고 감귤 값 폭락으로 농가들이 애먹고 있습니다"라고 했다. 그랬더니, 관계 장관들이 답변하는 것이 상례인데 그 분께서는 자기가 직접 답하겠다고 하면서,

"강 위원장에게 한 방 먹었군요. 사실 부산으로 갖고 갖습니다. 죄송합니다. 그러나 지금부터 3년의 임기가 남아 있으니 그

탄핵 끝내고서 제주 감귤농원에서 (2006년 6월)

빚은 반드시 갚겠습니다."

너무나 솔직히 인정하면서 빚 갚겠다고 했으니, 모였던 모든 사람이 기립하여 박수갈채를 보내었다.

그때 남경미락에서 오찬을 하게 되었다. 그 자리에는 경호실장·도지사를 비롯하여 10여 분이 자리를 같이 했는데, 나에게 "강 위원장은 담배 아니 피우냐?"고 물어보아서, "합니다"라고 했더니, 같이 하자고 해서 둘이서 같이 담배를 피운 적이 있다. 그리고서는 나에게 "국회에서 대통령경호법을 고쳐달라"고 한다. 이유인, 즉, 한번 뜰 때마다 엄청난 경호 인력이 투입되니 낭비라는 말씀이셨다.

2005년 1월에는 청와대에서 세계평화의 섬 선포식을 하게 되었다. 회의 시간이 10시였는데 내가 그만 늦게 도착하게 되었다. 대통령께서 "강 위원장이 안 오냐?"고 물었다고 한다. 비서가 "차가 막히어 늦어지고 있습니다"라고 하자, "그러면 그사이 담배나 한 대 피우자"라고 해서 흡연하는데, 그래도 도착하지 않자 회의장에 들어가셨다. 15분 정도 늦어 도착하여, 경호원들이 막는 것을 밀어붙여 들어가서 뒷자리에 착석할 수 있었다.

들어가면서, "죄송합니다"라고 말씀드리고 앉았다.

끝나고 간담회 장소로 함께 걸어 나가면서, 동명목재 회장의 예를 들면서 "옛날 같으면 큰코다칠 뻔했다"라고 하셨다.

그래서 나는, 그래서 "민주화 된 것이 아닙니까"라고 넉살맞게 대답하면서 입장했다. 그때도 말씀하시고 나서 나에게 갑자기 "강 위원장도 한마디 하세요"라고 한다.

당황하면서 "평화의 섬 제주, 대한민국, 세계의 평화를 위하여"라고 답사 아닌 답사를 했다.

남북 장관회의

2006년 8월에는 제주에서 남북 장관회의가 열리게 되었다. 정동영 통일부 장관이 나에게 같이 가자고 권유했다. 저녁 6시에 만찬하기로 되었는데 한 시간이 지나 잠시 만찬장에서 나왔다. 다시 회의장에 들어가는데, 내가 북에서 온 사람들에게 "정 장관은 이다음에 한국의 대통령 될 사람이니, 통 크게 결말을 내 달라"고 농담했다.

나중에 들은 얘기는, 그들이 "저 사람은 한국에서 서열이 몇 번째이냐?"고 물어보았다고 한다. 대통령 할 사람에게 그런 말을 하는 것이 도저히 이해가 되지 않는 모양이었다.

만찬을 하면서 그들에게 농담으로 "저 밑에 고영희(김정은의 모친) 할아버지 묘소가 있는데 참배하고 가라"고 했다.

주빈석에 앉은 사람들은 무슨 말인지 모르는데, 어떤 젊은 친구(아마 보위부 사람 같았다)가 "어데입니까"라고 물어본다.

나는 손가락으로 "저 밑에"라고 답했던 적이 있다.

내가 사람들에게서 그 할아버지가 고산 마을 부근의 고바치라는 동네에 살았다는 말을 들은 적이 있어서 한 말이었다. 나중에 조선일보에서 그러한 것을 추적하여 고씨 집안의 가족 공동 묘를 조사하고 아버지의 가묘가 있다는 것이 알려져, 그 집안에서는 문제가 될까 보아 파묘했다고 한다.

흥이 돌아가자 북에서 온 사람들에게 제주도 허벅술을 다 따라드리고 나중에는 김원중의 광주항쟁을 주제로 한 〈직녀에게〉라는 노래를, 통일의 노래라고 하여 불러서 흥을 돋웠던 기억도 있다. 북에서 그 노래가 많이 알려졌다는 얘기를 들은 적이 있다.

카지노 설립 논의

2008년 5월에 한덕수 총리로부터 연락이 왔다. 연말이면 정권이 교체되는데, 제주에 마지막 선물을 하고 싶다고 한다. 대통령하고도 얘기된 것이라고 했다. 몇몇 분들하고 상의했더니, 제주에 관광객 카지노를 만드는 것이라고 했다. 계산해 보았더니, 당시 강원도 카지노가 연 7,000억 원 정도 수익을 올리고 있으니, 제주는 1조 5,000억 원 정도 올릴 수 있었다는 결론에 이르렀다. 그 재정이면 제주도 학생 전원에게 학비를 내 줄 수 있는 엄청난 액수였다.

비밀리에 진행해야 했고 강원도도 반대하지 말아야 한다. 국회에서 정책토론회도 개최하여 분위기를 잡아야 했다. 친한 이인제 의원도 크게 박수쳐 주었고 강원도 의원들도 이해관계가 어긋나지 않는다고 설득해서 이해해주었다. 제주에 일정한 단지를 만들어, 제주 사람들은 못 들어가고, 비행기표를 가지고 온 사람들만 1년에 일정한 횟수를 정해 올 수 있도록 하는 중독 예방책도 마련했다.

당시 서울에 주재하는 제주 언론 기자들도 알면서도 '엠바고'로 해서 비밀을 지켜 주었다. 5월 말에 지사가 방에 들렀는데, 비밀이라고 하면서 얘기해 주었다. 그런데 한창 무르익을 때 제주도에서 기자들에게 알려버렸다. 중앙 언론에도 보도 되면서 여기저기서 문광부에 문의하니, 거기에서는 금시초문이라는 것이었다.

난감한 것은 청와대와 총리실이었다. 결국은 없었던 일이 되어 버렸다. 대통령과 총리 선에서 은밀히 추진되어 전격적으로 결정해야 하는 사안인데, 미리 터져 나오는 통에 백지로 돌아간 사건이었다.

정각회 재건

나는 앞에서도 언급하였지만 어렸을 때부터 불자였다. 한때는 입산하려고 했던 적도 있고, 대학 방학 때는 줄곧 절간에서 살았다. 더욱이 1974년 '민청학련' 때는 불교 학생 대표로 조작되기도 했었다.

선거 때는, 상대가 독실한 기독교 신자로서 교인들이 열심히 선거운동을 했는데, 나 같은 경우는 스님을 비롯하여 불자들이 엄청나게 도와주었다. 그래서 부처님의 가피로 당선되었다고 생각하여 회향해야겠다고 원을 세웠다.

국회에 입성하고 나서 보았더니, 다른 종교는 모두 의원 모임이 있었는데, 유독 불교는 없었다. 사연인즉 15대 때 정각회 회장을 어느 당에서 맡느냐 하는 문제로 정각회가 깨어져 버렸다고 한다.

지관 총무원장 스님 및 홍파 스님과 조계사에서. 이해봉·최병국·안홍준·안규백·박선숙·강석호·권석태·김재경 의원·김의정 신도회장 등과(2008년 7월)

월주 전 총무원장 스님을 모시고(2009년 8월)

　그때 한나라당에는 대불련 활동을 했던 안홍준 의원이 있었다. 그와 상의하여 정각회를 재건하여, 회장에는 열린우리당의 이용희 의원이 맡고 부회장은 나와 안홍준 의원이 맡아 활동하게 되었다. 조계종에서는 당시 법장 큰스님이 총무원장이셨는데 매우 좋아했고, 같이 상의하면서 불교 차별적인 법을 개정하고 템플스테이를 비롯한 불교 관계 예산 지원에도 진력하였다. 법장 원장 스님과 일제 시 강제 동원자 유골 봉환 문제로 도쿄에 같이 가서 유텐지(唯天寺) 현장을 시찰하기도 했다.
　다음에는 지관 큰스님이 총무원장을 하시고, 제주 출신인 정만 스님이 호법부장을 하였다. 그때 제주 관음사 문제도 잘 정리되었다. 정만 스님이 국회와 불교계의 창구역할을 담당했다. 그는 한국 최고의 행정승려라고 해도 지나치

자승 총무원장 스님 예방. 손학규 대표·이낙연·이춘석 의원과(2010년 10월)

자승 총무원장 스님 예방. 박원순 시장·장영달·박영선 의원과(2011월 10월)

자승 총무원장 스님 예방. 문재인 대표·정세균·임수경·김영록·이학영 의원 등과(2012년 11월)

자승 원장스님 모시고 국회에서 신년법회. 정갑윤·장윤석·정희수·김태환·이진복·유승민·강석호·송광호·주호영·최재성·김장실 의원·이기흥 신도회 회장 등과(2013년 2월)

한국불교 종단협의회 신년 하례회. 자승 총무원장 스님, 이기흥 신도회장·추미애·정희수·홍문종·임수경 의원 등과 (2015년 1월)

국회에 설정 총무원장 스님을 모시고. 정세균 의장·정갑윤·김성태·서영교·김석기·주호영·도종환·이원욱·신경민·오영훈 의원 등과(2018년)

산사 유네스코 세계유산 등재 기념. 원행 총무원장 스님·이시종 충북지사 등과(2018년 11월)

원행 총무원장 스님·홍파 스님과 동지 나눔 축제(2018년 12월)

국회에 봉축탑 설치(2019년 4월)

지 않다.

　다음에 자승 큰스님이 총무원장에 추대되시고, 정만 스님이 총무부장을 하였다. 불교계는 전두환 때인 80년에 '법란'을 당한 후 내부 갈등이 심각하였으나, 자승 원장 스님이 8년을 역임하시면서 탁월한 리더십을 발휘하여 불교계는 완전히 정상화되고 중흥의 기틀을 마련하였다. 자승 큰스님께서는 19대 의정 보고대회 때는 제주에 직접 왕림하셔서 축하하여 주시기도 했다.

　제19대국회에서는 회장을 하면서 예산을 확충하고 불교차별법을 개정하였다. 또한 국회의 정각선원을 넓히고 부처님탄신 때에는 봉축탑을 만들기도 하였다.

　그 후 20대에서도 회장과 명예회장을 역임하면서 불교 진흥을 위해 나름대로 활동하였다. 지금 동국대학교 석좌 교수로 오게 된 것도 이런 불교와의 인연 때문이기도 하다.

일 중독자

남들은 일 중독자라고 한다. 주중에는 거의 서울에 있지만, 금요일 저녁에는 매주 반드시 제주도에 내려가서 지역 사람들을 만난다. 2~3일밖에 안 되는 제주도 일정 중에 가장 중요한 것은 사람들을 만나는 일이다. 꼭 가야 하는 공식적인 행사 이외에는 외부 행사에 잘 가지 않으며, 점심과 저녁도 늘 지역 사람들과 함께 한다. 주말 내내 사무실을 열어놓고 지역 민원을 듣는 일이 가장 보람 있다. 물론 유권자들이 찾아와 하는 얘기들 모두 내가 해결할 수 있는 것은 아니지만, 최대한 내가 할 수 있는 방법을 찾는다. 법을 개정해야 하는 일이면 입법을 준비하고, 예산이 필요한 일이면 백방으로 뛰어다닌다.

나는 해외에도 거의 나가지 않고 골프도 치지 않는다. 초선의원들은 누구나 다 열심히 일한다고는 하지만, 실상은 반드시 그렇지만은 않다. 어떤 의원은 골프 일정 짜기에 바쁘다. 더욱 화를 나게 만드는 것은 이른바 민주화 운동권 출신이라는 자들이 그렇게 할 때는 화가 치밀었다. 그래서 골프를 하지 않는 서명운동에 동참했다가 모 선배 의원에게서 "제주가 골프로 먹고사는데 어떻게 그렇게 할 수 있느냐"고 핀잔을 받은 일도 있다.

* 주요 경력
국회 행정자치위원회 위원
국회 건설교통위원회 위원

국회 〈동아시아 평화연대〉 공동대표
국회 〈'과거사' 청산을 위한 국회의원 모임〉 대표
국회 정각회(국회 불자의원모임) 부회장
국회 〈최우수의원상〉 2회 수상
열린우리당 정책위원회 부의장
열린우리당 제주도당 위원장

제18대 국회의원(2008년~2012년)

제17대 대통령 선거

의정 활동에 몰두하는 사이에, 2007년 대통령 선거가 다가왔다. 당시 정대철 선배를 모시고 문학진 등 10여 명의 의원들은 이른바 '선도 탈당 예고파'를 형성해, 대통합신당을 만드는 데 주도적인 역할을 했다. 그리고 경선을 통해 정동영이 대통령 후보로 선출되었다.

제주도당 위원장으로서 열심히 선거운동을 했다. 그러나 민심은 우리 쪽에 있지 않았다. 열 사람 중 세 사람은 이렇게 말했다.

"강 의원님을 봐서 정동영 후보를 도와주고 싶지만, 이번에는 이명박 후보를 찍으려고요."

"알겠습니다."

개인의 자유 앞에서 누구를 찍으라고 강요할 수 없었다. 대통령 선거 결과, 제주도에서는 8%밖에 차이가 나지 않았다. 호남을 제외하고는, 제주도에서 가장 많은 표를 얻었고 내 지역구에서는 불과 5.7% 차이였다. 대통령 선거에서는 패배했지만, 다가오는 18대 국회의원 선거에서는 이길 수 있겠다는 자신감이 생겼다.

18대 국회의원 선거

17대 기간 중에 〈제주특별자치도법〉이 제정되면서 지역구가 다시 개편되는 큰 변화가 있었다. 당시 제주시 인구는 40만 명, 서귀포시는 15만 명이었다. 규모가 큰 제주시를 갑과 을로 분구하면서, 제주시 갑에 읍과 면을 포함했고, 내 지역구에 한경면·한림읍·애월읍·추자도가 새로 들어오게 되었다. 대신에 일도동·이도동·건입동·아라동·삼양동은 제주시을 선거구에 편입되었다. 자신만만하게 시작하긴 했지만, 어떻게 될지 알 수 없는 상황이었다.

그런 와중에 이명박 대통령이 제주도민들의 기대에 거스르는 실수를 저질렀다. 대통령 인수위원회에서는 '4·3' 위원회 폐지안을 냈다. 선거운동 중에 제주도를 방문해 "내가 대통령이 되어도 '4·3'에 대한 명예 회복은 변함없을 것"이라고 해놓고서, 당선되자마자 위원회 폐지를 언급한다는 것은 '4·3' 자체를 부정하는 것이나 다름없었다. 그리고 제주도 신공항 건설에 대해서도 부정적이었다.

결과적으로 대통령에 대한 분노는 나에게 호재였다. 18대 국회의원 선거에서는 표 차가 더 크게 났다. 17대 선거에서는 인구 30만에서 5,600여 표 차(4.5%)였는데, 18대 선거에서는 인구 21만에 6,000여 표 차이(7%)로 이겼다.

제18대 국회의원 선거에서 민주당은 패배했다. 17대에 150여 석이었는데 이때는 85석 정도밖에 얻지 못해 그야말로 참패였다. 언론은 '탄돌이' 국회의원(탄핵 덕분에 당선된 자들)은 대부분 떨어졌다고 평했다. 그래도 제주는 야당이었음에도 세지역 전부 당선될 수 있었다. 제주가 또 한 번 '선거혁명'을 일으킨 것이었다. 현역의원들이 열심히 의정활동 한 것도 있지만, 아마 〈'4·3' 특별법〉 통과로, 이것을 도민들이 민주당의 성과로 인정한 것이고, 이제는 'NO라고 말할 수 있게 된' 것으로 가히 '정신 해방'을 맞이했다고 할 수가 있다.

'동물국회'

한나라당은, 압승하고 대통령도 나왔기 때문에 오만의 극치였다. 공화정이 아니라 모든 것을 수로 밀어붙이려고 했다. 가히 독재 권력을 행사하려고 한 것이다. 우리는 소수로서 몸으로 막아낼 수밖에 없었다. 대표적 사건이 2008년 12월 문학진 의원의 '함마 사건'이다.

외교통상위원회의 민주당 간사인 문 의원이 회의장에 들어가려고 했는데, 안에서 문을 잠가 버려서 함마로 부수고 들어간 사건이다. 문 의원은 그 희생양이 되어 다음 국회의원 선거에서 떨어졌지만, 민주당은 강한 야당의 모습을 보여주어 오히려 약진하는 아이러니를 경험하게 되었다. 정의롭고 호방한 그가 당선되었다면, 민주당에서 큰 역할을 할 수 있었는데, 낙선하여 너무나 아쉬웠다.

그 후도 힘으로 밀어붙여 우리는 '쇠사슬 농성사건'과 장외투쟁을 일삼게 되었다. 우리가 몸으로 저항하는 '동물'이 되어버린 것이다. 그래서 '동물국회'라는 오명을 뒤집어쓰게 되었다. 그 후 이를 계기로 원혜영 원내대표가 중심이 되어 〈국회선진화법〉을 마련하게 되었다.

'국민모임' 결성

이러한 상황에서 민주당도 강한 모습을 보여주지 못하고 우왕좌왕하였다. 그래서 뜻이 맞는 문학진·장세환 의원 등 12명이 논의하여 2008년 〈국민과 함께하는 국회의원 모임('국민모임')〉을 결성하였고 내가 대표를 맡았다.

경기 문학진·전북 장세환·광주 김재균·전남 주승용·전북 이춘석·경기 이종걸·서울 안규백·강원 최종원·전북 조배숙·전남 천정배·강원 최문순·경기 이찬열·서울 김희철 의원 등이었다. 친화력이 좋고 낭만파인 장세환 의원이 조직해 놓았고 문학진 의원이 힘을 불어 넣었다.

후에 정세균 대표 체제의 당이 어렵게 되자, 문학진 의원 중심으로 외연을 확장하여 〈쇄신모임〉을 만들어 새 체제를 만드는 역할도 했다.

국민모임 창립총회. 천정배·장세환·최문순 등이 정해구·정근식 교수를 모시고(2008년 12월)

'쇄신모임' 기자회견. 정동영·김영진·이종걸·문학진·주승용·최규식 의원 등과 (2010년 6월)

    매주 한 번씩 만나 조찬을 하면서 세상사를 논하고, 의원들 지역구에 가서 격려하기도 했다. 그리고 당내에 일이 생길 때는 지도부(당시 대표는 정세균 의원)에 쓴소리를 마다하지 않았다. 비주류의 파벌이 만들어진 것이었다. 원내대표 하려는 자들은 와서 부탁할 정도였다. 18대 내내 비주류로 활동했다.

    19대·20대에 가서도 '콩나물 모임'·'여의도 양산박'·'시시비비 모임' 등으로 명칭을 바꾸면서 명맥을 계속 이어 나갔다. 나중에 정대철·박문수·이강철·손학규·박주선·정동영·정성호·노웅래·박용진·이언주 의원 등도 가끔 동참했다. 줄곧 같이 한 것은 계속 의원직을 유지하고 있었던 주승용·이종걸·노웅래 그리고 나였다.

    지금도 정대철 선배를 중심으로 해서 이강철·박문수·손학규·이철·문학진·장세환·최종원·이종걸·노웅래·정성호 등은 수시로 만나서 세상사를 논하기도 한다.

의정 활동

18대에서는 17대에 이어 공항 문제를 해결하기 위해 계속 건교위원회에 있었다. 그런데 마침 청정가스인 LNG가 유독 제주에 들어오지 않아 도민들의 연료비 부담이 다른 지역보다 컸다. LPG인 경우는 가격도 비싸고 사고도 가끔 생겼다. 마침 제주시 연동에서 폭발하는 사고도 터지었다. 전력 공급과 냉·난방 활용이라는 종합적 관점에서 제주에 LNG 보급과 발전소가 필요하다고 판단했다. 우선 애월항에 LNG 저장고를 만들기로 했다.

17대 때에 홍재형 의원이 정책위원장, 정세균 의원이 산자부 장관을 하고 있었는데, 7,000억 원 이상 들어가는 이 사업을 흔쾌히 승인해주었다. LNG가 들어오기 위해서는 항만시설이 되어있어야 했다. 그래서 건교위원회에 있으면서 애월항에 3,000억 원 정도 들여 항만시설을 갖출 수가 있었다.

산업통산자원위원회 제주시찰. 노영민·이채익·이진복·권은희·전현희·전정희·부좌현·이원욱·홍일표·김동완·이현재·김한표 등과(2013년 10월)

LNG 항이 만들어지고 나서는, 가스공사에서 LNG가 공급되어야 했다. 그 업무를 소관으로 하는 지식경제위원회에서 활동하기로 해서 옮기었다. 어렵게 7,000억 원 이상 국가 예산을 투입해서 완공하고, 2020년부터는 제주가 LNG를 이용하는 지역으로 될 수가 있었다.

또 하나의 보람 있었던 활동은 지능형 전력망(스마트 그리드) 사업이다. 그 관계법을 만들면서 시범도시인 제주도에 실증 단지를 만들었다. 제주를 '스마트 그리드 아일랜드'로 육성하려는 계획이다.

2011년 해양경찰청도 건교위원회 소관이었다. 제주가 드넓은 태평양을 관할하고 있는 섬이기 때문에, 해양경찰서가 아니라 제주지방 해양경찰청이 있어야 한다고 강력히 주장하여 제주청을 만들 수 있었다.

독도영토수호대책특별위원회 위원장

2010년 독도영토수호대책특별위원회 위원장으로 선임되었다. 역사학자이면서 일본 문제 전문가라는 것이 유효하게 작용하여, 재선에 불과했지만 위원장을 맡을 수 있었다. 당시 원내대표는 이강래 의원이었는데, 그가 당선될 때 우리 '국민모임'이 도와주었기 때문에 배려해준 것이기도 했다.

우선은 헬리콥터를 이용해서 독도를 또다시 방문하였다. 눈으로 본 독도는 그야말로 장관이었고 감동적이었다.

2011년 5월에 사할린 및 쿠릴열도의 쿠나시르를 방문하여 한·일 간에 큰 난리가 났던 사건이 발생하였다. 본래 여야가 같이 가기로 했는데, 여당에서 가지 못하도록 하여, 야당의 특위 위원인 문학진·장세환 의원과 함께 블라디보스토크의 독립운동 유적지를 견학하고 사할린으로 갔다. 그곳에 우리 동포들이

독도 시찰. 김태홍·이영순·원유철·유기홍 의원 등과(2005년 3월)

많이 거주하고 있었기 때문이었다. 간 기회에 러시아는 '북방영토'를 어떻게 관리하고 있는지 살펴볼 필요가 있어서 쿠나시르를 방문하기로 했다. 간다는 사실 자체가 중국·러시아·일본에서 큰 화젯거리가 되어 일약 국제적 '스타'가 되고 말았다.

일본에서는 특히 우경화된 정치인들을 중심으로 러시아 땅으로 인정한 것이라고 공격하였다. 당시 이상득 한일의원연맹 회장이 가지 말아 달라고 신신당부하기도 했다. 그래도 주권 국가 국회의원의 의정 활동에 대해 왈가불가 시비거는 일본의 행태를 비판하면서 강행했다.

일본에서는 당시 독도를 방문한 이명박 대통령과 함께, 우리를 입국 금지하자는 운동도 있었다고 한다.

문학진·장세환 의원과 쿠나시르 방문(2011년 5월)

우리는 귀국하면서 인천공항에서, "일제의 패전으로 우리는 독도를 되찾았고, 일본은 소련에 '북방영토'를 빼앗겼다"라고 기자회견을 하였다. 오히려 일본에는 좋은 메시지였다.

10여 년이 지나 일본 대사로 가게 되었는데 일본의 우익에서는, 그 문제를 가지고 일본대사로 오는 것을 반대했다는 얘기를 듣기도 했다.

정동영의 귀국과 무소속 출마

18대 때는 정동영 의원이 대선에 패배하고 나서 미국으로 연수를 떠났다. 그 후 그 지역에서 보궐 선거가 있었는데 그가 귀국하여 출마하려 한다는 소문이

나돌았다. 그에게 연락해서 "소인배의 짓"이라고 강력히 반대의견을 전했다. 알겠다고 하더니, 갑자기 귀국하여 출마하려 하였다.

그런데 정세균 대표가 공천을 주지 않았다. 그를 찾아가서, 온 것도 잘못이지만 전 대통령 후보에게 공천을 주지 않는 것도 잘못이라고 강력히 문제를 제기했다. 둘이 전북의 맹주 싸움을 하는 것인지, 도저히 이해가 안 되는 처사였다. 그런데도 정동영 의원은 무소속으로 출마하여 당선되었고, 다시 여의도에 입성했다.

만년 비주류로서 정치 활동

언젠가, 김기춘 의원으로부터 농담 반 진담 반으로, "부고만 아니면 무엇이라도 일단 언론에 나면 좋다"라는 말을 들었다. 나쁜 일이라도 상관없으니 유명해지기만 하면 된다는 것이었다. 요즘 '노이즈 마켓팅'이나 '관종'이라는 것이 바로 그러한 작태를 가리키는 것이다. 그것이 정치 현실이라는 걸 인정할 수밖에 없다. 인간 기억의 한계로 '유명세'만 남기 때문이다. 정말 우스운 행태이다.

국회의원으로서 이제까지 이름을 파는 것이 아니라, 명예를 존중하고 명분을 중시하면서 만들어온 깨끗하고 정의로운 삶을 버리고 싶지 않았다. "정치를 하더니 타락했다"라거나, "역시 정치를 하려면 어쩔 수 없다"라는 말을 듣고 싶지 않은 것이다. 그저 시시비비를 걸면서 유·불리를 따지지 않고 할 말을 하고, 의리 있게 약속을 지키며, 뚜벅뚜벅 옳은 길을 걸어가는 정치인이 되고 싶었다.

나는 반골 기질도 있고, 불의를 보면 지나치지 못한다. 시시비비를 걸어, 옳고 그름을 따지고 그릇된 일은 집요하게 비판한다. 위와 아래를 가리지도 않고, 지위고하를 계산하지도 않는다. 권위를 인정하지 않지만, 무시도 하지 않는다. 반면 대통령이나 당 대표 앞에 가도 꿈쩍하지 않는다. 언젠가 당 대표에게 면전에 대놓고 "당신은 독재자가 아닌데 그 흉내를 내려 한다"고 심하게 의원 총회장에서 비판했던 적도 있다.

또한 오랫동안 정치를 하면서 불명예스러운 짓을 해서 문제가 된 적이 없다. 청정 제주처럼 깨끗한 정치를 해왔다고 자부하기도 한다. 돈이 없이 정치를 했지만, 그런 것에 한눈을 팔지도 아니했다.

일본대사로 부임하게 될 때 민정수석실에서 인사검증을 하는데, 주식도 하나 없고, 서울에 예로부터 살던 집 한 채밖에 없을 뿐만이 아니라 지역구인 제주에서는 전세 아파트에 사는 것을 보고, 깜짝 놀라서 정말인지 철저히 검증했다고 한다. 끝나고 나서 실무자로부터 "존경합니다"라는 말을 들은 적이 있다. 혹자는 바보라고도 한다.

모두가 국회의원은 돈이 많다고 생각하는 것이었다. 불출마하고 나서, 대학에 석좌교수로 가게 되었는데, 연구비가 없다고 하면서 국회의원은 돈이 많으니까 그렇다는 것이었다. 실소를 금할 수가 없었다.

'만년 비주류'라는 낙인이 찍혔다. 이런 태도를 취할 수 있는 이유는 권력에 대한 욕심이 없기 때문이다. 정치를 하는 사람에게 권력에 대한 욕심이 없다는 것은 아주 큰 단점이다. 더군다나 계파를 싫어하다 보니 어딘가에 줄을 대려고 애쓰지도 않는다. 다들 어딘가에 줄을 서려 나설 때, 나는 밖에서 외계인처럼 어슬렁거리고 있는 듯 보일지도 모른다. 그러나 납득할 수 있고 스스로 사명감을 느낄 수 있는 일이면 무엇이든 했다. 세속적인 권력을 탐하는 일에 자존심이 허락하지 않을 뿐이다.

국가와 복지담론

2009년 18대 때에는 복지 문제가 정치권에서 가장 큰 담론이 되어있었다. 그래서 당시 내 생각을 발표한 적이 있는데, 참고로 요약하여 본다.

1879년의 프랑스 혁명이 세계적 차원에서 여전히 진행 중이라고 주장하는 프랑스의 한 역사학자가 있다. 당시는 왕·귀족·부르주아 그리고 농민과 노동자·룸펜으로 계급이 나뉘었던 시대였다. 노동자와 농민 계급은 부르주아 계급과 결합하여 결국 왕정을 무너뜨렸다. 그러나 피의 숙청이 휩쓸고 지나간 후, 부르주아 계급은 노동자와 농민 계급을 배신하고 말았다. 노동자와 농민들이 무너진 다음, 나폴레옹이 등장하면서 유럽의 역사는 또다시 전환점을 맞았다.

그로부터 100여 년이 지나, 러시아에서 비로소 노동자와 농민 계급이 혁명을 통해 권력을 잡았다. 앞서 말한 역사학자는 아직도 이런 과정들이 일어나고 있다는 흥미로운 주장을 펼친다. 프랑스 혁명이 가지고 있었던 이상적인 꿈, 부르주아와 노동자·농민들이 하나가 되어 세상을 만들어 나가는 과정이 여전히 진행되고 있다는 것이다.

현재는 인류사적으로 글로벌한 사회, 균질한 사회가 되어가고 있다. 말하자면 전 지구적 차원에서 먹고 사는 문제를 어느 정도 해결해야 한다는 뜻이다. 물론 아프리카 등 일부 지역에는 아직도 어려움을 겪는 이들이 있지만, 건설·보건·교육 등 유무형의 인프라를 개선하면서 이전에 비해 상황은 조금씩 나아지고 있다. 먹고사는 문제가 해결된 사회에서 문제가 되는 것이 바로 복지다. 현재 어떤 체제하에 있건 현대사회는 복지사회를 지향한다.

세계의 경계가 갈수록 희미해지는 현대국가에서 재벌과 같은 강자들은 국가가 굳이 보호해주지 않아도 아무런 문제가 없다. 오늘날의 국가는 약자를 위해 존재해야 한다. 왕정하에서는 왕을 위해 국가가 존재했고 근대 부르주아 국가에서는 부르주아들을 위해 국가가 존재했지만, 이제는 약자를 위해 존재해야 한다. 나는 그것이 바로 복지국가의 시작이라고 생각한다.

그동안 한국 사회가 관심을 가진 것은 국가 차원의 경쟁력이었지, 국민 개개인의 복지 문제가 아니었다. 몇 십 년 동안 나라를 잠식했던 '국가경쟁력' 담론은 산업화 시대의 산물로 강자 중심, 재벌 중심의 사회구조를 낳았다. 그러나 이제는 그 결과물을 나눠야 할 때다.

지금 대한민국의 경제 성장의 밑바탕은 노동자와 농민들이다. 그러나 평생에 걸친 희생에도 불구하고 돌아온 대가는 거의 없었다. 권력과 결탁한 대기업·재벌들이 그 과실을 독차지했기 때문이다. 이제 국가는 노동자와 농민 등 소외계층을 위해 발 벗고 나서야 한다. 그리고 그들을 위한 정책이 바로 복지다. OECD에 가입한 국가로서 이제야 복지를 말하는 것은 부끄러워해야 할 일이다.

최근 '무상급식'이라는 초미의 이슈가 떠오르면서 '보편적 복지냐, 선별적 복지냐'의 문제에 대해 많은 논의가 벌어지고 있다. 우리나라는 1980년대 복지제도를 시행한 이후, 처음부터 전 국민을 대상으로 한 의무교육·의료보험·국민연금 등 보편적인 복지론을 지향했다. 그렇게 단시일 내에 복지제도가 확산된 나라는 한국 이외에 그리 많지 않다.

북유럽의 경우는 공적 부조의 개념이 자리 잡아 3중 사회안전망이 구축되어 있다. 일본의 경우는 국가가 책임을 지지 않기 때문에 종교단체나 지역 시민사회 단체가 보육 및 의료 문제를 해결하려는 노력을 벌였다. 불과 20~30년의 역사를 지닌 한국은 아직도 복지제도를 구축해가는 과정에 있다.

이제는 국가의 책임과 공공성을 강조할 때다. 보편적 복지의 틀에서 보자면 한국의 의료제도는 사회보험의 성격을 띤다. 보험 가입이 의무로 규정되어 있고 그에 기여해야만 복지 혜택을 받을 수 있다. 그러나 이런 의무를 다하지 못할 정도로 어려운 상황에 있는 사람을 위해서는 국가가 이를 부담해야 한다. 최근 '영리병원' 문제 역시 한국 사회에서 뜨거운 이슈가 되고 있는데, 의료는 반드시 공공영역에 남아 있어야 한다.

한나라당에서는 보편적 복지론에 대응해 선별적·자애적 복지를 주장하고 있다. 단계적 복지와 선별적·자애적 복지는 전혀 다른 개념이다. 국가가 일시에 전면적·보편적으로 복지제도를 시행하려면 당연히 경제적인 부담이 따른다. 단계적 복지는 어디까지나 이를 점차적으로 시행해 나가는 방법론에 불과하다. 결코 대원칙으로서의 보편적 복지를 무시해서는 안 된다.

결국 문제는 국가의 경제력이다. 우리나라는 의무교육 역시 초등학교·중학교에 이르기까지 단계적으로 확대해왔다. 대한민국의 현재 경제력으로 충분히 무상급식을 할 수 있다. '무상급식'이 거부감을 일으키는 이유 중 하나는 '무상'이라는 단어 때문이다. '무상급식'이 아니라 '의무급식'이라고 하면 어떤가. 보육도 '의무보육'이라고 하면 어떤가. '무상'이라고 하니 자꾸 공짜를 연상하게 되고, 무상이 이루어지면 뭔가를 뺏어버리는 느낌이 들어 국민들의 반발이 일어날 수밖에 없다. 새로운 정책을 시행하기 위해서는 용어부터 정치하게 선택해야 한다.

선별적 복지를 주장하는 이들은 보편적 복지가 결국 '증세'를 의미한다고 말한다. 돈 많은 사람들이 돈을 더 내야 한다고 떠들며 정략적으로 움직이고 있다. 그러나 "국가는 약자를 위해 존재한다"라고 했을 때는 근본적인 철학에서부터 완전히 달라진다. 지역 발전 역시 마찬가지다. 잘사는 서울의 동네들은 국가가 굳이 나서지 않아도 문제를 해결할 능력이 있다.

얼마 전 재벌들과 만나는 자리에서 이런 말을 한 적이 있다. 정글에서는 먹이사슬이 유지된다. 사자는 토끼를 먹고 토끼는 풀을 먹는다. 사자는 절대 풀을 먹지 않으니, 정글의 생태가 보존된다. 그러나 공룡은 잡식성이었기 때문에 풀도 고기도 다 먹어버렸다. 몸은 커질 대로 커졌는데 더 이상 먹을 것이 없어졌기 때문에 결국 지구상에서 멸종하고 말았다. 이게 바로 재벌 독식주의다.

일부가 다 먹어버려서는 소비도 창출되지 않고 수요도 생기지 않는다. 독식하지 않아야 재벌도 살 수 있다. 라면이며 빵집까지 재벌이 다 먹어버리는 것은 오히려 스스로 자멸하는 길이다.

복지 문제도 마찬가지 관점에서 봐야 한다. 밥 세 끼를 먹을 수 있는 삶을 국가가 보장해야 한다. 보편적·전면적으로 복지를 시행해야 한다. 자선은 제도화할 수 없기 때문에 사각지대가 생길 수밖에 없다. 재벌이 개인적으로 자선을 베풀 생각을 할 게 아니라 세금을 많이 내면 해결될 일이 아닌가.

이 문제들을 현재와 같이 진보와 보수, 좌파와 우파, 이런 이념적 구도로 보아서는 싸움이 될 수밖에 없다. 현재의 한국에는 명확한 진보와 보수의 개념이 없다. 담론 차원에서 진보와 보수를 얘기하기에는 우리 사상의 지형 자체가 그리 간단하지 않다. 유럽에서는 근대사상이 형성되는 과정에서 그러한 개념들이 성립되었지만, 우리는 남북분단·군사독재 등 특수하고 복잡한 과정을 거쳤다.

경제라는 관점에서 보았을 때, 현재의 시장경제 체제를 부정하는 사람은 없다. 그러니 굳이 보수와 진보를 나누고 싶다면 많이 가진 자를 위한 정책인가, 덜 가진 자를 위한 정책인가를 따져 보아야 한다. 통일도 평화 통일인지, 흡수 통일인지 구체적으로 이야기해야 한다. 복지 문제도 마찬가지다. 보수·진보라는 말이 정말로 필요하다면 구체적인 정책으로 말할 때다. 이념적 사회주의 체제는 이미 붕괴되었다. 이제는 진보와 보수라는 틀로 표상화하려는 경향에서 벗어나야 한다. 실사구시(實事求是)의 태도를 가지고 분야별로 구체적인 내용을 들여다보아야 한다.

* 주요 경력
국회 건설교통위원회 위원
국회 지식경제위원회 위원
국회 독도영토수호대책특별위원회 위원장
국회 〈바다와 경제 국회 포럼〉 공동 대표
국회 〈아시아 평화와 번영포럼〉 공동 대표
국회 한일의원연맹 사회문화위원회 위원장
국회 정각회 부회장
민주당 윤리위원회(후에 윤리심판원으로 개칭) 위원장

제19대 국회의원(2012년~2016년)

출마 고민

'동물 국회'가 계속되면서 국회의원을 계속해야 하는가 하는 근본적인 회의에 빠지게 되었다. 특히 장세환·주승용 의원 등과 이 문제를 가지고 깊게 고민하였다. 나는 불출마해서 다시 대학으로 가서 연구자 생활을 마무리할까 하는 생각을 갖게 되었다. 그런데 같이 행동하기로 한 장세환 의원이, 2011년 말에

홀로 불출마를 발표하여 버렸다.

마땅한 후임자도 없고, 또한 현경대 씨가 또 출마한다고 하니, 도저히 그만둘 수가 없는 처지가 되어버렸다. 지지자들이 강력히 반대하여, 다시 출마하여 19대 국회에 들어오게 되었다.

선거법 고발

선거가 끝났는데, 상대 진영에서 선거법 위반으로 고발하는 사태가 벌어졌다. 하나는 한경면 유세장에서 "전두환 5공 때 사람이 지금도 정치하는 자로서는 유일하다"라는 것, 둘째는 "내가 유학을 갈 때 신원 보증도 아니 섰다"라고 한 것, 셋째는 "자기를 돼지에 비유해서 명예훼손 했다"라는 것들이었다.

실제는 5공 때 사람으로서는, 그이 말고도 강창희 의원이 있었기 때문에 유일하지 않다는 것이었다. 또 그가 나를 비서관도 시켜주고 유학 보내면서 공부시켜주었는데, 배신했다는 소문이 돌아서 그렇지 않다고 반박한 것이었다. 다음에는 내가 "3선 의원은 100킬로짜리 돼지인데, 4·5선 하게 되면 150킬로가 되어 맛이 없으니, 나를 3선 시켜달라"고 해서 명예 훼손했다는 것이었다.

검찰 단계에서 선거법 위반사건이 무혐의 처리되었다. 그러자 광주고법에 재정신청을 했다. 그조차도 기각되어 종결되는가 했는데, 그다음에는 명예훼손으로 1억 원 정도 내라고 서울에서 민사재판을 걸었다. 사학과 후배이고 민주당 고문 변호사인 박현석이 변호를 맡았다. 그마저도 서울중앙지방법원에서 기각되자, 서울고등법원에 항소했다. 판사가 "중진 의원들이 싸우는 모습 안 좋으니 화해하라"라고 권유했다고 한다. 처음에는 거절하다가 응해주어 종결되었다. 나의 변호사 비용은 내가 부담하였다.

민사재판에서 판사가 "본인도 돼지에 비유했기 때문에 명예훼손이 아니다"라고 판결했는데, 한겨레 신문에 나와서 많은 독자가 웃었다고 한다.

2013년 1월 초에, 내가 일본에 민단 신년 하례회에 갔다 오는 중에, 광주고법에서 선거법 위반사건이 기각되었다는 소식을 들었다. 마침 서울에서 제주도민회 신년 하례회가 있었다. 그곳에서 그를 만났는데, 내가 큰 소리로 "제대로 하면 선배답게 모셔 드릴게요"라고 욕을 했다. 무례한 짓이어서 매우 후회되는 사건이었다. 큰 실수를 했다.

선거법 고발 사건과 명예훼손 사건은 모두 종결되었다. 그렇지만 그런 송사 자체가 엄청나게 스트레스를 가져다주는 것이라는 것을 알았다. 그런 것을 노려서 괴롭힐 목적으로 일으키는 경우가 허다하다.

지식경제위원회(후에 산업통상자원위원회 개칭) 위원장

3선 의원은 국회에서 '꽃 중의 꽃'이라고 한다. 중진으로서 당내에서 무게 있게 발언할 수 있고, 대개 국회 요직인 상임위원장을 맡을 수가 있기 때문이다.

그때 원내대표가 박지원 의원인데 그는 나에게, 교수 출신이니 교육위원장을 맡아 달라는 것이었다. 그런데 나는 개인적으로는 생각이 있으나, 제주에는 별로 도움이 되지 않는 자리였다. 당시 나는 제주에 LNG 보급 문제로 지식경제위원회(그 후 산업통상자원위원회로 개칭)에 소속되어 있었는데, 그 위원장을 하고 싶다고 했다. 그런데 다른 의원들이 욕심을 내고 있었다. 특히 절친인 주승용 의원이 그러했다. 겨우 설득해서 맡게 되고, 그는 국토건설위원장이 되어 원원할 수가 있었다.

그 후, 제주에 LNG를 보급하게 되고, 2019년 11월에는 제주도 천연가스 공

지경위원장 제주 방문. 우근민 지사·노영민·권은희·전정희·전순옥·이원욱·부좌현·박완주 의원 등과(2012년 8월)

급 건설사업 준공식을 거행할 수가 있었다.

박근혜 대통령과의 에피소드

2012년 12월 대선에서 박근혜 후보가 당선되었다.

2013년 문희상 비상대책위원장을 비롯하여 야당 상임위원장들이 청와대에 초청되어 가게 되었다. 그때 입구에서 박근혜 대통령이 구면인지라 반갑게 웃으면서 맞아 주었고 대화도 많이 나누었다. 그 사진이 뉴스로 보도되는 바람에 그 후 여기저기서 친한 줄 알아서 청탁하는 일도 있었다.

그날은 마침 문희상 위원장의 생신이었다. 청와대에서 케이크를 준비했는데

박 대통령이 "생신 케이키"라고 말씀하셨다. 그분이 초등학교 때 청와대에 왔기 때문에 그때의 "아이스케이키"라는 말이 불쑥 터져 나온 것으로 생각되어 실소를 금치 못하였다.

자리에 앉아서 만찬 하면서 한마디씩 했는데, 대변인인 부산의 비례대표 국회의원 배재정 의원이 돌연, "부산일보를 박정희 정권이 뺏어갔기 때문에 부산시민에게 반납하세요"라고 말했다.

식사하는 도중에 박 대통령은 수저를 그대로 내려놓고 배 의원을 째려보아서 분위기가 일순간 사납게 되었다. 당시 박 대통령의 그런 것을 '레이저 광선'이라고 했는데 실감할 수 있었다.

내가 다음 순간 발언하겠다고 자청해서 분위기를 일신시키고 덕담하였다. 나올 때는 대통령이 입구에서 정중히 우리에게 인사하면서 배웅해 주었다.

며칠 지나 이정현 정무수석이 전화 와서 "정말 고마웠다"라고 했다. 그러면서 필요한 일이 있으면 연락해달라고 핸드폰 전화번호를 알려 주는 것이었다. 당시 청와대나 정부 요직에 제주 출신은 한 사람도 찾아볼 수가 없었다. 그래서 연락해서 "박 대통령은 신세 진 것이 별로 없으니 공명정대하게 인사를 해달라"라고 부탁하면서 "제주 출신이 차관급에 한두 사람은 있어야 할 것 아닌가. 지역 차별이다"라고 항의성 말을 했다. 그랬더니 "자격 있는 사람이 있는가"하고 반문하길래 "찾아보면 있을 것이다"라고 대답해 주었다. 얼마 지나지 않아 그 국토부 차관과 차관급인 JDC 이사장에 제주 사람이 들어갔다. 후에 그는, "인사는 논공행상 차원에서 하려는 분위기가 있었는데, 대통령께 말씀드려서 최종 결심을 얻었다"라고 한다. 지금도 이정현 의원에게 고마움을 간직하고 있다.

2014년 말에, 한국에서 한일의원연맹 총회를 하고 끝나서 청와대를 방문하게 되었다. 일본 측 대표인 누카가 회장·가와무라 간사장·공명당의 야마쿠치 대표·공산당의 시이 당수 등이었다. 서청원 회장과 간사장인 내가 안내하여 들어갔다. 당시는 종군위안부 문제 때문에 양국 관계가 매우 냉랭하여 모든 대화가 중단된 상태였다.

나는 박 대통령이 잘 몰라서 실수나 하지 않을까 걱정했다. 그런데 착석하고 나서 10여 분을 수첩도 보지 않고 줄줄 말씀하시는데, 논리정연하게 조목조목 따지면서 일본 정부를 비판하시는 것이었다.

누카가 회장을 비롯하여 일본 대표단이 "아베 총리와 직접 만나서 대화하다 보면 풀릴 것이 아니냐"고 하면서 만날 것을 권유하였다. 대통령은 "비 온 뒤에 땅이 굳어진다"라고 하면서 일본 측이 먼저 해결책을 가져오라고 하는 것이었다. 그런 강단에 존경심마저 갖게 되었다.

박근혜 의원과 국회에서(2009년 3월)

국회의원 269

그 후 일 년이 지나서, 위안부 문제를 졸속으로 합의하여 버려 어안이 벙벙했다. 나중에 확인한 바로는 미국 측의 압력으로 어쩔 수 없었다고 한다.

민주당 윤리위원회(후에 윤리심판원으로 개칭) 위원장

2014년, 김한길 대표가 나를 윤리위원장에 임명하였다. 과거 같으면 당기위원장으로 당 5역에 들어가는 막강한 자리였다. 그 자리에 있게 되면 당연직으로 조직강화 특별위원 등, 여러 자리를 꿰찰 수가 있었다.

2014년 지방선거를 치르게 되었는데 윤리위에 제소되는 사건들이 엄청나게 많았다. 특히 문제가 되었던 것은 전남 도지사 선거 후보에 출마한 이낙연과 주승용의 싸움이었다. 이낙연 후보 쪽에서 대의원을 매수하여 참모들이 구속되는 사건이 발생했다. 윤리위원회에 제소되어 심사하게 되었다. 김 대표와 논의하여 '무죄추정의 원칙'에 따라 그대로 묻어 버렸는데, 예상을 뒤엎어 이낙연이 선출되는 이변이 발생했다. 그 후 그는 지사를 지내다가 문재인 정부에서 초대 총리가 되었다. 역사라는 것이, 정치라는 것이, 이런 것인가 하는 생각이 든다.

그 후 문재인 의원이 당 대표가 되었다. 위원회 명칭도 윤리심판원으로 바꾸어 계속 맡게 되었다.

2016년 12월, 정청래 의원과 주승용 의원이 최고위원이었는데, 정청래 최고위원이 호남 비하 발언처럼 들리는 발언을 하여, 윤리위에 제소되었다. 잘못하다가는 문재인계와 호남계의 싸움으로 치달아 분당의 위험에 처할 수가 있었다. 그래서 과감히 정청래 최고위원에게 당원권 정지 6개월을 선고하였다. 그는 결국 20대 국회의원에 출마조차 못 하게 되어버렸다. 개인적으로 인연이 깊은 의원이었다. 너무 가슴이 아파 그날 저녁 혼자 술을 마셨던 기억이 난다.

2014년 제주도지사 선거가 있었는데, 민주당에서는 신구범 씨가 후보로 선출되었다. 원희룡이 한나라당 후보로 제주에 내려왔는데 너무 막강하였고, 김우남과 고희범은 우여곡절 끝에 낙마하였다. 원희룡이 당선되었는데, 우리 후보가 그쪽 인수위원장직을 맡는 헤프닝이 발생했다. 윤리심판원에 제소되었는데, 출당 조처하였던 일도 있다.

당 대표 선거

2013년 말에 당 대표 선거가 있었는데, 노웅래·정성호 의원 등이 위원장실로 찾아와서 박지원과 문재인이 나오면 당이 망하니 못 나오도록, 나 보고 앞장 서달라는 것이었다. 그런 일에 관여하고 싶지 않았는데 너무나 절박하게 얘기하여, 할 수 없이 악역을 맡기로 했다.

우선은 문재인 의원을 위원장실로 불러서 "몸을 아껴야 한다"라고 하면서, 나오지 말도록 설득했다. 그는 "박지원 의원이 나오면 지역당으로 전락할 수 있으니 곤란하다"라고 하면서 "그가 나오지 않으면 자기도 안 나오겠다"라고 한다.

박지원 의원에게 얘기했더니, 그는 "자기는 대통령 후보가 아니었는데 그런 것을 받아들일 수 없다"라고 한다. 다시 문재인 의원에게 얘기했더니 숙고하다가, "김부겸 의원이 나오면 불출마하겠다"라고 한다.

김부겸 의원에게 "당 대표를 하고 나서 대선 후보가 돼라"라고 권유했더니, 그는 "대구지역에서 국회의원 하는 것이 더 급선무라고 주위 사람들이 얘기해서 도저히 받아들일 수가 없다"라는 회신이 왔다. 그래서 결국은 두 사람이 출마하여 문재인 후보가 선출되었다.
이 사건은 당시 우리가 예측한 대로 그 후 당이 쪼개지는 전주곡이 되었다.

김한길과 안철수의 '국민의 당' 창당

2016년 말, 김한길과 안철수 등이 탈당하여 '국민의 당'을 창당하였다. 박지원도 거기에 동참하여 큰 힘을 받았다. 그것은 안철수가 대선 후보가 되어 정권을 맡을 수 있다는 기대감 때문이기도 했다. 호남의원들이 모두 그 당에 갔다. 그들은 이제 호남의원은 필요 없고 비호남 의원들, 특히 나와 노웅래·이종걸 의원들을 회유했다. "정치 아니하면 아니했지, 이 당 저 당 옮기지 않겠다"라고 과감하게 거절하고 노 의원에게도 탈당하지 말라고 하기도 했다.
그 후 선거를 치러서, 우리는 당선되고 '국민의 당'은 호남을 석권하였다. 제주에서 '국민의 당'은 참패해서, 제주가 호남이라는 인식을 바꾸어주는 계기가 되었다.

'막말 발언' 사건

늘 동영상에 나오는 장면이 있다. '양아치'라는 막말을 한 것과 국무총리를 욕하는 대목이다.
제주 출신 의원으로서는 처음으로 예산결산위원회 예산안조정소위원회에 들어갔다. 위원은 지역별로 배정하기 때문에 제주 의원이 예산안조정소위에 들어갈 수가 없었다. 그런데 그때 전라남도와 경상도에 우리 당 의원이 거의 없었기 때문에, 그 지역과 제주를 담당하기 위해 예산안조정소위에 들어가게 되었다. 3선에다가 위원장도 지냈기 때문에 안 들어가는 것이 통례였는데, 그래도 예산을 실질적으로 결정하는 자리이기 때문에 흔쾌히 받아들여 활동하게 되었다.

회의하는데 강원도의 초선의원인 김진태(현 강원도지사)가 깽판을 놓는 것이었다. 그래서 "선배도, 질서도 모르는 양아치"라고 일갈했다. 그것이 카메라에 잡혀 한바탕 소동이 일어났다. 많은 지인이 달마대사처럼 생겼는데, 어떻게 그렇게 욕할 수 있느냐는 것이었다. 경향신문에서는 '양아치'의 유래에 대한 해설이 나올 정도였다. 양아치는 병자호란 때에 생긴 말로 '동냥아치'의 준말이라는 것이었다. 나도 그런 유래를 처음 알았다.

2015년에, 행정안전위원회 회의가 열렸는데, 한나라당 원내 수석 부대표를 하는 조원진 의원이 큰소리치면서 회의를 난장판으로 만들고 있었다. 그래서 그에게, "야당인 우리가 회의를 정상화하려는데 왜 그렇게 깽판 놓는가?"라고 하면서 그에게 "양아치 같은 친구"라고 욕을 했다. 그리고 2018년 7월에도 무소속인 그가 또 이상한 얘기를 하기에 "몇 년 전에도 나에게 양아치라는 말을 들었지"라 하면서 심하게 욕을 했던 적이 있었다.

2015년 9월의 본회의에서 대정부 질의를 하게 되었다. 황교안 총리에게 사드 문제에 대해 질의를 하는데, 횡설수설하면서 대답을 피하기에 "중학생 같은 답변한다"라고 했더니 "듣기가 거북하다"라고 답했다. 나는 "듣기 거북하라고 한 말이다"라고 응대했다. 그때 본회의장에서 어떤 의원들이 웅성웅성하기에 "어느 의원이야. 듣기 싫으면 나가"라고 고함을 지른 적도 있다.

많은 사람이 "시원하다"라고 박수갈채를 보내기도 했다.

국회 선정 '정책 입법' 최우수 의원(9회 연속, 1회는 우수 의원)

17대 후반기 때부터 정책·입법 등의 의정 활동을 열심히 하라고 격려하는 차원에서 국회가 선정하는 의정 활동상이 만들어졌다. 상금도 나왔다.

법안을 많이 발의하여 통과시키고, 정책 개발하고 출석을 열심히 한 의원이 선정되었다. 처음 만들어지고 나서 9년 연속 최우수 의원(1회는 우수 의원)에 선정되었다. 아마 진기록이고 이다음에도 나오기 어려운 일이었다.

* 주요 경력
  국회 행정안전위원회 위원
  국회 지식경제위원회 위원장
  국회 산업통상자원위원회 위원장
  국회 〈신재생 에너지 정책연구포럼〉 대표 의원
  국회 〈올바른 역사교육을 위한 의원 모임〉 공동 대표
  국회 한일의원연맹 간사장
  국회 정각회(불자의원모임) 회장, 명예회장
  국회 예결위원회 예산안조정소위원회 위원
  민주당 윤리위원회 위원장(후에 윤리심판원장)
  민주당 비상대책위원
  270여 개 시민단체로 구성된 모임에서 2년 연속 우수 상임위원장 선정
  서울대학교 인문대학 사학과 총동문회 회장

우수연구단체 〈바다와 경제연구 포럼〉. 김형오 의장·문희상·박상은 공동대표와(2009년 3월)

정책 입법 최우수 의원. 정의화 의장과(2014년 12월)

제20대 국회의원(2016년~2020년)

국회의원 당선과 원내 대표 낙선

 2016년에 제20대 국회의원 선거가 있었다. 상대는 지방공무원 출신으로 내가 아끼는 후배였다. 도저히 출마할 것이라고 상상조차 못 했었는데, 원희룡 도지사와 김태환 전 도지사가 합작하여 만들어 낸 작품이라고 한다. 선거 기간 중에는 코미디 같은 일이 많이 벌어지기도 했다. 국민의당에서도 후보를 냈었음에도 압승할 수가 있었다.

 외지에서 많은 분이 내려오셔서 응원해 주셨다. 이종찬 전 국정원장은 직접 마이크를 잡아 지원 유세했고, 이홍훈 전 대법관(작고), 박호성 교수와 김상봉

이종찬 원장의 기록물 기증식에서. 최서면·김형오 전 의장·문희상 의장·정세균 전 의장·유인태 사무총장·이종걸 의원·홍영표 의원 등과(2018년 11월)

전 제주지검장도 같이 내려오셔서 격려해 주셨다.

내리 연속해서 4선 의원이 된 것은 제주 역사상 처음이었다. 엄청난 중압감에 억눌리게 되었다. 또한 중앙 정계에서는 중진 의원으로 함부로 처신할 수도 없는 처지였다.

우선 선거가 끝나자마자, 원내 대표 선거가 있었다. 중진 의원이기 때문에 무언가 하는 시늉이라도 내어야 했다. 나는 만년, 시시비비 거는 비주류의 수장으로서 출마할까 말까, 고민하게 되었다. 많은 친한 동료들이 출마하겠다고 이름을 올리고 있었다. 같이 활동하던 이상민과 노웅래도 그러했다. 당시 선거를 주관한 원내 대표는 같은 비주류인 이종걸이었다. 비주류가 단일화해도 어려운데 난립하니, 그도 난감한 상황이었다. 단일화를 이루기 위해 부지런히 뛰어다녔다. 물러설까 했지만 선거비용을 이미 납부했기 때문에 부득불 나올 수밖에 없었다. 참패했다. '586'과 '친문'들이 똘똘 뭉쳐 우상호 의원이 당선되었다.

당시 같이 활동했던 비주류들은, 나와 노웅래·이종걸을 빼놓고는 모두 국민의 당으로 가 있었기에 당연한 결과이기도 했다.

정각회 회장, 한일의원연맹 회장, 한·몽의원 외교협회 회장

내가 재건한 국회 정각회 회장을, 민주당에서 맡게 되었는데 3선인 김영주 의원이 사양하는 바람에 부득불 다시 맡게 되었다. 2년 후에는 국민의 힘의 주호영 의원에게 넘겨주고 명예회장으로 물러앉아서 정치권과 불교와의 가교 구실을 하였다. 종정으로부터 일곱 사찰을 유네스코 문화유산으로 지정되는데 외통위원으로서 수고했다고, 불교대상과 상금을 받기도 했다. 그 돈으로 제주

제주 대불련 학생 장학금 수여식(2020년 7월)

에 있는 대학생 불교연합회 학생들에게 장학금을 수여했다.

정권도 바뀌어서 한일의원연맹 회장 선거를 하게 되었다. 연맹은 과거에 김종필·박태준 의원 등 쟁쟁한 인물들이 회장을 역임했다. 회장인 서청원 의원이 지금까지 집권 여당이 맡는 것이 관례라고 하면서 사퇴하였다. 여러 의원이 하고 싶은 생각이 있었던 것 같은데, 일본 문제 전문가이고 현재 간사장인 내가 해야 한다고 회장으로 추대되었다. 혹이나 선거하게 되면, 표를 가지고 계산해야 하니, 오영훈 의원이 연맹에 민주당 의원들을 회원으로 가입시켜 만반의 준비를 하기도 했다. 그후 오영훈 의원은 상임간사를 맡아 활동했다.

이전에도 일본문제 전문가로서 한·일문제에 많이 관여했다. 예를들면, 국회

박희태 의장이 일본 중의원 방문. 김태환·나경원·김정훈 의원과 요코미치 다키히로 의장·스가 요시히데(후에 총리)와 함께(2011년 5월)

의장이 방일 할 때는 늘 동행했다. 그러나 그때는 그나마 좋은 분위기였는데, 급자기 냉각되어 있었다.

   당시는 한·일관계가 최악으로 달리고 있을 때여서, 해야 할 일이 매우 많았다. 우익 정치가인 아베(작고)가 장기 집권하면서, 전보다 더욱 우경화 되어 가고 있었다. 아베는 역사수정주의 입장을 강고하게 포지하고 있음에도, 초기에는 반한 정책을 겉으로는 드러내지 않았다. 그러다가 2018년 10월 강제동원자에 대한 대법원판결이 나오면서, 노골적으로 반한 정책을 취하였다. '초계기'(2018년 11월) 사건, 결국에는 수출규제(2019년 8월)까지 단행하였다. 한국에서도 상응하여 군사정보보호협정(지소미아)을 중단했다.

   종래에도 한·일 간의 역사문제는 1965년 한일 협정 이후에 늘 있었다. 그러

고이즈미 준이치로 총리와(2006년 6월)

나 서로 '투 트랙 정책'으로 다른 분야에까지 영향을 미치지 않고 우호 관계는 유지되어 왔다. 그런데 이번에는 안보와 경제 분야에까지 전선이 확대되어 최악의 상태가 되어버린 것이었다.

나는 이런 상황을 타개하기 위해 일본에도 여러 번 다니면서 "이것은 서로가 상처 입는 치킨게임이니, 수출규제를 풀어야 한다"라고 주장했다. 아베는 한국을 우습게 보기도 하고, 남북 간에 평화 분위기가 조성되자 '한민족 위협론'을 포지하기도 해서, 줄곧 한반도 평화 지대화에 반대 입장을 천명하기도 했다. 또한 그는 중국이 '중국몽'을 내걸어 대국으로 부상하자, 초조한 나머지 '대일본 제국 부활'을 꿈꾸기도 하지 않았는가 생각한다.

위안부 문제에 대해 강경 입장을 대내외에 공표했던 박근혜 대통령이 미국의 압력에 굴복하여, 2015년 12월 28일 아베 총리와 위안부 합의를 해버렸다. 얼마 지나자 박근혜 대통령이 탄핵당하여 새로 대선을 치르게 되었다. 후보 토론 때 모두가 한결같이 그 합의는 파기해야 한다고 했다. 문재인 후보도 절제된 용어를 쓰면서 그 같은 주장을 했다. 당선된 이후, 그 일을 처리하는 재단이 있었는데, 이사들이 욕을 먹을까 보아 사퇴하면서 자동으로 해체되었다. 이 또한 한·일 간에 큰 문제가 되었기 때문에, 문재인 정부는 위안부 합의는 유효하다고 한 발짝 물러섰다.

내가 대사로 가고 나서 2021년 7월, 지금 수상을 하는 기시다 의원을 만났는데, 그때 외상으로서 주역이었던 그가 "한국은 재단을 해체했다."라고 하면서, 한국 정부에 대해 매우 섭섭함을 가지고 있었다. 그래서 나는 그때 상황을 설명해 주었던 일도 있다.

2018년 10월은 '김대중-오부치 선언' 20주년이었다. 그래서 한·일 간에 '신신 선언'을 준비하자는 의견이 모아졌고, 양국에서 활발히 학술대회와 기념대회 등이 열리기도 했다. 심지어는 일본의 천황을 한국에 초청하자는 얘기가 오가서, 일한의원연맹 측과 심도 있게 논의하기도 했다. 그러나 10월 말에 대법원 판결로 모든 우호 증진의 노력은 수포가 되고, 오히려 급랭하게 되었다.

2018년 10월 대법원에서, 일제의 식민지 지배는 불법 강점이라고 하면서 강제노역 피해자에 대해 일본 기업은 배상해야 한다고 판결했다. 이 판결은 역사적인 것이고 불법 강점을 처음으로 국가가 규정한 것이었다.

일본의 '혐한파'에게는 좋은 호재였다. 그 정점에 있는 아베 총리는 강력하게 '반한 정책'을 취했다.

이를 해결하기 위해 일본의 누카가 회장과 가와무라 간사장 그리고 이낙연 총리와 나는 분주하게 움직였다.

일한의원연맹 회장단을 모시고 청와대 표경 방문(2018년 11월)

아베 정권의 강공책으로 한국에서는 'NO 저팬' 운동이 일어나 일본 제품 불매운동, 여행 안 가기 운동, '아베 화형식' 등이 열릴 정도였다. 일본에서도 '혐한' 운동이 기승을 부리었다.

나는 가는 곳마다, 이것은 서로가 상처 입는 '치킨 게임'이라고 양비론적 차원에서 문제를 제기했다. 2019년 1월, 한일의원 총회 준비와 민단 신년 하례회 때문에 일본에 갔었는데, 누카가 회장·가와무라 간사장·김광림 간사장과 함께 일본의 후지 텔레비전 토론에서도 우리의 입장을 밝히기도 했다.

한국에서도 2020년 3월, 노영민 비서실장과 여의도에서 저녁 만찬을 하는데, 대일본 강경 발언하길래 쓴소리했던 적도 있고, 문희상 의장과 같이 문 대통령에게 직접 호소해보려고 했으나 불발되기도 했다.

제41차 의원연맹 총회. 누카가 후쿠시로·가와무라 다케오·나카가와 마사히루·시이 가즈오·다케시타 와타루(작고)·나카다니 겐·이토 신타로·백진훈·도야마 키요히코·다케다 료타·김광림·장병완·유승희·이원욱·오영훈 의원 등과(2018년 12월)

　의원 총회 할 때는 이해찬 대표가 일본 문제를 얘기하기에, 중간에 나서서 보충 설명했다. "일본이 원인 제공하고 잘못했지만, 우리의 대응도 시간이 늦었다"라고 하는데 이 대표가 손으로 X자 신호를 보내었다. 나는 보지 못했는데, 기자들이 문제 삼아 크게 보도되었다. 나중에 그는 자기가 빨리 나가야 하니 그만두어달라는 뜻이었지 말을 막을 의도가 아니었다고 해명하는 해프닝도 있었다.

　나중에 일본대사로 갈 때 일본 우익들이 러시아령 쿠나시르 갔다 온 것과 천황을 국왕이라 한 것, 도쿄대 박사 논문이 일제 침략사라는 것을 가지고 반일파라고 공격할 때, 한쪽에서는 이것(문재인 정부의 대응 문제 비판)을 가지고 그렇지 않다고 했다고 한다.

무라야마 도미이치 전 총리와 서울에서(2014년 8월)

아베 신조 총리 예방. 가와무라·에토 세이시로·김광림·유승희·이철우·김석기 의원 등과(2017년 7월)

아베 총리와 둘이서(2017년 12월)

평창올림픽에서 아베 총리, 김석기 의원과(2018년 2월)

하토야마 유키오 전 총리·문희상 의장·노재현·이종걸과 서울에서(2019년 6월)

  5월에 중앙일보 강찬호 기자가 들러서 한·일관계에 대해 인터뷰하는데, 노영민 실장 등을 비판한 것을 가지고 대문짝만하게 기사화하여 큰 물의를 일으킨 적도 있다. 나를 포함하여 이낙연 총리·문희상 의장 그리고 청와대의 정의용 안보실장 등 온건파의 입장은 같고, 노영민·김현종 차장 등 강경파의 입장이 대립하고 있었기 때문이었다.

  2019년 7월 말에는, 지인인 재일 교포 최종태가 경영하는 돗토리현의 골프장에까지 가서 누카가 회장 등을 비밀리에 만나서 해결책을 강구해 보기도 하고, 문희상 의장은 '자발적 성금'에 의한 배상책을 제시하기도 했다. 청와대에서는 그 법안에 대해 냉소적이어서 해결될 수가 없었다.

  강 대 강이 첨예하게 부딪히는 형국이었다. 또한 마침 '코로나19'가 양국에

몽골 총리단 접견. 김두관·김태년 의원과 함께(2018년 1월)

덮치면서 교류조차도 끊기게 되어, 양국의 국민은 '관계 비정상화'를 피부로 느끼게 되었다.

제주는 몽골과 깊은 역사적인 연을 갖고 있다. 제주가 13세기말부터 무려 백여 년 간 원나라의 직할지였기 때문이다. 지금의 몽골사람들도 이러한 사실을 알고 있어서 각별한 관심을 갖기도 한다. 그래서 나는 한·몽의원외교협회 회장을 맡아 몽골의 정부 인사를 제주에 초청하기도 하고, 몽골의 총리 등을 접견하면서 관계를 돈독히 했다. 또한 코트라를 통해서 5,000억 원 정도의 경제적 지원사업도 도와주었다.

대통령 후보 경선

2020년에 들어와서 대통령 후보 군들이 서서히 드러나기 시작했다. 박원순 서울시장은 나하고는 '4·3' 운동과 시민운동을 같이 했던 절친한 관계였는데, 비명에 돌아갔다. 정세균 전 총리·추미애 전 대표 등 많은 분이 거명되었으나, 이낙연과 이재명이 크게 부각되었다.

이낙연 총리하고는 동갑이고, 내가 일본에 유학하고 있을 때 그가 동아일보 특파원으로 와 있었기 때문에 자주 만나는 사이였다. 의원 할 때도 자주 보고, 총리 할 때는 수시로 공관에 들락거렸다. 그가 농수산위원장할 때는 추자도 굴비 공장 만드는 문제에 심혈을 기울이는데, 굴비 주산지인 영광이 그의 지역구였다. 그럼에도 그는 흔쾌히 예산 따는 데 도와주었다. 통 큰 위원장이었다.

한일의원연맹에서는 그가 간사장을 하고 나는 사회문화위원장을 하면서 보조를 잘 맞출 수가 있었다. 내가 러시아령 쿠나시르에 갔을 때는 일본 측에서 크게 반발하여 총회를 거부하겠다는 엄포도 놓았으나, 간사장인 그가 지혜롭게 잘 수습하였다. 그가 총리 할 때 한·일관계가 꼬여 '관계 비정상화'가 시작되었다. '일본통'으로 자타가 인정하는 그와 내가 백방으로 노력했으나 결실을 보지 못했다.

그래서 많은 사람이 절친이라고 생각한다. 내가 불출마를 선언할 때도 정치를 그만두는 것이 아니라 이 총리를 대통령 만드는 데 앞장 서려고 한다고 하고 다녔다.

2019년 6월, 한창 대선 후보로서 인기가 치솟고 있던 이낙연 전 총리가 당 대표 나온다는 말들이 많았다. 절친인 조순용이 주선해서 유인태·원혜영·신경민 의원 등과 여의도에서 모였는데 모두가 대표에 출마하는 것에 대해 반대했

서울에서 한일의원연맹 합동 간사회의. 이낙연 총리를 모시고 가와무라 다케오 간사장·백진훈·이토 신타로·나가미네 야스마사 일본대사·김광림 간사장·장병완·윤호중·이철우·오영훈 의원 등과 (2019년 8월)

고, 그에게도 당 대표 불출마를 요구했다. 그런데 며칠 지나지 않아 대표 출마 선언을 하였다. 원로들이 "나가야 한다고 했다"라고 한다. 결국 그것은 큰 패착이었다.

이재명 경기도 지사와도 많은 인연을 갖고 있다.

2018년 10월 경기도 국정감사장에서, 야당에서는 대통령 후보군에 올라 있는 이 지사를 공격하기 위해, 특히 조원진 의원을 중심으로 많은 준비를 해서 공격했다. 그런데 그는 역으로 받아쳐서 모든 걸 해명하는 장으로 만들어 버렸다. 그의 화술과 순발력에 감탄할 따름이었다. 그래서 나는 가끔 "한국 정치인 중에서 가장 순발력이 뛰어난 사람은 이재명이고, 가장 늦은 정치인은 모

씨이다"라고 농담한다.

또한 그때 경찰에서는 그를, 형을 강제로 입원시켰다고 하여 수사하고 있었다. 나는 국감장에서 오히려 그를 두둔하면서 경찰청장에게 "문재인 정부가 이재명을 죽이려고 하는가?"라고 일갈하면서 당장 탄압을 멈추라고 하였다.

그 후 위안부 할머니들이 사는 '나눔의 집' 사건이 발생하여 경기도와 불교계가 갈등하기 시작했다. 그에게 찾아가서 큰 꿈을 갖고 있는데 불교계와 각을 세우지 말도록 주의를 전하고, 여러 가지(나눔의 집) 해결 방안을 마련하였다. 내가 일본 대사로 간 이후에 들어 보았더니, 잘 수습이 되었다고 한다.

주일대사로 나가면서 경기도지사실에서 이재명 지사와(2021년 1월)

제주도지사 선거

2018년 5월 도지사 선거가 있었다. 나에게 출마 의사를 묻길래 "전혀 생각이 없다"라고 하고, 청와대 비서관인 문대림을, 음으로 양으로 돕고 있었다. 원희룡은 한나라당이 인기가 없자 탈당하여 무소속으로 나와, 둘이 붙게 되었다. 처음에는 문대림이 문재인 대통령의 인기에 힘입어 상승세를 타더니 점차 떨어지기 시작했다. 스펙에서 상대가 안 된다는 것이었다. 그는 제주도의 변방인 대정에서 중·고까지 나온 대장 토박이이고, 부인 또한 애월에서 고등학교까지 나온 애월 토박이였다. 제주에는 주류사회가 있는데 그것을 뚫지 못한 것이었다. 후일 그가 스스로 그런 하소연을 하기도 했다.

그러나 실은 우리 당에서 경선하면서 그에 대해 "비리가 있다", "서울에 여자가 있다"라는 등 네거티브 흑색선전이 난무했다. 보통 사람들이, 같은 당에서 나온 말이기 때문에 믿는 것이었다. 떨어진 다음에 나는 그에게 "이기는 선거였는데 도둑질당했다"라고 한다.

의정활동

오영훈 의원이 앞장 서서 〈민주주의와 복지국가 연구회〉를 만들어 인재근 의원과 공동대표를 맡아 활동했다.

2019년 11월에는, 내가 그토록 신경 썼던 LNG 천연가스 공급 사업이 완료되어 준공식을 하게 되었다. 큰 보람이라고 생각하는 사업이었다.

다시 행정안전위원회에서 활동했다. 크게 관심을 가지고 노력했던 교통방송이 2016년에 개통되고, 2018년에는 불교방송도 개통시킬 수 있었다.

창립총회. 인재근·이인영·소병훈·오영훈 의원 등과(2018년 2월)

2016년에는 예결위원으로 활동하면서, 쓰레기 소각장 예산을 확보하여 제주환경 자원 순환 센터 사업비 2,068억 원 중에서 국비 지원으로 915억 원을 마련했다. 예산안조정소위원을 했기 때문에 가능했다. 그래서 2019년 친환경 폐기물 처리 시설이 완공되었다.

2019년에는 송재호 지역균형발전위원장과 합심하여 도두 하수처리장 국비 지원을, 예비타당성 조사 없이 즉시 시행할 수 있도록 하였다. 또한 제주 국립과학수사연구원 출장소 설치를 위한 예산을 확보했다.

'식물국회'와 불출마

20대 국회는 '동물국회'의 오명을 뛰어넘어, 하는 일이 하나도 없이 싸움질이나 하는 '식물국회'가 되어버렸다. 국회선진화법을 악용한 것이었다. 너무 창피해서 국회의원 배지를 달고 다니지 않았다. 나는 가는 곳마다 "이제는 국회가 탄핵당한다."라고 경고음을 발하기도 했다. 자괴감과 무력감 등으로 잠을 이룰 수 없을 정도였다.

2018년 말부터 정치변혁과 세대교체가 필요하다고 생각하면서 불출마를 고민하기 시작했다. 이러한 고민은 나뿐만이 아니라 절친인 원혜영 의원도 마찬가지였다. 국회에서 활동하는 것을 보면 3, 40대가 훨씬 합리적이고 상대의 얘기에 귀를 기울였다. 싸움질만 하고 정치공학에 능한 50대의 '586'하고는 달랐다. 민주당은 그들이 절대다수를 차지하여 당을 좌지우지하고 있었다. 그래서 새로운 4차산업 문명 시대에 걸맞게, 국회의 인적 구성이 달라져야 하고, 내가 그 불쏘시개 역할로 불출마하겠다고 생각하게 되었다.

원 의원에게는 "당신은 다음에 6선 의원이니 출마하여 국회의장 하라"라고 권유했더니, 그는 거꾸로 나에게 "후임자가 없으니 너는 나가야 한다"라고 할 정도였다. 중앙 언론에서도 종종, 심히 고민하고 있다고 보도될 정도였다.

이해찬 대표에게도 뜻을 전했으나, 그도 "후임자를 물색해놓고 하라"고 한다. 이낙연 총리에게 얘기했더니, 그는 계속하면서 자기를 도와달라는 것이었다. 후임자를 물색하지 않으면 어쩔 수 없었다. 한 석이 중요한데 야당에 넘겨주는 꼴이 돼버리기 때문이다. 당선 가능성이 있는 문 모·박 모·고 모에게 타진했으나 답이 시원치 않았다. 난감한 상황이었다.

2020년 1월 8일, 도쿄에 민단 신년 하례회 때문에 일본에 가게 되었다. 그때

니카이 자민당 간사장·가와무라 일한의련 간사장과(2020년 1월)

누카가 회장과 만찬하고, 다음 날에는 가와무라 간사장하고도 저녁 하기로 했다. 그런데 당시 실세이고 친한파인 니카이 자민당 간사장이 급히 보자는 전갈이 왔다. 몇 년 동안 한국 정치인하고는 절연한 상태였다. 깜짝 놀라면서 그와 차담하게 되었다. 그때 그에게 "당신이 한국에 와달라. 그 자체가 해빙을 알리는 신호가 될 것"이라고 했더니 흔쾌히 승낙하면서, 오봉 연휴 때 천여 명을 데리고 한국을 방문하겠다고도 했다. 당시로서는 엄청난 뉴스거리였다. 실제는 실현되지 않았지만.

그때 윤호중 사무총장이 한일의원연맹 운영위원장 자격으로 동행했다. 그가 나에게 "정말 불출마할 것이냐?"라고 묻기에 나는 "그렇다"라고 하면서 "후임자가 없어서 난감하다"라고 했다. 그랬더니 "청와대의 송재호 위원장은 어떠냐"고 하기에, 나는 "그는 표선 출신이니 해당하지 않는다"라고 했더니, 윤 총장이, 송 위원장이 "형님이 하라고 하면 해볼 생각이 있다"라고 하더라는 것이었다. 놀라서 그 자리에서 송 위원장에게 직접 국제전화를 걸어 물어보았다. 그랬더니 "형님이 하라면 하겠다"라는 것이었다. 깜짝 놀랐지만 수용하기로 했다. 그는 원적지가 애월로 할아버지 때까지 그곳에 살았고, 스펙이 좋아서 승산이 있기에 한 숨을 놓을 수 있었다.

일단 후임자가 생겼기에, 일본에서 "21대에는 출마하지 아니하겠다"라고 발표했다. 그랬더니 일본 정치인들이 "한·일관계는 어찌하느냐"고 걱정하는 것이었다. 나는 "이낙연 총리가 국회에 들어와서 연맹 일을 할 것"이라고 답하고 돌아왔다.

2020년 1월 27일, 불교종단협의회 신년 하례회 때, 김정숙 영부인을 모시고 원행 총무원장 스님들과 미리 차담하게 되었는데, 그 자리에서 여말선초의 나옹선사의 "버리라 훨훨, 벗어라 훨훨, 청산에 살으리렀다"라는 선시를 인용하면서, "그 가르침에 따라 불출마하겠다"라고 발표했다. 모두가 놀라는 것이었다.

영부인은 "그러면 제주는 어떻게 되느냐"라는 것이었다.

"최선을 다해보겠다"라고 답했다. 스님들께는 "그만두더라도 불교계와 정치권과의 가교 역할은 계속하겠다"라는 말씀을 드렸다. 나중에 그 인연으로 불교종립 대학인 동국대학교에 석좌교수로 가게 되기도 했다.

2020년 1월 12일 제주에서 의정 보고대회를 하게 되었다. 출정식으로 알아서 2천여 명이 운집했다. 그런데 느닷없이 불출마를 선언하여 버린 것이었다. 난리가 났다. 우는 지지자들도 엄청나게 많았다. 그날 밤늦게까지 삼삼오오 모여서 식사하는 자리에 가서 고맙다는 말과 함께, 위로하고 다녔다.

21대 총선에서는 원혜영 의원들과 함께 '라떼는 유세단'을 만들어 전국에 다니면서 지원 유세를 하였다. 그리고 대부분 제주에 상주하면서 송재호 후보 선거를 총괄하고, 간혹 오영훈 후보 지원 유세도 다녔다. 본인 선거 때보다 더 열심히 했다는 말을 들을 정도로 바지런히 다니었다. 너무 열심히 하여 대상 포진에 걸리기도 했다. 제주에서 3석을 석권하여 연속 5연승이라는 신화를 쓰게 되는 쾌거였다.

2020년 3월 백원우 전 의원을 만나게 되었다. 그와 이런저런 잡담을 하다가 자기네가 대통령에게 일본대사로 추천한 적이 있다는 것이었다. 그랬더니 대통령께서 "강의원은 달리 할 일이 많다"라고 하더라는 것이었다, 아직도 그 말의 뜻을 잘 헤아릴 수가 없다.

국회를 떠나면서 – 그동안 도와주신 분들

정의롭고 정열적인 문정렬 큰누님 같으신 분은 어른이면서 우리를 늘 지도해 주셨다. 제주시의회 의장도 역임했던 홍석빈 선배는 늘 나를 동생처럼 생각해서, 당에서 노인회장을 맡기도 하면서 수많은 일을 챙겨 주셨다. 최종원 전 의원은 후원회장을 맡아서 선거 때마다 제주에 와서 돌아다녔다. 전 제주시장이고 '4·3' 유족이신 김영훈(작고) 의장은 20대 때는 선대위 위원장을 맡으셔서 진두지휘했고, 당선되고 나서 후원회장을 하시다가 평화통일 제주지역 부의장을 지내시기도 했다. 문영자 약사님은 제주 출신이 아닌 아내를, 동생처럼 생각하면서 도와주었다.

후배 양인준은 부부는 아너소사이어티에 가입하는 등 노블리스 오블레스를 몸소 실천하는 사업가이다. 그는 인수·인보 형제와 함께 나를 큰 형처럼 생각하면서 지내오고 있다. 친척이면서 고향이 같은 강태욱은 일본유학 할 때부터 지금까지 줄곧 도와주고 있다. IT 사업을 하는 현규남은 아버지와 다투면서까지 나를 지지했다. 어린이집 원장인 양순애는 여동생처럼, 어린이집 식구들은 물론이고 장애인 체육회와 배드민턴 클럽 회원들도 엮어주었다.

김정기 선배는 서원대 총장을 그만두고 아버지 고향인 제주에 내려와서 제주교대 총장을 하셨다. 그래서 형수는 선거때마다 도움을 주셨다.

'4·3' 운동 때부터 연을 맺었던 작가 조미영은 20대 선거 때는 언론 담당까지 하면서 최일선에서 뛰어다녔다. 그를 보좌관으로 하려 했는데 여의찮아 무산되기도 했다. 후배 양진철은 여론조사 회사를 운영했는데, 한 치의 오차도 없이 예측하여 선거전략을 제대로 세울 수 있었다.

강문의 어르신이자 제주노인회 회장이신 강경화 어르신은 문복희·박소희 누님과 함께 노인 어르신네 운동을 할 수 있도록 뒤에서 도와주었다. '민주 경찰'이라고 칭송받는 강원근은 경찰을 그만둔 다음에, 본격적으로 나서서 선거운동을 해주었다. 그는 20대 선거 때는 암에 걸려 수술받은 시한부 인생임에도, 서울의 병원에서 퇴원하여 선거운동에 나섰다가 돌아가셨다. 눈물이 나올 뿐이다. 강문윤 선배와 이창수 선배는 용담동 책임을 맡아 헌신해주셨다. 문정인 선배의 동생인 문성종 교수는 친동생처럼 뛰어다니고, 이향우의 아들인 청년 이성재 군은 정의롭게 물불 가리지 않고 선거판을 휘저어 다녔다.

덕망이 있고 경험이 풍부한 사람이 선거사무장과 회계책임자, 상황실장을 맡아 진두지휘한다. 강상수 선배·김성대(전 청와대 전 행정관)·양경호 한국노총 사무총장·김성도 국장·문성은(농아복지관의 사무국장)·조원식 등이 맡아서 해주었다. 그들 때문에 한 번도 선거법에 걸리지 않았다.

노조는 늘 서민정당을 표방하는 민주당을 지지해 주었다. 여기에는 오랫동안 한국노총 제주지역 위원장을 역임했던 좌남수 의장이 있었기에 가능한 것이기도 했다. 그는 열린우리당의 사무처장을 한 이후, 도의회에 진출해서 도의회 의장까지 역임했다. 한림의 항운노조위원장 박원철도 의회에 진출하여 3선을 기록했다. 항만노조의 전경탁 위원장과 버스노조의 조경신 위원장은 당에서 중책을 맡았다. 택시 노조위원장 김재필은 큰 목소리를 내면서 여론 조성에 진력했다. 죽마고우인 홍영희는 항운노조·한경향우회·오현동문회 등에서, 나의 분신처럼 움직여 주었다.

제주에는 "이 당 저 당 해도 궨당이 최고다"라는 말이 있다. 사돈집도 친인척처럼 가깝게 지낸다. 사촌 누이 애란이의 시아주버니 고도은 사돈님을 비롯한 수많은 사돈도 자기 집안일처럼 뛰어다녀 주었다.

한림의 김영보 부지사(작고)·함동윤(씨름왕)·양보윤(양지은 부친)·강기탁 변호사·강학민 형제들·양성효 이장 등도 빼놓을 수 없는 분들이다. 제주에서 최고의 정책통이라고 자타가 공인하는 김호성 전 부지사님은 선거 때마다 정책 조언을 했다. 양한권의 인척인 진성택 국장은 같은 불자로 부부가 보수색이 강한 연동에서 뛰어 다니셨다. 고승욱 신부님과 마르코 신부님 형제는 같은 동향이어서 그런지, 공개적으로 지지해주셨다.

제주에서 애향심이 가장 강한 곳이 애월읍이라고 생각한다. 박규헌·강영필·홍용택·강성균(전 도의원)·고인협·김성표·김희수·이부자·송인숙·김병수·송문희·전진우·김창희·강태복·강창훈 등은 마을 발전을 위해 열심히 돕고, 당선 이후는 마을 민원을 갖고 와서 해결을 부탁한다. 나로서는 온 힘을 바치게 된다.

고산 초등학교의 동창인 고명옥·김권진은 초등학교 동창들을 다모아 뛰어다녔다.

강수길·고영찬 등 고산리민을 비롯한 한경면민 분들께 이 자리를 빌려 감사

칠봉회 제주에서(2010년 7월)

의 말씀을 전하는 바이다.

 대학 때부터 지금까지 형제처럼 지내고 있는 칠봉회라는 모임이 있다. 정옥태·김창범·고영채·오동혁·김승천·현창옥이다. 벌써 50년 이상 우정을 나누고 있다. 우리는 정치를 떠나 보통 사람으로서 만사 잊고 회포를 푼다. 유일한 낙이리고나 할까. 선거 때는 그 친인척까지 돕는다.

 나이도 엇비슷하고 오랜 인연을 갖고 있는 사람끼리 백 년을 살자고 하여 '백수회'를 만들었다. 김홍천·손천수·고철종·강만생·한승일·현창옥·허향진·김성수 등이다. 그만두고 나서 지금도 자주 만나 인생사를 얘기한다.

 특히, 전 평화통일 자문회의 제주지역부의장인 김성수 한라병원장에 대해 한마디 하고자 한다. 그는 고 김근태 의원과 각별한 관계가 있어서 열린우리당 창당 때부터 든든한 지지자가 되어주었다.

백수회. 손천수의 고희 기념으로, 강만생·김홍천·고철종·손천수 부부·가수 김성한·현창옥·한승일과(2020년)

그의 부친 김병찬 선생은 서울대 의대를 졸업하고서 귀향하여 한라병원과 한라대학을 만드셨다. 제주도에서 의사나 사업가가 지역발전을 위한 공익사업을 한 것은 처음일 것이다.

김 원장은 서울에서 의과대학 교수자리를 그만두고 내려와, 아버지의 가업을 이어받아 한라병원장을 하고 있다. 그 집안은 사촌까지 포함해서 의사가 십수 명이 배출된 한국에서도 보기드문 의사 집안이기도 하다. 이제 병원을 현대화하여 서울에 올라가지 않고도 제주에서 치료받을 수 있도록 키워 놓았다.

16년 정치하면서, 탈 없이 명예를 지키면서 의원 생활을 끝낼 수 있었던 것은, 고락을 같이했던 보좌팀의 헌신과 희생 때문에 가능했다. 그들에게 이 자리를 빌려 감사의 말씀을 전한다.

김천우·오영훈·김진덕·김용균·오화선·고영준·이치훈·강성민·고영상·진인철·우경창·류재섭·김민수·이승환·최석철·이경진·허희수·이상봉·강신혁·김동현·김명언·이경언·강승하·변홍문·문경운·고택남·이상윤·유동현·박철우·송지원·하재이·배경민·서한우·이진욱·신윤정·홍옥경·이승희·고지연·정민희·이태경·김행준 등이다. 몇 사람은 연이 끊어졌지만, 대부분은 카톡방을 만들어 서로 소식을 전하고 있다.

김진덕은 초대 지역 보좌관을 그만두고 도의원 생활을 한 후에 지금도 형제처럼, 20대부터 같이 다녔던 고영준 비서관은 사업가가 되고 나서도, 지금도 부자처럼 지내고 있다. 4·3연구소 때부터 같이 일했던 오화선은 그 후 서울에 와서 장장 9년간 비서관 생활을 했다. 최장기간이다. 제주에 내려와서는 다시 4·3연구소 일을 하고 있다. 보좌관 강신혁은 우리 장손집안이고 또한 내가 교수 생활했던 배재대학 출신이기도 하다. 그는 오랫동안 지역에서 보좌관을 하면서, 지역 현안을 어느 누구보다 잘 알고 있었다. 그래서 그에게 다 맡겨놓고 여의도에서 국정 일에 전념해도 전혀 지장이 없을 정도였다. 현재 송재호 의원 비서관을 하는, 유도선수 출신 김명언은 스포츠맨답게 의리를 지키면서, 아직까지도 나의 일을 챙겨 주고 있기도 하다.

현 제주도지사 오영훈은 서울에서 정책보좌관으로서 탁월한 능력을 발휘하였다. 그런데 제주시 지역 도의원 후보가 없어서 그를 차출하여, 도의원이 되었다. 그 후 국회의원을 2번 역임하면서, 이낙연 대표 비서실장과 이재명 대선 후보 비서실장을 지내었다. 그리고 지난해 지방선거에서 민주당으로서는 처음으로 도지사가 되었다. 그래서 종종 서울에서 "제주도는 의원과 의회·지사가 모두 민주당인 해방구"라는 말을 듣기도 한다.

유신체제 때 서울법대 다니다가 민주화운동에 투신한 김천우는 오영훈 지사와 함께 초대 서울 보좌관을 했다. 내가 9년 연속 최우수 의원이 될 수 있었던 것은 오롯이 그의 덕분이다. 현재 SK에서 상무를 하는 이상윤은 특히 산업과 에너지 분야의 최고 보좌관이라 평이 날 정도였다.

이러한 탁월하고 헌신적인 보좌팀들이 있었기에 나름 많은 업적을 쌓을 수 있었다. 귀한 인연이라 생각하면서, 이 자리를 빌려 심심한 감사의 뜻을 전한다.

선거 때 가장 고생하는 것은 가족이다. 처제 장용수, 처남 규태와 규수는 선거 때마다 내려와서 언니와 누나를 수행하면서 뛰어다녔다. 딸 소연과 아들 성종은 직장에 휴가 내어 청년과 대학생들을 만나고 다니면서 선거운동을 하고 다녔다.

형 재일, 동생 상헌, 누이 미선은 사무실에 상주하면서 잔 심부름도 마다하지 않았다. 거기에다 미선은 어머니의 인맥을 다 알고 있었기에, 그 분들의 도움을 받을 수 있었다. 해준 것 없이 고생만 시킨 것 같아, 늘 가슴이 아플 따름이다.

이외에도 수많은 분들이 격려와 성원을 해주었음에도 지면관계 상 일일이 거명하지 못하였다. 너그럽게 양해하여 주시기 바라는 바이다.

* 주요 경력

국회 외교통상위원회 위원

국회 행정안전위원회 위원

국회 한일의원연맹 회장

국회 정각회 회장 재추대

국회 한 몽골 의원외교협회 회장

국회 〈민주주의와 복지 국가연구회〉 공동 대표

국회 〈안전한 대한민국포럼〉 대표 의원

민주당 〈지속가능 제주발전특별위원회〉 위원장

* 불출마 선언 전문

2020. 1. 12.(제주 한라대 한라아트홀 대극장)

존경하는 제주시 갑 주민 여러분, 그리고 제주도민과 국민 여러분! 오늘은 지난 16년간의 의정활동을 보고하는 자리입니다. 이 자리에 함께하기 위해, 귀한 시간 내어주신 여러분께 깊이 감사드립니다.

정치권에 들어선 이후 청정 제주에 걸맞은 깨끗한 정치를 실천해왔다고 자부합니다. 올곧게 소신을 지키며 시시비비를 분명히 해왔습니다. 그것이 도민과 여러분의 자부심을 살리는 길이라 여겼기 때문입니다. 뜨거운 성원에 힘입어 그동안 올바른 길을 걸으며 4선 중진 의원으로서 우뚝 설 수 있었습니다.

16년 전 바로 오늘, 혈혈단신으로 고향 제주에 내려와 열린우리당 창당에 나섰습니다. 망설임 끝에 선거 혁명을 통한 세대교체가 필요하다는 사명을 갖고 '민주주의의 완결'을 명분으로 민주개혁 세력의 불모지 고향 제주도민 앞에 섰습니다.

그 이후 제주지역의 정치 지형을 바꾸며 정치사를 새로 쓸 수 있었던 데에는, 이 자리에 계신 여러분들이 보내주신 과분한 성원이 있었기 때문입니다. 16년 동안 역사와 나란히, 당과 나란히, 세주와 나란히 가고자 하는 저의 손을 한 번도 뿌리치지 않으셨습니다.

제가 제주지역 역사상 처음으로 내리 네 번 당선되는 영예를 안은 것과 동시에, 저를 포함한 제주 국회의원 세 분이 모두 16년간 민주당 소속이었습니다. 2018년에 치러진 지방선거에서 당선된 제주도의회 전체 의원 38분 중 29분이, 더불어민주당 소속으로 한 팀을 이루어 나라다운 나라, 든든한 지방의회 만드는 데 일조하고 있습니다. 어느새 민주개혁 세력이 제주 전역에 튼튼히 뿌리내리게 되었습니다.

여러분들이 만들어주신 변화의 바탕 위에서 저는 섬과 뭍을 초월하는 의정 활동을 펼칠 수 있었습니다. 제주특별자치도 출범으로 대한민국 지방자치의 새로운 지평을 여는 데 앞장선 것은 무엇과도 바꿀 수 없는 보람입니다. 역사 교수 출신 국회의원으로서 제주 '4·3'을 포함한 과거사 문제 해결에 두 팔 걷어 붙이며 우리 사회의 분열을 극복하기 위해 진실규명과 명예 회복에 나섰습니다. 〈진실과 화해를 위한 과거사정리 기본법〉 제정으로 국가 권력의 정통성을 회복하고 피해자와 유족의 상처가 치유되기 시작한 것은 분명한 성과입니다. 한·일관계 전문가로서 일본이 저지르는 역사 왜곡에 단호히 맞서는 한편, 미래 지향적 협력을 강화하는 방안을 마련하기 위해 여야 및 일본 의원들과 머리를 맞대며 의원외교의 중심에 섰습니다. 한일의원연맹에서 여러 직책을 거쳐 회장으로 일한 경험에 자부심을 느낍니다.

하지만 '식물국회'인 20대 국회의 현실에 제 마음이 몹시 괴롭습니다. '정치'는 사라지고 '대치'가 일상화된 모습에 중진 의원으로서 자괴감을 느낍니다. 무의미한 격렬함에 가로막혀 우리 사회에 꼭 필요한 변화가 멀어지는 상황에 무력감을 느끼기도 합니다. 정치혐오가 심해지고 정치의 기능이 마비에 이르는 상황을 타개하지 않으면 우리의 장래를 담보하기 어렵습니다.

더구나 세계는 가히 신문명의 시대로 접어들고 있다고 해도 과언이 아닙니다. 5G는 이미 상용화되었고 인공지능과 빅데이터 등 디지털 기술에 기반한 4차 산업혁명은 우리 사회의 구조를 뒤흔들어 놓을 것입니다. 새로운 시대에 새롭게 제기되는 과제에 대응하기 위해 다가오는 21대 국회는 혁신에 적합한 구조를 갖춰야 합니다. 국회의 인적 구성이 달라져야 하는 것은 두말할 필요가 없습니다. 배타적 지역주의와 폐쇄적 진영 논리를 벗어나 다양한 계층과 세대를 대표하는 역량 있는 분들이 국회에서 대화와 타협을 실천하는 길이 열려야 합니다. 저 같은 중진 의원들이 국회 혁신과 물갈이의 불쏘시개가 되어야 한다고 생각합니다.

저는 이번 21대 총선에 나서지 않기로 했습니다. 여의도와 제주도를 땀으로 적신 16년의 세월을 뒤로하게 됩니다. 일단 출마의 뜻을 내려놓으며 박수받을 때 떠나는 아름다운 전통을 만들고자 합니다. 이 또한 제주의 새로운 역사가 될 것입니다.

지금 제주시 갑 지역구에서는 송재호 지방분권 위원장, 박희수 전 제주도의회 의장과 박원철 도의회 환경 도시위원장을 비롯한 유수의 후보자들이 우리 지역과 나라의 비전을 놓고 도민의 선택을 기다리고 있습니다. 이제 제주에 뿌리를 두고 세계로 눈을 돌리는 후배 정치인들이 시대정신에 맞는 새로운 변화에 동참해주기를 바랍니다. 자치와 분권을 선도하는 제주의 가치를 바로 세우고 평화와 번영의 대한민국을 만드는데, 신선한 시각을 제공해주기를 기원합니다.

오늘의 결론을 내리기까지 수많은 밤을 불면으로 지새웠고, 참으로 많은 지인과 주민들 그리고 당원 동지들을 만났습니다. 우리 정치의 앞날과 제주의 위상, 그리고 저를 포함한 민주개혁 세력의 역할과 의무에 대해 더없이 귀한 말씀을 해주셨습니다. 힘 있는 다선 의원의 필요성과 '과거사' 및 한·일관계 전문가의 귀중함을 전해주시기도 했습니다. 이 자리를 빌려 감사의 말씀 전합니다.

그렇다고 제가 정치권을 완전히 떠나지는 않습니다. 오늘 불출마 입장을 전하지만 혹여 우리 당의 승리가 어려워 중앙당의 부름이 있으면 온몸을 불사르고자 합니다. 또 다른 결단을 내려야 하는 상황이 현실화하지 않기를 바랍니다.

오늘도 희망의 씨앗을 뿌립니다. 따뜻한 정치로 여러분의 마음에 남고자 합니다. 어디에서든 한·일관계 정상화, 제주 '4·3'을 비롯한 '과거사' 문제 해결, 제주 본연의 가치를 발굴하기 위한 노력은 계속할 것입니다. 무엇보다 문재인 정부의 성공과 정권 재창출을 위해 국회 밖에서도, 그동안 쌓은 경험과 경륜을 발휘하겠습니다.

제 아내와 함께, 그동안 보내주신 하해와 같은 은혜에 보답하겠습니다.

2020년 1월 12일
더불어민주당 제주시 갑 국회의원 강창일

제8장
주일본 대한민국 특명전권대사

국회의원을 그만두고 나서

2020년 5월, 20대 국회를 마치고 '시원섭섭' 하게 의원직을 그만둘 수 있었다. 그런데 불편한 것이 한둘이 아니었다. 특히 비서가 없다는 것과 자가용이 없는 것이 가장 큰 문제였다. '인간은 환경에 잘 적응하는 동물'이라고, 조금 시간이 지나니 택시나 지하철을 타고 다니면서 해결할 수가 있었다.

우선은 자료가 많은데 이신철 교수가 운영하는 역사디자인 연구소로 옮기고 방 하나를 내 개인 사무실로 이용하였다.

5월 말부터 동국대에 석좌 교수로 부임했다. 나로서도 교수 출신이고 불교와 정치권과의 가교역할을 할 수가 있어서 바람직하였다. 연구실을 마련하여, 오래간만에 대학원생들에게 한·일관계사를 강의했다. 그때 강의한 것을 녹취했다가 2023년에 『근현대 한국과 일본(정치 관계 논문집)』이라는 책을 간행했다.

다음에는 〈몽양 여운형 기념사업회〉 이사장을 맡게 되었다. 오랫동안 이사장직을 맡아오셨던 이부영 선생께서 건강 문제도 있어서 그만두려고 하니 맡아달라는 것이었다. 나 역시 역사학자 출신에다가 몽양의 정치노선을 존중하고 있었기 때문에 받아들였다.

또한 제주에는, 그 이전에 그만둘 것을 염두에 두고 2020년 4월부터는 언론인 송창우·김성수 병원장·박찬식 박사·박경훈 화백·김창환 사장·김동만 교수 등과 〈제주와 미래연구원〉 결성을 준비해서 2002년 6월에 발족할 수 있었다. 나는 상임고문으로 하고 김기성 회장을 이사장, 송창우를 원장, 김동만을 사무총장으로 활동하기 시작했다(현재는 김동만 교수가 원장).

몽양 추모식. 유족 여인성 등과(2020년 7월)

이것을 만들게 된 동기는 다음과 같다. 이들은 1989년부터 35여 년간 모두 나와 함께 '4·3' 운동 동지로서 줄곧 같이 활동하였다. 이제 '4·3' 문제도 어느 정도 성과를 내었으니, 제주의 미래를 고민하는 싱크 탱크를 만들어보자는 취지에서 시작한 것이다. 정치적으로 오해받을 수 있으니, 현역 정치인은 후원 정도로 참여해서 순수한 민간 차원에서 출발하기로 했다.

김기성 이사장은 서귀포 출신으로 제주시에서 자그마한 사업을 하면서, 많은 사회단체에서 활동하고 있는 어른이다. 게다가 소문 안 나게 제주대학, 4·3연구소, 서명숙의 제주올레(법인)에 많은 후원금을 쾌척하기도 한 분이다. 나와 김성수 원장, 언론인 강만생과 강영필, 허향진 전 제주대 총장 등은 고문으로 참여하고 있다.

몽양평화대학에서 강연. 김태일·장영달·유영표·김덕규·이두엽 등과(2023년 7월)

제주와미래연구원 창립 기념식. 김기성·송창우·김창환·박찬식·김동만·조미영(2023년 8월)

스스로 불출마했으니, 국회의 일은 자연스럽게 정리할 수가 있었다. 우선은 불자 국회의원으로 초당적으로 일하는 정각회 구성 문제였다. 이번에는 민주당에서 회장을 할 차례여서 이원욱 의원에게 부탁해서 그를 회장으로 모실 수 있었다.

한일의원연맹은 내가 회장을 하고 있었기 때문에 물려 주어야 했다. 일본통인 이낙연 전 총리가 해야 하는데, 그는 대통령 선거에 출마해서 할 수 없는 처지가 되어버렸다. 선수도 중요하기 때문에 김진표 의원(현재 국회의장)에게 부탁했더니 흔쾌히 승낙하여 모실 수 있었다.

9월부터 동국대에서 석좌 교수로 대학원생에게 근현대 한·일관계를 강의했다. 20여 년 만에 강의하게 되니 감회도 새롭고 신도 났다. 내가 교수 할 때 썼던 논문들을 읽어서 발표하고 내가 보충 설명하는 식이었다. 그래서 새롭게 내가 썼던 논문들을 다시 읽어 볼 수가 있었다. 처음에는 내가 쓴 글이 아니라는 생각이 들 정도로 생소했다. 스스로 놀랠 정도로 "열심히 논문을 썼구나" 하는 생각도 들었다. 정치하면서 쓰는 용어들도 달라져 있었다. 수업이 끝나면 일본학과와 역사학과의 교수들과 학생들하고 소주도 한 잔 기울이는 여유도 만끽할 수가 있었다.

2021년, 주일본 특명전권대사로 가게 되다

2020년 10월 초에 노영민 비서실장이 전화를 걸어 인사 검증하겠다고 한다. 나는 처음에는 입각인 줄 알았는데 주일대사를 해달라는 것이었다. 깜짝

임명장 수여식. 강경화 장관과 아내 장용선 (2021년 1월)

놀랄 수밖에 없었다. 문재인 정부는 원칙을 고수하여 정치적으로 풀려는 의지가 없어 보여서, 한·일관계 정상화론자인 나하고는 갈등을 빚고 있던 터였다. 특히 노영민 실장하고는 중앙일보에 크게 대서특필 될 정도로 충돌하고 있었다. 추측건대 나를 지명한 것은 문재인 대통령인 것 같았다.

한 달여 지나 인사 검증이 끝나, 그 사실이 언론에 나오기 시작했다. 여러 가지 말들이 나왔다. 한국에서는 이상민 의원처럼 "'문빠'도 아닌데 시킨 것은 최고의 선택이다"라고 하는데, 일본에서는 우익신문 산케이 등과 반한 인사들은 반일주의자이기 때문에 아그레망을 내주면 안 된다고 하는 작태가 있고, 그것을 받아서 한국에서도 설왕설래하고 있었다.

일본의 우익 언론에서 반일주의자라고 시비 거는 것은, 일본의 '북방영토'라고 하는 러시아령인 쿠나시르에 갔다 온 것과, 천황을 국왕이라고 했다는 것이

송별회. 정대철 헌정회장·정운찬 전 총리·최은수 매경본부장·최연매 회장과(2021년 1월)

고, 박사학위 논문이 일제 침략사로, 반일주의자라는 것 등이었다.

과거 유명한 로비스트인 박동선 씨는, 자기가 일본에 지인이 많이 있는데 잘 얘기해 놓았다고 하는가 하면, 박지원 국정원장도 실세인 니카이 자민당 간사장과 친분이 깊은데, 잘 말해놓았다고 한다.

12월 초에는 서훈 안보실장과 노영민 비서실장이 지적된 문제에 대해 해명해달라는 부탁도 있어서, 일본 기자들을 모아 놓고 회견한 일도 있다. 내가 주일대사로 가는 것에 특히 언론에서는 관심이 많아서 한겨레신문 등 몇 군데에는 인터뷰도 했다(* 참고 자료 1).

2021년 1월 14일 대통령으로부터 임명장을 받았는데, 1월 8일 위안부 재판 결과가 나왔다. 일본은 종군위안부 할머니들에게 각각 1억여 원 정도씩 배상해야 한다는 것이었다. 양국 간의 냉랭한 분위기는 더욱 심해졌다. 10여 일 지나 현지로 출발했다. 나리타 공항에 도착했는데, 수많은 기자가 대기하고 있었다. 여간 심각한 것이 아니라는 것을 실감했다. 그들의 묻는 것은, 배·보상 문제를 어떻게 할 것인가, 강제징용과 위안부 문제는 해결할 수 있는가 등이었다. 내 소신대로 답변해 주었다.

"양국과 양국 국민을 위해서 정상화되어야 한다, 우리는 여러 가지 해결책을 가지고 있다, 일본 정부가 성의를 가지고 대화에 임해 주어야 한다"라는 것 등이었다.

나의 부임 소식과 강창일 대사는 어떤 사람인가 하는 기사가 일본의 많은 신문에 나왔다. 일약 '거물' 유명 인사가 되어있었다. 혹자는 과거에 케네디 대통령 딸이 대사로 왔는데, 그에 버금가는 화젯거리라고 했다.

일본 도쿄대에 유학하여 박사학위도 받았고, 한일의원연맹 간사장과 회장을 역임하면서, 동포 및 일본 정치인과 학자들 지인이 많았기 때문에, 이만저만 바쁜 것이 아니었다. 정치인·학자·언론인·재일동포 등을 매주 4회 정도 관저에 초대하여 식사할 정도였다.

모리 요시로·간 나오토·후쿠다 야스오·하토야마 유키오·노다 요시히코·아소 타로 등 전직 총리와, 오카다 가쓰야·마에하라 세이지·기시다 후미오(현 총리) 등 외상, 자민당의 니카이 도시히로 간사장·공명당의 야마구치 나츠오 대표·입헌 민주당의 이즈미 켄타 대표·민주국민당의 후쿠야마 데쓰로·에다노 유키오·다마키 유이치 대표·공산당의 시이 가즈오 위원장 등 각 당 대표, 오자와 이치로·고노 요헤이·가메이 시즈카 등의 원료정치인, 일한의원연맹의 누카가 후쿠시로 회장·가와무라 다케오 간사장·다케다 료타 전 총무대신(현 연맹 간사장) 등등 이루 다 열거할 수가 없을 정도이다. 무려 200여 명의 정치인들을 초대하였는데, 연맹 회장 할 때부터 개인적인 친분이 형성되어 있었기 때문에 가능했다.

그들을 만나면 나는 늘, "관계가 정상화되어야 한다. 이것은 양국 및 양국 국민을 위해서 좋은 것이다. 일본 정부가 한국 정부에 대안을 미리 가지고 오라는 것은 대화하지 않겠다는 것이다. 수출규제와 지소미아 중단은 동시에 풀고 '과거사' 문제는 협상 테이블에 앉아 서로 진지하게 논의하자. 우리는 경청할 자세가 되었다"라고 했다. 모두가 합리적이라고 수긍을 한다. 그럼에도 실제로 풀리는 것은 없었다.

친분이 있는 의원들과는 수시로 만나도, 장관을 하게 되면 피하는 것을 느낄 수 있었다. "잘못된 메시지를 전달할 위험이 있기 때문에, 한국이 굴복할 때까지는 피해 달라"라는 메시지가 있었지 않은가 하는 생각이 들었다.

이것은 정부의 정책은, 일본의 관료제가 뿌리 깊게 강고하여 그들에 의해 결정된다는 것을 암시해주는 대목이기도 하다. 일본에서는 농담으로 "정치인이 없이 관료만 있어도 일본은 잘 돌아간다"라는 말이 있을 정도이다.

수없이 많은 인사를 만나면서도, 아베 신조 전 총리·모테기 도시미츠 외상·스가 요시히데 총리는 만날 수가 없었다. 그들이 피하는 것이었고 그 사실이 화제가 될 정도였다. 이유인, 즉, 만나면 한국 측에 이상한 메시지를 전달하는 것이 되어버린다는 논리였다. 내가 정상도 아닌데 이렇게 관심이 많은지, 거꾸로 내가 그렇게 '거물'인가 하면서 비아냥거리기도 했다.

대사로서는 공식 창구가 외무 차관과 천황이었다. 서로가 필요하면 만나면 되는 것이기도 하지만, 가장 가까운 이웃 나라이기 때문에 만나는 것이 자연스러운 것임에도 처음에는 만날 수 없었다. 심지어는 각 당 대표와 자민당 간부들에게 만나는 것을 삼가 달라고 얘기를 했다고 하는 풍문도 들었다. 협량한

천황 신임장 제정식(2021년 5월)

짓이라고 웃어버리고 말았다.

　2022년 5월, 천황의 신임장 제정식이 있었다. 한국의 한복을 입고 갔다. 천황은 학습원 대학에서 역사를 공부하신 분으로 특히 수운과 해운에 대해 관심이 많있다. 나도 역시학을 한지라 애깃거리가 많았다. 한 30여 분 이런저런 대화를 할 수 있었는데, "일한 우호 증진을 위해 애써달라"라고 하고, 나는 "한·일 관계 정상화를 위해 애써주십시오"라고 부탁을 드리기도 했다. 또 나에게 일본 각지를 여행해 달라고 해서 유학할 때 대부분 다녔는데, 홋카이도는 못 가 보았다고 했더니 "꼭 가 보세요"라고 했다. 그래서 그 약속을 지키기 위해 연말에 다녀오기도 했다. 보통 10여 분 하는데, 너무 길게 한다고 눈총을 받기도 했다.

니카이 간사장·노다 세이코 간사장 대행(2021년 2월)

이즈미 켄타 입헌당 대표와 관저에서(2022년 2월)

야마구치 나츠오 공명당 대표 등과 관저에서(2022년 5월)

니카이·가와무라·고이즈미 류지 의원·현동실 등과 관저에서(2022년 6월)

모리 요시로 전 총리와 사무실에서(2021년 2월)

하토야마 유키오 전 총리 부부와 관저에서(2021년 9월)

후쿠다 야스오 전 총리와 관저에서(2021년 11월)

시이 가즈오 공산당 위원장·카사이 아키라 의원 등과 관저에서(2022년 2월)

스가 총리에게 신청했는데 만나지 못했다. 아베의 입김 때문인 것 같았다. 그는 재일동포하고도 인연이 깊고 실용주의 정치가였다. 자기 힘이 없으므로 소신 있게 움직일 수가 없었다. 재선되면 가능할 것으로 생각하여 주위 분들과 많은 교류를 하고 있었는데, '코로나' 문제로 불출마하여 버렸다. 재선될 것으로 생각해서 뜸 들이고 있었는데 도중하차하고 말았다. 닭 쫓던 개가 되어버린 기분이었다.

전직 총리와 외상, 정치원로, 각 당 대표 등을 모두 만났다. 단 무라야마 전 총리는 건강상의 이유로 지방에 가 있어서 만나지 못하고 인사 전화만 드렸다. 아베 전 총리는 일본 정치인 중에서 가장 많이 만났던 분이다. 그럼에도 2019년부터는 노골적으로 반한 정책의 주도자가 되어버려서 연락조차 하지 않았다. 모테기 외상은 정조회장 시절에 몇 차례 교류가 있었는데 노골적으로 기피했다. 더 나아가 정치인들에게 "당분간 이상한 메시지를 전달하는 것이 되기 때문에 만나지 말아 달라"라고 했다고도 한다. 헛웃음이 나올 따름이다.

일본에서 영향력이 있는 인사들도 종종 초대하였다. 니시하라 전 와세다 총장·와다 도쿄대 명예교수·오카모토 이와나미 사장·미나미오카 『일본』 잡지 사장·야노 히데키 등은 친한파로서 자주 뵐 수가 있었다.

도쿄대에 유학할 때부터 인연을 맺어왔던 요시다 미츠오(도쿄대 명예교수)·이토 아비토(도쿄대 명예교수)·오코노기 마사오(게이오대 명예교수)·강상중·이성시(와세다 교수)·조경달·유화·하야시 유스케 등도 관저에 초대해서 많은 얘기를 나누었다.

동포들도 수없이 만났다. 친구 사이인 최종태 회장·여건이 단장·이수원 도쿄 단장·최상영 체육회장·오공태 전 회장·오영석 도쿄 민단 의장 등이다. 뉴커머로 구성된 구철 등의 한인회, 김화남·이상훈·양일현 등의 관동 제주도민회, 김광일·김상열 등의 평화통일 자문회의 멤버들, 장영식 옥타 회장 등이다.

대사로서는 처음으로 오사카에 가서 관서 지방 신년 하례회에 다녀왔다. 거기에서 '4·3' 추모비가 있는 통천사에 가서 참배하기도 했다. 또한 나가사키·후쿠오카·시즈오카·홋카이도 등 지역에도 대부분 다녀왔다. 어디에 가든 위령비에 참배하고 재일동포들도 만났다.

일본에 도착하자마자, 세계적 작가인 화산도의 김석범 선생님(97세)께 연락을 드렸다. 조동현 사장이 모시고 왔다. 너무나 반가워서 부둥켜안아 서로 울기도 했다. 귀국하기 전에는, 자기가 대접해야 한다고 하면서 밖에서 식사하기도 했다. 귀가 잘 들리지 않으면서도 맥주를 드시면서, 청년 같은 혈기 가득 찬 모습으로 열변을 하는 것은 젊은 시절과 똑같았다.

또한 나에게 학문이 무엇인지를 가르쳐주신 은사 선생님인 다케다 유키오

간 나오토 전 총리와 국회 사무실에서(2021년 6월)

노다 요시히코 전 총리와 국회 사무실에서(2021년 10월)

고노 요헤이 전 중의원 의장과 관저에서(2021년 11월)

오오시마 타다모리 전 중의원 의장과 관저에서(2022년 2월)

가메이 시즈카 원로 정치인·야마시타 야스노리 아사히 전 기자·후쿠모토 요시로 요미우리 전 기자 등과 관저에서 (2022년 2월)

오자와 이치로 의원과 관저에서(2022년 1월)

오카다 가츠야 전 외상·다나카 사토시 전 대사와 관저에서(2022년 5월)

다마키 유이치로 국민민주당 대표·마에하라 세이지 전 외상 등과 관저에서(2021년 4월)

이시바 시게루 전 자민당 간사장과 관저에서(2022년 4월)

모테기 도시미츠 전 외상·이철우·노웅래·서영교·유승희·김석기·오영훈·김해영·오세정 의원 등과 자민당 당사에서 (2017년 7월)

와다 하루키 도쿄대 명예교수·니시하라 하루오 와세다대 전 총장·오카모토 아츠시이 와나미 사장·도고 가즈히코 전 대사·미나미오카 키하치로·야노 히데키 등과(2022년 4월)

한창우 마루젠 회장 부부와 관저에서(2021년 2월)

오익종 회장 가족과 관저 정원에서(2021년 6월)

여건이 단장 등 민단 지도부와 관저에서(2021년 9월)

여건이 민단 단장·김광일 평통 부의장·구철 한인회 회장·홍성협 교수 등과(2022년 5월)

민단 부녀회. 유대영 회장·김정자 부회장·손미자 부회장·박순자 부장·김복자 부장 등과 관저에서(2022년 6월)

재일학자 강상중·이성시·이종원 교수 등과 관저에서(2021년 12월)

고마진자(고려신사)에서 하토야마 전 총리와 오용석 도쿄 민단 의장 등과(2021년 11월)

구철 한인회 회장·최갑태 고문 등과 홋카이도 강제징용 유골 기념비 앞에서(2021년 11월)

오사카 통천사 '4·3'기념탑 앞에서(2022년 1월)

(武田幸男) 도쿄대 명예교수님께 연락을 드렸다. 지금 '코로나'에 걸려 있어서 좀 지나서 만나자는 전갈이 왔다. 그런데 몇 개월이 지나서 부음을 듣게 되었다. 너무나 가슴이 아파 무어라 할 말을 잃을 정도였다. 2023년 4월 2일에는 선생님의 추모식이 도쿄에서 열리는데도 가 볼 수가 없었다.

모든 언론사의 사장도 초대하여 한일 간의 현안을 논의하고 한국의 입장을 설명하기도 했다. 또한 토구라 경단련 회장을 비롯한 경제계 인사들도 모셔서 관계 정상화의 필요성을 논의하기도 했다.

정부 관계자·정치인·학자·언론인·동포들을 만나면서 줄곧 해왔던 말은, 한일 의원연맹 회장 때 했던 것과 같았다(*참고 자료 2, '9월회' 발표문).

내가 만났던, 일본 사회의 지도자들은 대부분 한·일관계의 정상화와 우호 관

일한경제협회 회장단. 사사키 미키오 회장·고레나가 가즈오 고문·이케다 마사키 부회장·무라야마 료 등과 관저에서 (2021년 10월)

계의 증진에 동감하고 서로 노력할 것을 다짐하기도 했다. 단 아베류의 반한적 인사들과 관료가 장악하고 있는 일본의 대한 정책은 그대로 전개되었다.

많은 정치가가 공감하는 한·일관계의 정상화와 우호 증진은 이 고비를 지나면 낙관적으로 풀릴 것이라고 확신했다.

2021년 8월, 대통령이 올림픽 참석차 일본 방문하기로

문재인 대통령은 나를 대사로 임명할 때부터 한일 간의 정상화에 대한 강한 의지를 갖고 있었다. 내가 부임할 때, "스가 총리에게 도쿄 올림픽에 적극 협력하고 꼭 참석하고 싶다"라고 하면서, 잘 전달해 달라고도 했다.

그런데 그 후, 한·일관계는 좀처럼 풀리지 않고 교착상태가 지속되었다. '위기관리'를 하면서 시간을 벌 수밖에 없었다. 아직도 대한 강경노선을 갖고 있었던 아베의 눈치를 보느라고, 어느 누구도 '관계 정상화'를 강하게 주장할 수 없는 상황이었다.

올림픽은 좋은 기회였다. 그러나 일본 정부가 어떻게 대우할지가 초미의 관심사였다. 혹여나 제대로 대우하지 않으면, 더욱 악화할 가능성도 있었다. 일본의 친한파 인사와 이경아 YTN 특파원, 이종원 교수 등에게 자문을 구했더니 모두가 걱정하는 것이었다.

7월 말에 친한파 인사인 가와무라 일한의원연맹 간사장과 노다 세이코 자민당 간사장 대행에게 연락했다. "어떻게 했으면 좋겠냐?"고. 노다 의원에게서 즉시 연락이 왔다. 스가 총리를 만났더니 흔쾌히 "환대하겠다. 꼭 오시었으면 한다"라는 전언이었다. 다음 날 가와무라 간사장으로부터도 같은 답신이 왔다.

일본 언론에서도 초미의 관심사가 되었다. 산케이는, "와도 15분 정도밖에 차담할 수가 없다"라는 등, 깎아내리기에 혈안이 되었다. 환담 시간 문제도 대충 정리하였다. 제일 마지막에 환담하고, 시간은 충분히 드린다는 것이었다.

8월 1일 즉시 청와대에 연락했다. 안보실장·국정원장·비서실장·외교부 장관 등에게 친서를 보내고, 대통령께도 나의 뜻을 전해달라고 했다.

나의 진언이 먹혀들었는지, 오는 것을 전제로 만반의 준비를 해나갔다. 호텔 예약·착륙 비행장·경호 문제 등, 엄청나게 일이 많아, 대사관 직원들이 눈코 뜰 새 없이 분주하게 움직였다.

그런데, 8월 초순에 소마 주한 총괄 공사가 모 기자에게 "한국 정부가 자위한다"라는 헛소리하여 엄청난 외교적 파장이 일어났다. 그는 결국 추방 형태가 되어 귀국했다. 8월 12일 최종적으로 결정하는 날이었는데, 두 시경에 방일하지 않는 것으로 결정이 났다. 소마 공사의 망언 때문이라는 뉘앙스였다. 그러면서도 "지금까지 양국 간의 합의 내용은 유효하다"라는 주석도 달았다. 일본에서도 아쉽다고 하면서 비슷한 반응을 내놓았다.

내가 파악한 바로는 소마의 망언 때문이 아니라 외무성 차원에서는 열심히 움직여 거의 다 되었는데, 총리 관저의 강경파들이 반대했고 스가 총리가 최종적으로 사인을 하지 아니했다는 것이었다. 아베의 대한 정책의 상징처럼 되어 있는 수출규제 문제에 대한 합의문이 있었는데 그것이 불가하다는 것이었다.

에피소드가 있다. 일본에서 판매 부수가 가장 많고 영향력이 가장 큰 요미우리신문이 있는데, 아침 판에 방일한다는 기사가 톱으로 실렸다. 그날 저녁 관저에서 사장 이하 간부들을 초청해 만찬을 하게 되었는데, 방일이 불발되어 엄청난 오보가 되어버린 것이었다. 그들에게 물어보니 밤늦게 외무성 고위 관리에게 들었다는 것이었다. 총리 관저의 분위기를 파악하지 못해서 생긴 대형 오보 사건이었다.

문 대통령은 진중하고 한번 한 약속은 어떻게 해서라도 지키려는 분이었다. 노력해도 오지 못해서, "아쉽다"라는 말을 몇 번이나 되뇌었다고 한다.

'관계 정상화'의 좋은 기회를 놓쳐버려, 나로서도 너무나 안타까운 사태였다.

올림픽은 문 대통령이 방일하지 않은 채로 치러졌다. 대신 현장을 찾아 응원하기도 하고, 반기문 총장·이기흥 체육회장·최상영 재일본 체육회장 등을 비롯하여 선수단을 대사관에 초대하여 격려했다.

그 이후에도 모리 외무상 차관이나 정치인들을 만나서 '과거사' 문제는 보수정권이 아니라 진보정권일 때 풀어야 한다고 설파했다. 모두가 동감했다. 그래서 한일 외교 당국은 계속 접촉하여 협상을 이어갔다. 그런데, 될까 하면 독도 문제나 사도 광산 문제 등이 터져 관계가 냉각되기도 했다. 그래서 나는 종종 "외교는 과학이 아니다"라는 말을 주위 사람들에게 하곤 했다.

반기문 전 유엔사무총장과 관저에서(2021년 7월)

이기흥 체육회 회장·재일본 체육회 최상영 회장·선수 등과 관저에서(2021년 8월)

한일의원연맹 회장단 관저 예방. 김진표 회장(현 국회의장)·전혜숙·김한정 의원 등과(2022년 12월)

2022년 2월이 되어서도, 문재인 정부에서는 국격과 국민의 자존심을 지키면서 '관계 정상화'에 심혈을 기울였다. 그 후 종종 예기치 않은 사건으로 막히고, 정권교체기에 들어서면서 기진맥진하여 의욕을 잃었다.

사도 광산의 유네스코 등재와 오염수 방류의 문제

2015년에 일본은 나가사키에 있는 군함도를 유네스코 문화유산에 등재했다. 거기서는 1943년부터 조선인이 800여 명 이상 강제동원되어 사역당했다. 한국 정부는 유네스코와 일본에 그 사실을 명기할 것을 전제로 인정해 주었다.

그런데 일본은 그 현장에도 안 보이는 곳에 숨겨버리고, 도쿄에 있는 기념관에서는 아예 찾아볼 수가 없었다. 사기당한 꼴이 되어버렸다.

그런데 몇 년 전부터, 금과 은의 채굴광산인 니가타현에 있는 사도 광산을 유네스코에 등재하는 움직임을 일본 정부 차원에서 전개했다. 과거의 '전과'도 있어서, 한국에서 반대 여론이 비등했다. 그랬더니, 일본에서는 메이지기가 아닌 에도시대로 한정해서 신청하겠다는 절충안을 제시했다.

대사관에서는 직원을 보내 조사하도록 했는데, 입구만 다를 뿐 연결되어 있는 것이었다. 하나의 꼼수에 지나지 않았다. 추진하는 측에, 강제동원과 강제사역 사실을 확실히 명기하겠다는 약속을 하고 나서 논의해보자고 했다. 더 이상 진전이 없이 흐지부지 되고 있다. 거기에는 우크라이나 사태 때문에 반일 감정이 강한 러시아가 유네스코 책임자를 맡고 있어서, 당분간 포기했는지도 모른다. 언젠가 또 다시 불거질 문제이다.

후쿠시마 원전 폭발 사건 이후, 오염수 문제가 간혹 화젯거리가 되는 경우가 있었다. 나는 그 지역사람들이 가련하고 안타까워, 직접 방문하여 위로할 준비도 했었는데, 이루지 못했다.

그러던 중, 국제원자력기구(IAEA)가 도쿄전력의 의뢰로 본격적인 방류 계획을 세우고 있다는 소식을 듣게 되었다. 거기에는 한국인 학자도 있다는 설도 있었다. 수소문해서 불러오도록 했는데 깜깜 무소식으로 연결이 안 되었다. 지금도 실제 참여했는지, 누구인지가 확인되지 않는다.

일본 측에 말했다.

"무조건 반대하지 않겠다. IAEA는 원자력을 어떻게 이용할 것인가 하는 문제를 다루는 곳이고, 일본과 미국이 주도하면서 캐나다·프랑스·스위스가 동참하고 있다. 그들은 직접 오염수 방류 문제에 관계가 없다. 가장 피해를 입는 일본의 어민, 한국과 중국·동남아시아의 도서 제국 등이 참여해야 한다. 그리고 바다 환경 전문가 집단인 그린피스 같은 단체도 참여해야 객관성을 담보할 수가 있다."

 실제로 삼중수소는 표층수가 아니라 심층수이기 때문에 미국이나 캐나다로 갈 리가 없다. 또한 한국처럼 생선회를 별로 먹지도 않는 곳이다. 당연히 주변 피해지역의 의견을 들어야 하고, 바다 환경 전문가들도 참여해야 한다. 그럼에도 막무가내로 밀어붙이고, 한국의 윤석열 정부는 '괴담'이라고 하면서 도쿄전력의 '대변인' 역할을 자임하고 있는 한심한 작태를 보이고 있다. 오염수를 처리한다고 하는 알프스(다핵종제거 설비)는 계속 문제를 발생하게 될 것이다.

정책협의단의 정진석 단장·김석기 의원·윤덕민·이상덕 전 대사·장호진 전 대사·박철희 교수 등과 관저에서(2022년 4월)

두고두고 역사의 죄인이 될 것이다.

일본이 알프스에 집착하는 데에는 경제적 문제가 걸려있다고 생각한다. 만일 성공하면 일본이 개발한 알프스를 전 세계에 팔 수가 있다. 그랬을 때 지구의 바다는 핵 오염수 저장소가 되어 재앙이 될 것이다.

국민의 힘의 어떤 의원은 문재인 정부도 인정했다라는 식으로 헛소리를 하는 자가 있다. 총리실에 그 문제를 다루는 위원회에서 어떤 학자가 개인적 의견을 표명할 수는 있다. 나라를 대표하는 현지 대사인 내가 너무나 잘 아는 사실인데, 그걸 침소봉대하여 정부차원으로 비약시키는 꼴을 보고, 한심하다는 생각을 한 적도 있다.

한국에 휴가 가다

여러 일들을 처리하고 나서 한국의 대선 선거 상황도 궁금하고, 제주도지사 선거도 있어서, 3월 2일 휴가를 내어 한국에 왔다.

우선 제주에 갔다. 모두가 내가 도지사 출마하는 것으로 알고 찾아오기 시작했다. 나는 "3월 1일까지 퇴임해야 하는데 법적으로 불가하다. 이미 정치 현장에서 떠났는데, 할 생각이 전혀 없다"라는 말을 하면서 사양하고 달래주기도 했다.

가장 유력한 문대림이 찾아왔다. 힘내라고 격려했더니 "오영훈 의원이 출마한다"라고 한다. 그는 "대사님이 나온다고 하면 나는 접겠습니다"라고 하면서 오 의원이 나오면 자기도 물러설 수가 없다고 한다. "당신들은 친한 사이가 아닌가?"라고 하면서 만나서 잘 정리하도록 격려하면서, 혹 경선하게 되면 페어

플레이하도록 했다.

　다음에는 오 의원이 찾아왔다. 내가 아니 나온다는 것을 확인한 후다. 문대림 선배가 나오면 지난번 떨어졌을 때 나에게 "다음에 아니 나온다"라고 했고, 또한 "확장성이 없으므로 내가 나가야 승리할 수 있다"라고 한다. 격려해 주었다. 다음에는 무소속으로, '4·3'운동을 같이 활동했던 운동권 후배 박찬식 박사가 찾아왔다. "승리 못하더라도 나오는 것 자체가 운동"이라고 한다. 나는 웃으면서 "혹 자네 때문에 진보 진영이 위험하게 되면 물러서야 하지 않나?"라고 덕담해주었다.

　서울로 올라왔는데, 이재명 후보가 아슬아슬하게 낙선했다. 내가 있어서 불교 표라도 좀 챙겼으면 하는 부채 의식도 생겼다. 안 좋은 기분으로 일본에 귀임했다. 이제는 정리하여 귀국할 준비를 해야 한다.

　귀임하자 마자, 한일 정책협의단(단장 정진석) 8, 9명이 도쿄에 왔다. 같이 다닐 수는 없고 관저에서 따뜻하게 만찬을 베풀어 주었다.

　4월에는 도쿄에서 '4·3' 유족회장 조동현의 주도로 '4·3' 추모행사가 열리었다. 제주에서 홍성수 유족 대표와 고희범 평화재단 이사장·오임종 유족회장 등도 왔고, 김석범 선생 등 재일동포뿐만이 아니라 많은 일본인도 참석하여 대성황을 이루었다. 나는 대사로서는 처음으로 축사하기도 했다.

　'코로나' 문제가 좀 풀리면서 꽉 막혔던 방문길이 풀리면서 많은 이들이 일본에 오겠다고 한다. 유기홍 의원팀, 송재호 의원팀, 그리고 정대철·문학진·이철·이강철·신중식 등 10여 명이었다. 6월 말에서 7월 초까지 일정들을 잡아주고 그 일이 끝나면 귀국하려 하였다.

　나는 귀국 인사를 하게 되었다.

　무려 20개월 근무하면서 200여 분의 의원들을 만났는데, 일한의원연맹에

김석범 선생과 제주팀의 홍성수·고희범 등과 우에노에서(2022년 6월)

서는 부임할 때도 환영연을 했는데, 돌아가게 되니 송별연을 거창하게 해주었다. 에토 세이시로·누카가 일한의련 회장·공명당 야마구치 대표·다케다 료타 일한의원연맹 간사장·시이 가즈오 공산당 대표·오부치 유코·이즈미 켄타 입헌당 대표, 다케다 료타 등, 50여 명이 직접 참석하였고, 대리로 보좌관들이 40여 분 참석하였다. 전무후무한 일이라고 한다. 각 당 대표들이 송별사를 해주었다.

또한 일본 정계의 제2인자라고 하는 아소 타로 부총재(전 총리)도 송별연을 해주었다.

7월 10일경 귀국하려고 모든 계획을 세워 놓았다. 정대철 팀이 7월 초에 방일하기 때문이었다. 그런데 외무부에서 6월 18일까지 귀국해달라는 것이었

아소 타로 전 총리 주최 송별연. 와타나베 히데오 일한협력협회 회장 대행·나카소네 히로부미 의원·에다노 유키오 국민민주당 전 대표·우오즈미 유이치로 전 의원 등과(2022년 5월)

일한의원연맹 송별식. 누카가 회장 송별사(2022년 6월)

다. 얼마나 화가 나는지, 박진 장관에게 전화했더니 우물쭈물한다. 이종찬 원장에게 얘기했더니 그럴 리가 있냐고 하면서 아들 친구인 김성한 안보실장에게 알아보겠다고 한다. 2, 3일 지나서 괜찮으니 다 정리하고 오라고 하면서, 귀국할 때 일본 술 한 병 가지고 오라고 농담도 하신다. 혹여나 하여 이진복 정무수석에게도 연락했다. 그는 "겨우 일주일 연기할 수 있었다"라고 하면서, 6월 23일까지 귀국해달라고 한다. "무도하고 무례한 사람들"이라고 일갈하고 귀국 준비를 했다. 진상을 알아보니 대통령실이 아니라 외교부가 그렇게 장난친 것이었다. 박진 장관이 6월 20일경 일본에 와서 하야시 외상과 만나고 싶은데, 나하고 같이 다니는 것이 껄끄러워서 빨리 귀국해달라는 것이었다. 헛웃음이 나올 따름이었다. 일본에 오기로 했던 모든 분의 일정은 취소하고, 6월 23일 귀국했다.

귀국 인사로 "씨를 잘 뿌려 놓았으니 열매를 잘 거두어 달라"라고 메시지를 지인들에게 보내고 귀국했다.

2023년 9월에는, 천황으로부터 최고의 훈장인 욱일장대수장(旭日章大綬章)을 수여받게 되었다는 연락을 받았다.

(일본대사 활동은 『주일대사 비망록』을 준비하고 있으므로 거기에서 상술하기로 한다.)

귀국하다

6월 23일 귀국하여, 2개월 동안 외교부 본부 대사로 적을 두고서 일상으로 돌아가기 시작했다. 그리고 10월부터 다시 동국대학교 석좌 교수로 부임하게 되었다.

여기저기에서 한·일관계에 대해 관심이 많아 문의가 들어왔다. 성심성의껏 그간의 과정을 답해주기도 했다(참고 자료 3).

또한 조계종의 〈미래본부〉(위원장 진우 총무원장 스님)에서 정책자문역을 맡아 불교 활동도 계속할 수가 있게 되었다.

귀국하여 박지원 선배를 만났다. 그와 나는 '문빠'가 아닌 자 중에서 둘만이 '발탁'된 것이어서 그전에도 많은 대화를 나눌 수가 있었다. 그는 "문재인 대통령에게 인사 갔다 왔다"라고 하면서, "가 보는 것이 좋을 것 같다"라는 조언을 하여 주었다. 7월 중순에 "이삿짐 정리가 끝나면 양산에 인사하러 가겠다"라는 편지를 보냈다.

며칠 지나지 않아, "8월 1일에 제주에 휴가를 가니 제주에서 보자"라는 답이

동국대에서 돈관 이사장 스님과 김환기 교수(2023년 7월)

왔다. 그에 맞추어 제주에 가서 김성수 원장·송재호 의원과 표선 숙소 옆에 있는 횟집에 가서 저녁 식사를 했다. 일본에서 갖고 온 술을 내놓고 한잔씩 하면서 일본에서의 활동 등의 얘기로, 회포를 풀기도 했다.

한·일 문제 전문가로서 역사학자로서, 여기저기 불려나가 강연도 한다. 없는 재능임에도

진우 총무원장 스님으로부터 위촉장 받다(2023년 1월)

진우 총무원장 스님·이종찬 광복회장 등과 총무원에서(2023년 1월)

신안군 암태도 소작쟁의 100주년 기념 학술대회 기조강연(2023년 10월 5일)

제주일보 주최 제주인 아카데미 1차 특강 '제주인의 정체성'(2023년 10월 6일)

문재인 대통령·김정숙 여사·송재호 의원·김성수 원장과 표선에서(2022년 8월)

자승 전 총무원장 스님·장용선·송재호·김한규 의원과 봉은사에서(2023년 8월)

장영달 의원이 주최한 모임. 양평에서 김원기 의장·임채정 의장·김태랑 총장·이철·이석현·이강철·최규성·유영표 등과 (2023년 9월)

제주민주당 노인회 전진대회(위원장 이성수), 오염수 방류 문제 특별강연(2023년 8월)

'재능 기부' 한답시고 이름을 걸어 놓고 활동하는데, 부처님의 가르침을 행하는 보시행인가 생각하면서 매우 보람되게 생각한다.

또한 국회에서 한일의원연맹과 정각회의 고문직도 맡아 자문해주고 있다. 몸 담고 있는 더불어민주당에서도 여러 위원회의 고문과 자문위원으로 조언을 해주고 있기도 하다.

이제 '오랫동안 방황'을 끝내고 가족의 품에 귀향했다.

『近代日本の朝鮮侵略と大アジア主義-右翼浪人の行動と思想』(明石書店, 2022년 7월) 출판

대사로 가서는, '코로나' 탓 때문에 나름대로 나의 시간을 가질 수 있었다.

대사관저에서는 일주일에 서너 차례밖에 손님을 초대할 수가 없었다. 셰프와 직원의 쉴 시간이 필요했기 때문이다. 대사관 차량을 이용해서 밖에 나가는 것도 눈에 띄어 매우 신경이 쓰인다. 그래서 일주일에 3일 정도는 내 개인 시간을 가질 수가 있었다.

저녁에나 토·일요일에는 책을 읽거나 컴퓨터로 글도 쓰고, 과거에 썼던 논문들을 꺼내서 읽기도 했다. 완전히 잊어버렸던 학문의 세계에 다시 돌아온 기분이었다. 그리고 오랫동안 정치 활동이 악몽과도 같은 생각이 들기도 했다.

대사로 오기 전에 일본의 아카시서점(明石書店)이라는 출판사에서 도쿄대 선배인 이노우에 선생을 통해서 30여 년 전에 썼던 박사학위 논문을 출판하면 어떤가 하는 문의가 왔다. 조선 침략과 일본 우익에 대한 실증 연구이고, 내가 논문 쓴 이후에도 별로 연구가 없어서, 의미 부여를 할 수 있다고 하는 것이었다. 좋다고 했는데, 대사로 부임하게 되면서 잠시 뒤로 미루었다. 주제가 침

가족과 가평 유원지에서(2023년 7월)

략사여서 안 그래도 반일주의자라고 일본의 우익들이 시끄럽게 하는데, 혹여나 혹을 붙이는 격이 될까 보아 미루었다. 정권이 교체되면 귀국해야 하니 그때부터 원고를 정리하기 시작했다.

이노우에 교수가 일본어 원고를 정리해주고 교정까지 보아주셨다. 대사라는 자리의 무게가 있는지라, 여간 신경 쓰이는 게 아니었다. 6개월 정도 교정을 보고서, 귀국한 다음인 2022년 7월에 출간하게 되었다.

『근·현대 한국과 일본 – 정치관계논문집』(동국대 출판원, 2023년 2월) 출판

2020년 동국대학에서 석좌 교수로 있으면서 대학원생에게 근·현대 한·일관계사를 강의했다. 그동안 너무나 강의하고 싶어서 일본학과에 부탁해서 강의를 개설했다. 대학원생들에게 내가 과거에 썼던 논문 등을 읽어서 발표하도록 하고, 내가 보충 설명하는 형식이었다. 그때 강의했던 것도 녹취해놓았다.

끝난 뒤에 몇몇 지인들이 책으로 내면 어떤지하는 권유가 있었는데, 대사로 가게 되면서 중단했다. 대부분 일본 자료를 가지고 쓴 것으로 일본에 유학했기 때문에 가능한 논문들이었다. 그래서 나름 의미를 부여할 수가 있었다.

다시 동국대에 오게 되면서 6개월에 걸쳐 논문들을 수정·가감하여, 2023년 2월에 책을 출판하게 되었다. 몇 신문에서는 크게 보도해주기도 했다(서평은 *참고 자료 4).

출판기념회(2023년 4월). 김기성 이사장·허운 스님·송재호 의원·오영훈 지사·좌남수 전 의장·양경호 의원·박두화 의원·강철남 의원·문무병·강영필·김성수 원장·허영선 소장·양인준 부부·전경탁·송창우·임창훈·박찬식·조미영·김동만·김은희·김진덕·강성민·임창훈·김수열·전경탁·김태윤·김영식·이향우·고석준·현경훈·이성재 등과.

한·일평화포럼 만들다

이제는 '재능 기부' 해야 한다고 생각한다. 귀국해서 보니 이른바, 보수진영 쪽에서는 과거부터 있었던 한·일관계 단체들을 맡아서 나름으로 활동하고 있는데, 진보 진영에는 한·일관계 모임이 거의 없었다. 김기정 교수·김현철 교수·장완익 위원장 시민운동가 이신철 박사·이수훈 대사·국회의 송재호·이수진 의원 등과 한·일평화포럼을 발족시켰다. 이다음 무게감 있게 한·일 간의 우호 증진을 위해 목소리를 낼 수가 있을 것이다.

한·일평화포럼 창립총회. 국회에서 이상민·윤호중·송재호·이수진·김홍길 의원 등과(2022년 12월)

*참고 자료 1

한겨레신문, 대사 부임 인터뷰

2021. 1. 27.
강창광 선임기자 chang@hani.co.kr

강창일 신임 주일대사는 "한·일관계를 정상화해야 한다는 확고한 의지"를 강조하면서도, "어깨가 무겁다"라는 말을 여러 차례 했다. 당장 지난 8일 한국 법원이 일본 정부가 위안부 피해자들에게 배상해야 한다는 판결을 내린 데 대해 일본 정부가 강하게 반발하고 있다. 강 대사는 "이번 판결로 피해자들의 사법 정의가 실현됐다고 생각한다"라면서도 "이후의 과정은 양국 정부가 지혜롭게 풀어야 한다"라고 말했다. 판결 이행을 위해 일본 정부 재산을 압류할 가능성에 대해선 "한 국가의 재산을 압류하는 것은 간단한 문제가 아니다. 세계적으로 전례가 없다"라고 말했다.

그는 "진보정권이 한·일관계를 풀어야 한다"라고 강조하면서, 과거사 문제 외에 재일동포 권익, 수출규제 해결 등 한·일관계 전반을 복원하기 위해 노력하겠다고 했다. 지난 22일 일본에 부임한 강 대사는 2주간 격리를 마친 뒤 외교 활동을 시작하게 된다. 강 대사를 부임 전인 지난 19일 오후 양재동의 한 역사연구소에서 만나, 한·일관계 개선을 위한 구상을 들었다.

– 현재 한·일관계가 "국교 수립 이후 최악의 상황"이라고 하셨는데, 상황이 이렇게 악화되기까지 아쉬운 부분은?

"2018년 10월 대법원 강제동원 배상 판결이 나왔다. 뒤이어 11월에 화해치유재단이 해산되자, 아베 정부는 한국이 위안부 합의를 파기했다고 공격했다. 우리는 위안부 합의를 파기하지 않았다. 화해치유재단은 이사진들이 떠나서 해산되었다. 12·28 한일 '위안부' 합의에서 제일 중요한 것은 '정부는' 이 문제에 대해 더 이상 문제를 제기하지 않는다는 것이다. 한국 정부는 이후에 위안부 문제에 대해 일본 정부에 문제를 제기한 적이 없다. 그런데 일본은 계속 우리가 합의를 파기했다고 주장한다. 2018년 12월 초계기 사건이 일어났는데, 이에 대한 당시 일본 정부의 대응은 잘 이해가 안 된다. 강제동원 대법원판결을 어떻게 풀어갈지 한·일 양국의 노력이 필요한 시점에서 아베 정부가 초계기 사건을 확대시켜 버렸고, 그로부터 6~7개월 뒤에는 화이트리스트에서 한국을 제외했다. 화이트리스트 철회는 안보적으로 비우호 국가라는 뜻이니 우리는 지소미아를 종료할 수밖에 없었다. 여기에는 아베 정권의 큰 계산이 있었다고 생각한다. 아베 전 총리는 대일본제국을 꿈꾸는 이념가형 정치인이라고 생각한다. 처음엔 '북한 위협론'을 꺼내서 군사 대국화를 하다가, 화이트리스트 배제 과정에서는 '한민족 위협론', '한반도 위협론'으로 나아갔다."

- 지난 8일 한국 법원이 일본 정부가 일본군 '위안부' 피해자들에게 배상해야 한다는 판결을 한 뒤 일본의 태도가 무척 강경하다. 대통령도 "판결이 곤혹스럽다"라고 말했다. 대사로서 어떻게 이 문제는 어떻게 다루려 하는가.

"강제동원과 위안부 피해 문제는 다르다고 본다. 강제동원 판결은 피해자들이 노동을 하고 받지 못한 임금, 퇴직금, 강제 저축한 돈 등을 달라고 일본 기업을 상대로 민사 소송을 한 결과이다. 위안부 피해자들의 이번 소송은 돈이 아니라 명예를 요구하고 있다. (재판 원고 중 한 명인) 이용수 할머니도 언론 인터뷰에서 '우리는 돈이 아니라 명예를 원한다'라고 하셨다. 그리고 이 소송은 일본 정부를 상대로 한 것이어서, 강제동원 재판과는 해법이 다르다. 두 판결을 혼동하고 섞어서 대응하면 안 된다. 위안부 판결은 두 소송 중 하나에 대한 1심판결이 나온 것이고 아직 절차가 많이 남아 있다. 일본 정부가 국제사법재판소에 갈 가능성도 있다. 일본이 배상에 응하지 않을 경우 현금화 문제는 어떻게 할 어떻게 하느냐의 문제도 있다. 강제동원 문제는 당장 현금화 문제가 걸려 있어 더욱 시급하다."

― 일본이 위안부 배상 판결 이행을 거부한다면, 일본 국유자산에 대한 압류를 할 수 있나?

"최악의 경우는 그럴 수도 있지만 간단하지 않다. 전 세계적으로 전례가 없다. 이탈리아 법정에서 피해자들이 독일에 대해 처음에 승소했다가 국제사법재판소서 패한 경우도 있다. 한 국가의 재산을 압류하는 것은 간단한 문제가 아니다. 지난한 과제이다. 하지만 이번 법원 판결로 위안부 피해자들의 사법 정의가 실현됐다고 생각한다. 이후의 과정은 양국 정부가 지혜롭게 풀어야 한다."

― 한·일 이견을 해소하기 위해 국제사법재판소(ICJ)나 제3국에 중재도 가능하다고 하셨는데.

"한·일 양국이 스스로 이견을 해결하지 못할 경우 국제사법재판소(ICJ)에 가는 방법, 한일청구권협정에 규정된 제3국 중재를 맡기는 방법이 있다. 당시에 국회의원으로서 나는 강제동원 피해와 관련해서는 국제사법재판소에 가자는 입장이었다. 지금은 노 코멘트다. 위안부 판결은 제기된 소송 가운에 첫 소송의 1심이 막 끝난 상태이고 3월에 나올 두 번째 판결이 어떤 결과가 나올지도 모른다. 일본에서 국제사법재판소 회부 이야기가 나왔지만, 정부 차원에서 정식으로 요구한 것은 아니다. 앞으로 과정이 많이 남아 있다."

― 12·28 위안부 합의가 '양국 간 공식 합의'임을 우리 정부가 최근 부쩍 강조하고 있다. 그동안은 이 협약의 절차상 문제를 지적해왔는데, 합의에 대한 정부의 입장은 무엇인가.

"정부의 계속성 문제인데 문재인 대통령도 12·28 위안부 합의는 '한·일 정부 간 공식 합의였다'고 말씀하셨다. 내가 대사로서는 말을 삼가하겠는데, 위안부 합의 체결 당시 외통위에 있으면서 윤병세 장관에게 절차적 정당성을 상실한 협정이라고 문제 제기하고 국회 비준을 받으라고 얘기했었다. 박근혜 정부가 정말 잘못한 게 있다. 그때나 지금이나 할머니들이 원하는 것은 명예이지 돈이 아니다. 일본 정부의 돈 100억 원만 가지고 와서 그걸로 해결하자고 그러는데 받아줄 수가 있나. 지난 대선에서 여야 관계없이 모든 대통령 후보들이 이 합의는 폐기해야 한다고 했다. 하지만, 일단 인정할 것은 인정하기로 하고, 문재인 정부는 합의가 유효하다고 하는 것이다. 정부 차원에서는 위안부 피해와 관련한 문제 제기를 한번도 하지 않았다. 이 협정은 정부에 귀속되는 사안이다. 화해치유재단은 없어졌지만, 일본이 내놓은 돈 약 60억 원이 은행에 남아 있다. 한일 간에 잘 얘기해서, 이 돈과 다른 기금을 합쳐서 기념사업이나 교육사업을 하는 등 여러 해법이 있을 수 있다. 문제는 풀려는 의지가 중요하다."

― 최근 기자간담회에서 한·일 간 문제의 "정치적 해법"을 강조한 것은 무슨 의미인가

"한국은 삼권분립이 철저하고 정부가 사법부 판결에 개입할 수 없다. 일본은 사법부 판단에서 외교적 사안의 경우 정부 이야기를 듣게 돼 있다. 조약이나 외교적 사안에 대해서는 사법부가 판단을 자제한다는 원칙도 있다. 이걸 도입한 나라도 있고 하지 않은 나라도 있다. 일본 국제법 체계와 우리가 좀 다르다는 것을 일본도 이해해야 한다. 한편, 한국은 완전히 삼권분립 국가이지만, 정부가 할 수 있는 일은 정치적으로 풀어야 하는 과제를 안고 있다. 사법부 판단은 존중하되 정치적으로 풀 수 있는 방법은 없나, 이걸 고민해야 한다."

– 우리 정부의 정치적 노력은 충분했나?
"물밑에서 일을 많이 했겠지만, 성과는 나타난 게 별로 없다. 노력은 했다고 생각한다. 사법부 판결을 존중하면서 피해자 의견을 수렴하다 보니 시간이 걸렸을 것이다."

– 최근 간담회에서 '강제동원 문제를 풀 12가지 방안이 있다'라고 했는데 구체적 방안은.
"내 개인 의견이 아니라 전문가들이 제시한 안들이 많이 있다는 뜻이다. 2+2(한·일 기업과 정부), 2+1(한·일 기업+한국 정부)의 기금 조성안, 문희상 의장 안, 일본 기업과 청구권 협정의 혜택 받은 한국 기업이 돈을 내게 하는 방법, 양국 경제단체들이 기금 조성하는 방법, 치유기금 조성 방안도 있다. 한국 정부가 피해자들이 압류한 일본 기업의 채권을 사서 고령의 피해자들에게 돈을 드리고 일본 기업에 구상권을 청구하자는 대위변제 방안도 있다. 한국 정부가 협상안을 주면 내가 메신저 역할을 할 것이다."

― 강제동원 판결 이행 해법을 찾는 과정에서 '피해자 중심주의' 원칙을 지켜야 하는데, 피해자들을 직접 만나서 의견을 듣는 작업을 하셨나.

"대사 임명장 받은 뒤에는 못했지만 지난 5년 동안 늘 피해자 단체들을 만나 왔다. 이분들은 시민운동을 같이 했던 분들이고 정치하면서도 수시로 얘기를 해왔다. 제가 우리 당의 역사와 정의 특별위원회 위원장으로서 당·정·청 회의도 여러 차례 했고, 피해자·시민·변호사들의 의견을 청와대·총리실·국회에 전달하는 가교 역할을 해왔다. 그런데 세상일에 100% 지지는 불가능하다. 피해자 중심주의가 피해자 100%의 동의를 모을 수 있는 것은 아니다. 정부는 피해자들을 설득하기 위해 최선을 다해야 하지만, 언젠가는 결단을 내려야 한다. 가능한 많은 의견을 수렴하면서 결정해야 한다. 그게 정치다. 비판이 싫어서 아무것도 하지 않으면 안 된다. 내가 강조하고 싶은 것은 우리 진보정권에서 한·일관계를 풀어야 한다. 보수정권은 역사에 대한 콤플렉스 때문에 어렵다."

― 올해 한·일 모두 선거와 올림픽 등 국내 일정이 많다. 국내 정치적 상황을 고려하면 양국이 지금의 상황을 유지하는 선에서 획기적 해법을 내놓기는 어렵다는 분석도 있다.

"좀 비판을 받는 한이 있더라도 한·일관계를 진보정권에서 풀어야 한다. 사실 지금의 상황은 이명박·박근혜 정권에서 내려야 할 사법부 판단을 사법농단으로 지금까지 계속 미루어 와서, 문재인 정부가 그 '덤터기'를 쓰고 있는 것이다. 이제는 부채를 뒤로 미루지 말고 풀자."

― 그동안 한반도 평화 프로세스와 남북, 북미 관계에 대해 한·일 간에는 거리와 입

장 차가 있었다. 한반도 문제에 대한 한·일 협력은 어떻게 추진하려 하는지.

"아베 정부는 한반도 평화 프로세스에 찬물 끼얹는 발언들을 많이 했고, 한편으로는 북한과 국교 정상화하고 싶다는 이야기도 했다. 이에 대해 북한은 일본에 '표리부동'이라며 비난했다. 우리는 일본이 납치자 문제 해결하려 하면 많이 도우려 했다. 2년 전에 문재인 대통령이 김정은 총비서를 만나서 '납치자 문제 해결하는게 좋지 않냐'고 얘기도 했다고 한다. 우리가 가교 역할 할 수 있다. 일본도 조·일(북·일) 수교하면 좋은 것이고, 스가 총리도 납치자 문제에 관심이 많으니 한국이 도울 수 있는 부분이 있지 않을까 생각한다. 일본도 말로만 북·일수교, 납치자 문제를 얘기만하지 말고 해결을 위해 행동으로 옮겨달라. 그러면 한국이 함께 역할을 할 수 있다고 생각한다. 스가 총리가 진정성 가지고 납치자 문제를 해결하려 할 것으로 생각한다."

– 우리 정부는 도쿄 올림픽을 계기로 한·일관계를 개선하고 한반도 평화 프로세스의 의미 있는 진전을 이루는 방안을 추진하고 있는데, 이를 위해 일본과 어떤 협력을 추진할 것인지.

"도쿄 올림픽이 열릴지 불투명해지고 있어서 걱정이다. 개최될 수 있기를 간절히 바라고 있다. 문재인 대통령은 "도쿄 올림픽과 관련해서 해야 할 역할이 있으면 어떤 역할도 마다하지 않겠다, 모든 한·일 현안 문제에 대해 스가 총리와 진솔하게 대화하고 싶다"라고 했다. 올림픽이 열리면 한국·미국·일본·중국 정상들이 오게 되고 김정은 총비서가 참석한다면 더욱 좋을 것이다. 올림픽 기간 동안 양자·삼자 회담 등을 열어 동북아시아 평화 분위기를 조성하는데 도움이 될 것이다. 한일의원연맹에서도 정치인들 중심으로 사회인·경제인 등이 참여하는 도쿄올림픽지원회도 만들어 김진표 의원이 위원장을 맡아 가

동하고 있다."

― 한국이 최근 적극적으로 한·일관계를 해결하려고 하자, 일본에서는 한국이 도쿄 올림픽에서 한반도 평화 프로세스를 진전시키려는 의도라며 냉소적으로 보기도 한다.

"일본에 다양한 의견이 있는데 한국에서 그중에서 너무 이상한 의견에만 주목하지 말았으면 좋겠다. 대사가 되니까 격려 전화와 메시지를 많이 받는다. 어려울 때 가서 한·일관계 정상화 기여해달라고 격려 전화가 많이 왔다. 그런데 걱정스러운 것은 일본에서 반한 감정이 매우 심하다는 점이다. 이전에는 우익 세력만 그랬는데 지금은 보통 일본 국민 사이에서도 심하다. 정치하는 사람들은 그런 분위기를 안 탈 수가 없으니 자꾸 강경한 목소리를 내게 된다. 원인은 지난 7~8년 동안 일본 정치인들이 "한국은 약속 지키지 않는 나라"라고 계속 주장했다. 처음에는 소수의 역사수정주의 세력이 시작했는데 정치권으로 들어와 조직된 소수가 다수의 의식을 지배하는 상황이 됐다. 그걸 어떻게 깨나가느냐가 중요한 과제다. 정치가 얼마나 사람을 오염시키는지 느낄 때가 있다."

― 아베 총리는 이념가형 정치인이라고 했는데, 스가 총리는 다르다고 보는가.

"스가 총리는 실사구시형, 즉 실용주의 정치가라고 생각한다. 한·일 간 비정상화가 일본에 도움이 안 된다고 판단하면 분위기를 바꿀 수 있다. 실용주의자인 스가 총리가 한·일관계를 풀려고 하지 않을까, 기대해본다."

― 새로 출범한 미국 바이든 행정부의 관리들이 중국을 견제하기 위한 한·일 군사

협력을 강하게 요구하고 한·일 과거사에 대해서는 한국의 양보를 더 많이 압박할 것이라는 전망도 있다.

"그런 해석도 있을 수는 있다. 그런데 우선 바이든 대통령이 위안부 문제의 진실을 정확히 알고 있다. 바이든 대통령이 김대중 대통령을 무척 존경했다. 그런 부분에 주목하면 한국 편이라고 할 수도 있다. 중요한 것은 한·미·일 삼각 공조다. 트럼프는 일국 우선주의에 입각하여, 미국에 무엇이 도움이 되느냐만 가지고 결정했다. 아베 총리는 미국을 자주 방문해서 트럼프와 아주 친근한 관계였다. 트럼프는 북핵 문제에서는 한국과 긴밀했지만, 한·일 문제에 대해서는 불개입 입장이었고 자기 이익에 따라 움직이면서 오히려 우리가 볼 때는 일본 편을 들었다. 바이든 정부는 한·미·일 삼각 공조를 중요하게 생각하고, 서로 맞춰갈 것으로 생각한다."

– 일본 수출규제 문제는 어떻게 해결할 수 있나.

"수출규제는 일본에도 한국에도 도움이 안 된다. 수출규제 문제 때문에 지소미아 문제가 생겼으니 동시에 풀어버려야 한다. 이것은 쉽게 사인만 하면 된다. 의지만 있으면 된다. 지금까지 일본에서 만난 대부분의 자민당 국회의원도 화이트리스트 제외 문제는 풀어야 한다는 입장이다. 그런데 '과거사' 문제는 국민감정이 연결돼 있기 때문에 복잡하다. 역사문제는 테이블에 올려서 진지하게 논의하면서 하나하나씩 풀어나가자고 제안하고 싶다."

– 후쿠시마 오염수 해양 방류 문제의 해법은.

"오염수 문제는 한·일 간 문제일 뿐만이 아니라 일본 국내·중국·동남아까지 많은 나라들이 관련돼 있다. 일본이 국제 기준을 제대로 지키는지 한국뿐 아니라 중국도 살펴봐야 한다. 국제원자력기구(IAEA)에서도 조사하고 있다. 실제 나오는 조사 결과를 보고 철저히 검증해서 문제가 있으면 지적해야 한다. IAEA뿐만이 아니라 한국·중국·동남아 도서 제국, 그리고 그린피스 등 해양 환경 전문가 단체도 같이 검증해야 한다. 거기서 나오는 내용들이 잘못됐으면 지적할 수 있고, 국제적으로도 연대해야 한다. 오염수 방류에 대해서는 일본 국내에서 반대하는 사람도 많고, 찬반양론이 첨예하게 대립하고 있다."

- 부임하시면서 대사로서 어떤 각오를 하고 있는지.
"나는 계속 한·일관계 정상화를 주장해 왔다. 대통령께서 나를 주일대사로 임명한 것 자체가 일본에 강력한 메시지를 줬다고 생각한다. 대통령도 신임장 주시면서, "일본 전문가가 어려운 시기에 가게 되어서 기대하는 바가 크다, 열심히 노력해 달라"고 했다. 지금 당장 가지고 가는 대통령 메시지는 없지만, 한·일관계 풀고 싶은 의지를 갖고 가는 것이다. 청와대와 소통할 통로는 만들어 놨다. 대사가 '과거사' 문제만 다루러 가는 것은 아니다. 재일동포 권익 문제, '코로나' 대응 협력, 도쿄 올림픽 협력 등이 있고, 한·일관계를 어떻게 복원시켜 나가는가가 중요하다. '과거사'는 가장 중요한 이슈 중 하나인데, 역지사지의 원칙으로 우리 입장을 알리고 사안별로 접근해야 한다. 저는 양국 관계가 정상화되고 우호 협력이 강화되면, 한국과 일본의 국민과 국가 모두에 도움이 된다는 확신을 가지고 있다."

강창일 대사는?
도쿄대서 역사 공부…한·일 교류 힘써와
강창일 신임 주일대사는 서울대 국사학과를 졸업하고 1983년부터 8년 동안 도쿄대 문학부에서 유학한 역사학자 출신의 정치인이다. 박사논문은 「근대 일본우익의 대아시아주의」라는 제목으로 일본 우익을 비판적으로 연구했다. 배재대학 일본학과 교수로 김대중 정부 시절 한·일 역사공동연구회 근대사 분과 팀장을 맡는 등 한·일 학자·청년 교류에서 많은 역할을 했다.

2004년 국회의원이 된 이후에도 한일의원연맹 회장 등을 맡아 양국 관계에서 꾸준한 활동을 해왔다. 니카이 도시히로 자민당 간사장, 누카가 후쿠시로 일한의원연맹 회장, 가와무라 다케오 일한의원연맹 간사장 등 많은 일본 정치인과 두루 교분이 있다. 그러나, 위안부 배상 판결 등에 대한 대응으로 일본에서 스가 요시히데 총리와 모테기 도시미쓰 외무상이 강 대사 접견을 당분간 보류하는 것을 검토한다는 보도가 나오는 등 어려운 상황에서 일본에 부임했다.

강창일 대사는 "한국과 일본의 2000년 역사를 보면 국가 간 관계가 좋지 않을 때도 승려·유학자·민초 등의 교류는 언제나 활발했다. 사람과 지역 사이의 교류가 활성화되면 국가 간 어려움도 극복할 수 있다. 한·일 역사의 나쁜 부분만 기억하지 말고, 좋은 부분도 기억할 필요가 있다. 김대중-오부치 선언(21세기 한일 파트너십 공동선언·1998년)의 정신을 살려 나가야 한다"라고 강조했다.

* 참고 자료 2

일본 언론인 단체 '9월회' 발표문

2021. 4. 5.

한·일 간 '과거사' 문제란

역사의 문제는 그 사회의 미래에 관한 문제이다. 어떻게 과거와 현재를 규정짓고 미래로 나아갈 것인가 하는 문제의식에서 역사는 만들어진다. 역사해석은 그 자체가 정치적인 것이다.

한·일 간 일제강점기의 '과거사' 문제는 현실적 요구와 정치적인 문제의식에서 제기되어 왔다. 1965년 한일협정 체결 과정에서 한국 정부는 일본에 사죄와 배·보상 문제를 제기했지만 최종 협정문에 이를 명기하지 못했다. 대신 일본은, 경제협력 명목으로 재정적 원조와 지원을 제공했다. 당시 한국 정부는 피해 당사자들의 입장을 충분히 고려할 여력이 없었다.

그 후 한국 사회의 민주화가 진척되면서 당사자들이 직접 일본의 배·보상과 사죄를 요구하기 시작하였다. 국민을 보호해야 하는 한국 정부로서는 그러한 주장을 존중하지 않을 수가 없다. 한국의 사법부 또한 국제 인권법의 발전 흐름을 고려하여 그들의 요구를 수용하고 있다.

일본은 1965년 한일협정으로 모든 배·보상 문제는 해결되었다는 입장이다. 반면, 한국은 위안부 문제의 경우, 한일협정의 적용 대상이 아니었고 '과거사'에 대해서도 일본은 수 없이 사과했다는 입장인 반면, 대다수의 한국인들은 일본이 진심으로 사과하지 않았다고 생각한다.

　일본 정부는 위안부와 강제징용에 관한 한국 사법부의 판결이 1965년 한일 협정 등, 양국 간 합의 및 국제법 위반이므로, 한국 정부가 책임지고 해결하라는 입장이다. 반면, 한국 정부는 피해자 중심주의, 사법부 판결 존중, 한·일관계 발전이라는 기본 원칙을 갖고 해결하고자 했다.

　양국은 서로 상반되는 입장과 논리 속에서 접점을 찾기 어려웠고, 관계 개선의 계기를 찾지 못한 채 상당한 시간이 흘러 버렸다.

　그러나, 이제 문재인 정부는 양국 관계를 조속히 정상화하려는 의지를 보여주고 있다.

　문 대통령은 금년도 1월 신년기자회견과 3·1절 기념사에서 일본 정부에 대화를 제안하면서 열린 마음으로 일본 측 입장을 경청할 자세가 되어 있다고 했다.

　일본 정부로서도 대화를 거부만 할 것이 아니라 대화에 응해야 한다. 대화는 생산적이고 미래지향적인 한·일관계를 구축을 위한 가장 중요한 기반이다. 한·일관계 복원은 양국과 양국 국민을 위해서 반드시 이루어내야 하는 과제이다. 미 바이든 정권 출범 및 포스트 코로나 국제질서 속에서 새롭게 재편될 엄중한 국제정세를 고려하면 더욱 그러하다.

종군위안부 및 강제징용 문제

　종군위안부 문제에 대한 해결방안은 무라야마 내각 때부터 본격적으로 모색되기 시작했다. 1995년 '아시아여성기금'을 만들어서 해결하려고 했다. 필리핀과 네덜란드에서는 수령하여 해결되었으나 한국과 대만에서는 일본 정부 돈이 들어가지 않았다고 하여 거절했다.

2015년 12월 28일, 아베 전 총리와 박근혜 전 대통령의 합의는 절차적 정당성이 결여되었다. 피해 당사자의 의견이 충분히 수렴되지 않았고, 국회의 동의도 받지 않았다. 내용에 있어서도 '군의 관여 하에'라고 하여 일본의 '법적 책임 인정'을 명시하지 않고 자의적으로 해석될 수 있는 여지를 남겼다. 그래도 아베 전 총리는 사죄와 반성을 표명하였고, 일본 정부가 10억 엔을 거출하여 화해치유재단을 만들어 해결책을 모색한 것은 어떻게 보면 아베 전 총리로서는 큰 결단일 수도 있으며, 일본 정부의 예산이 들어간 점은 진일보한 면이 있다고 볼 수도 있다.

다만, 아베 전 총리의 그 후의 태도가 문제가 되었는데, "털끝만큼도 사죄편지를 보낼 마음이 없다"라는 등의 발언으로, 일본은 사죄하지 않았다고 생각하게 되었고 위안부 합의에 대한 비난 여론이 고조되는 결정적인 계기가 되었다. 또한 한국에서는 위안부 합의가 대선의 주요 이슈가 되어 모든 후보가 파기를 주장하였다.

한국에서는 대선이 끝난 후 화해치유재단은 이사들이 자진 사퇴하게 되면서 사실상 기능이 정지되어 해산이 불가피하게 되었다.

중요한 것은 문재인 정부는 위안부 합의는 유효하다는 입장이며, 대선 공약으로 내세웠던 것처럼, 동 합의의 무효화나 재협상을 일본 정부에 요구한 적이 없다는 것이다.

그러나, 아베 전 총리는 그 후부터 더 강하게 반한 정책을 밀어붙였다. 초계기 사건, 화이트리스트 제외 등등이 그것이다. 그러면서 "한국은 약속을 안 지키는 나라"라고 지속적·반복적으로 외쳐 그러한 인식이 일본 국민의 뇌리에 남게 되고, 일본 내 반한 감정은 더욱 확산하기에 이르렀다.

2018년 10월 강제징용 피해자에 대한 한국 대법원 판결은 불난 집에 기름을 부어 놓은 꼴이 되어 버렸다. 이 문제는 피해자들이 일본 기업을 상대로 불법적 식민지배와 직결된 일본 기업의 반인도적 불법행위에 대한 위자료를 청구한 것에서 시작하였다.

한국은 완전히 3권분립이 되어 있어서 외교적 사안의 재판이라고 하더라도 행정부가 사법부에 의견을 제시할 수가 없다. 한국과 일본은 사법체계가 다르다.

'과거사' 문제, 어떻게 풀어 갈까

1) 나는 계속 "한·일관계 정상화가 양국 및 양국 국민을 위해 반드시 이루어져야 한다"라고 확신하고 있고, 한일의원연맹 회장하면서도 줄곧 주장해 왔다. 대통령께서 나를 주일대사로 임명한 것 자체가 일본에 강력한 메시지를 줬다고 생각한다. 대통령도 신임장을 주시면서 "경륜과 경험을 갖고 있는 일본 전문가가 어려운 시기에 가게 되어서 기대하는 바가 크다, 열심히 노력해 달라"고 했다.

한·일관계를 어떻게 복원시켜 나가는지가 중요하다. '과거사' 문제는 한·일 간 가장 중요한 이슈 중 하나인데, 역지사지의 원칙으로 서로가 접근해야 한다.

2) 1월 18일 대통령의 연두기자회견에서 방향을 제시하였다. 첫째, 강제 징용문제에서 현금화는 바람직하지 않다. 둘째, 12·28 위안부 합의는 유효하다. 셋째, 위안부 판결에 곤혹스럽다.

3) 대통령의 3·1절 기념사가 있었다. 엄청 절제된 표현으로 한·일 간의 관계

정상화 의지를 강력히 표명했다.

한·미·일 삼각 공조체제의 강화, 다자주의 외교, 올림픽의 성공적 개최와 지원, 등등 현안을 얘기했다. 과거에는 경제관계에서 무역적자, 종속경제를 말하여 왔는데, 이번에는 일본 덕분에 한국이 경제 발전을 이루는 등 상호적이라고 했다. 화해·협력·평화 등등을 얘기하면서 미래지향적 발전을 위해 대화하자고 제안했다.

4) 이에 대해 일부 언론에서, 피해자 중심주의를 얘기했고 구체적인 해결책을 제시하지 않았다고 비판하는 자들도 있다.

잘못된 비판이다. 피해자 중심주의는 피해자와 상의하면서 정치적 해법을 찾겠다는 것으로 지극히 당연한 것이다. 이것이 사법부 판단대로 일본에게 책임을 묻겠다는 것하고는 다른 차원의 말이다. 구체적인 해결책을 내놓으라고 하는 것은 가해자의 고압적 자세이다. 그것은 곧 대화하지 않겠다는 말과 똑같은 것이다. 대화하면서 해결책을 모색해야 한다.

5) 위안부 문제는, 지금부터 다시 재단의 잔여 기금을 활용하는 방안도 고려해 보아야 한다. 피해자들의 명예와 존엄 회복 및 상처 치유를 위해 가장 효과적인 방안이 무엇일지 양국이 조속히 대화를 재개하여 지혜를 모아야 한다.

6) 강제징용 문제는 전문가들에 의해 제기된 수 많은 방안들이 있다. 피해자들의 입장을 충분히 고려하면서도, 양국 정부의 명분을 살릴 수 있는 해결책을 모색해야 한다.

7) 국제환경은 좋다. 미국이 강력히 정상화를 원하고 있고, 도쿄 올림픽이 열리고 '코로나' 공동 대응, 기후변화 문제도 있다.

이번 미국의 국무·국방 두 장관의 방일, 방한 때에 한·미·일 삼각 공조의 강화와 한·일관계 개선을 강하게 요청했다고 한다. 또한 문재인 대통령은 두 분께 관계 개선에 노력하겠다고 화답했다고도 한다.

8) 양국의 의지와 국내적 환경이 중요하다. 한국과 일본 모두 반일. 반한 감정이 국민적 차원에서 강하다.

일본은 8월까지 중의원 선거를 앞두고 있고 한국은 내년 3월에 대통령 선거를 치르게 되어 있다. 때문에 정치권에서 선거를 앞두고서 한·일관계 개선을 꺼내 놓기가 쉽지 않다.

지금부터 실무적 대화를 하고 그 성과물을 가지고 연말까지 양 정상에 의해 발표되어야 한다. 진보정권인 한국 정부가 강하게 원하고 국제환경이 좋을 때 관계 개선이 이루어져야 한다. 마냥 늦출 수는 없다.

양국과 양국의 국민을 위해, 좀 비판을 받는 한이 있더라도 미래를 보면서 담대하게 한·일관계를 정상화시켜야 한다. 국가 간의 협상에서, 서로에게 완전히 충족되는 것은 있을 수 없다. 그래서 서로가 역지사지의 입장에서 조금씩 양보하면서 합일점을 찾아 나가야 한다.

여론 주도층인 여러분께서 그러한 분위기를 조성하여 주시기 바란다.

* 참고 자료 3

귀국직후, 중앙일보 인터뷰

2022. 10. 22.
김동호 논설위원 인터뷰

　강창일(70) 전 주일대사(2021년 1월~2022년 7월)가 일본 부임 당시 겪었던 이야기 보따리를 틀어놓았다. 역대 주일대사치고 평탄했던 적이 거의 없지만, 강 전 대사는 특히 격동의 시간을 보냈다. 지난해 1월 나리타 공항에 도착할 때부터 갈등 현안에 관한 질문 세례가 쏟아졌다. 한·일관계가 최악의 시기에 접어들었을 때 부임하면서다. 하지만 그는 많은 기록을 세웠다.

　도쿄 황궁에 신임장을 받으러 가서 나루히토(德仁) 일왕과 35분간 독대를 했다. 이례적으로 긴 시간이다. 강 전 대사는 "침대에서 떨어져 한 달간 병원에 입원하는 바람에 신임장 제정이 늦어졌지만, 대화 분위기가 좋았다"라고 말했다. 그는 "나루히토 일왕이 평화주의자라고 알려졌는데 인상이 매우 온화했다"라며 "대화 내내 '한·일 우호 증진을 위해 강 대사가 힘써달라'고 거듭 강조했다"라고 회고했다.

　강 전 대사는 국사학을 전공한 첫 주일대사라는 기록과 함께 도쿄대에서 박사학위를 받은 주일대사라는 기록도 남기게 됐다. 30여 년 전 박사학위 논문의 연구자료를 보완해 『근대일본의 조선 침략과 대(大)아시아주의』를 일본어로 출판했다. 30년 넘게 파고든 주제여서 편집은 진작에 마쳤지만, 대사 재임 중에는 업무에 매달리느라 귀임한 뒤에야 출판했다. 동국대 석좌 교수로 부임한 그를 지난 20일 만났다. 다음은 일문일답.

- 한·일관계가 어려울 때 부임했다.

"2021년 1월 22일 일본에 갔다. 앞서 1월 8일 위안부(피해자 12명에게 1억 원씩 배상하라는) 재판 결과가 나온 직후였다. 그때부터 일본과의 파이프(긴밀한 대화 통로)가 완전히 끊겼다. 외무성과 총리 관저의 강경파들이 당분간 한국대사를 만나지 말라고 스가 요시히데(菅義偉) 총리에게 이야기를 해뒀다고 들었다. 한국에 잘못된 메시지를 줄 수 있다는 이유에서다."

- 곤란한 상황을 어떻게 돌파했나.

"현직 관료들이 슬슬 피하길래 일본 정계의 전직 실세들을 만났다. 일본에 재임하는 동안 대사 관저로 초청해 밥 먹은 일본 국회의원만 해도 200명이 넘는다. 전직 총리는 아베 신조만 빼놓고 다 만났다."

- 일본 정부와는 어떻게 대화 물꼬를 텄나.

"지난해 8월 도쿄 올림픽이 계기가 됐다. 5월쯤 되니까 총리 관저의 분위기가 조금 바뀌기 시작했다. 아예 더 나아가 "청와대와 직접 이야기하고 싶으니까 내화 통로를 열어달라"고 했다. 그때부터 일본 측과 열심히 해서 대화가 복원되기 시작했다. 문재인 대통령과 스가 총리가 만나는 계획도 다 돼 있었다. 막판에 불발된 건 안타깝다."

- 일본 정치인들의 한국관은

"한·일관계 개선의 구조적인 문제로 볼 수 있다. 과거 한·일 경제 격차가 컸을 때 정치를 했던 80대 정치인들은 한국을 대할 때 여유가 있다. 하지만 지금 일본 정치의 주역인 60대는 위기감과 경쟁의식이 크다. 여유가 없다. 30대, 40대는 한국을 동경한다. 젊은 국회의원들은 한국 의원들과 교류하고 싶어 한다."

―일본의 위기감이 적지 않은 것 같다.
"한국은 IT 기술혁명의 전환기에 잘 적응했고 일본은 실패했다. 일본에 살아 보니 병원은 물론 사회보장에서도 한국이 앞서 있다. 일본이 놀랄 정도로 한국이 너무 커 버렸다. 그 결과 갈등과 충돌이 구조화되고 있다. 잃어버린 10년이 20년을 넘어 30년이 되고, 일본은 한국에 뒤진다는 조바심이 있는 것 같다."

―이제는 갈등을 풀어야 하지 않겠나.
"지금은 양국 정상이 결단만 하면 된다. 한국 외교부와 일본 외무성의 대화는 정상적으로 되고 있다. 강제노역 배상은 한국 정부가 대위변제하고 일본 기업이 참여하는 방식으로 해결하는 게 상책이다. 일본 정부는 일본 기업이 자발적으로 참여하는 것은 모른 척하면 된다. 〈위안부 화해재단〉은 일본이 기금을 내놓았으니 한국 정부가 기금을 오히려 더 보태서 재단을 다시 복구하면 된다. 2015년 위안부 화해에 관한 합의 자체는 문재인 정부에서도 존중한다고 했다."

―윤 대통령과 기시다 총리의 뉴욕 만남을 놓고 뒷말이 많다.
"양측 모두 안타깝다. 윤 대통령이 가까운 곳에 있으니까 지나다가 커피 한 잔했다고 하면 될 일을 복잡하게 만들었다. 공식 회담이냐 간담회냐, 그게 중요하지 않다. 청와대에서도 만남을 서둘러 발표한 것도 성급했고, 일본 측도 무례했다. 만남의 의미를 굳이 우리가 구질구질하게 한 것처럼 보이게 했다. 일본이 왜 그리 쪼잔해졌나.

　한·일관계 정상화는 미루지 말아야 한다. 정치인들이 정쟁으로 이용하지 말았으면 좋겠다. 죽창가 같은 게 무슨 도움이 되나. 최근에는 '극단적인 친일 행위'라는 표현이 나오기도 했는데 그런 말 자체가 극단적이다. 서로 갈등의 원인을 제공하지 말아야 한다. 한·일 양국이 미래지향적으로 협력할 일이 얼마나 많은가. 양국 정부가 의지만 있으면 한·일 문제는 일주일이면 풀린다."

*참고 자료 4

중앙일보 인터뷰, 한·일관계 전망
강창일 前 주일대사 "정치 훼방만 없으면 한·일관계 풀린다."

2023. 2. 19.

주일본 한국대사를 지낸 강창일 전 의원은 한·일관계의 개선 방안에 대해 "외교에는 100% 승리가 존재하지 않는다. 한국과 일본이 서로 명분을 줘야 한다"라고 말했다.

강 전 의원은 17일 중앙일보와의 전화 인터뷰에서 "사실 정상 간 셔틀 외교를 제외한 경제 등 양국 간 전 분야는 이미 잘 돌아가고 있다"라며 이같이 밝혔다. 그러면서 여러 차례 "이제 정말 한·일관계를 정치로 활용하려는 정치인들만 훼방을 놓지 않으면 된다"라고 강조했다.

강 전 의원은 최근 한·일관계에 대한 자신의 논문 8편을 모은 논문집 『근현대 한국과 일본』을 출간했다.

주일본 한국대사를 지냈던 강창일 전 의원이 최근 출간한 논문집 책에는 △일본의 조선 침략과 명성황후 시해 사건 △일본 대륙 낭인의 한반도 침략 △근대 한·일 간의 상호인식 △일본의 조선 침략과 지배의 원리 △일제의 조선 지배정책 △중일 전쟁 이후, 일제의 조선인 군사 동원 △'친일파'의 형성과 해방 이후 재등장 △일본의 망언은 왜 계속되는가 등 실증적 연구를 토대로 한 8편의 논문이 담겼다.

그는 "지금의 갈등은 한·일이 가진 각자의 상식이 충돌하는 상태"라고 규정했다. 그러면서 "한국은 일본에 대해 너무 모르고 있다"라며 "지피지기(知彼知己)와 역지사지(易地思之)가 있어야 최소한 일본의 계속된 망언 등에 대해서도 대응할 수 있지 않겠느냐"고 말했다.

한·일관계 경색이 풀리지 않는 이유가 뭔가.
"솔직히 수출규제나 지소미아(한일 군사정보보호협정·GSOMIA) 문제는 이제 껍데기만 남았을 정도로 전 분야가 잘 돌아가고 있다. 그런데 영토 문제를 포함한 역사문제는 정서적 영역이라 1000년, 2000년이 지나도 잘 풀리지 않는다. 그래서 정치와 외교에선 서로 명분을 줘야 한다. 100% 승리가 존재할 수 없는 외교에서 정치 논리로 완벽하게 이기겠다고만 하는 건 대화를 하지 말자는 것과 같다."

정치가 관계 개선을 막았다는 건 어떤 의미인가.
"사실 2021년 7월 문재인 당시 대통령이 도쿄 올림픽 때 일본을 방문해 정상회담을 하기로 양국이 합의했다. 문 전 대통령은 물론 스가 요시히데(菅義偉) 당시 일본 총리도 동의했지만, 정치적 기반이 약했던 스가 총리가 사실상의 실권자였던 아베 신조(安倍晋三) 전 총리의 최종 '사인'을 받지 못하면서 정상회담이 무산됐다."

윤석열 정부와 기시다 후미오(岸田文雄) 내각도 어려움을 겪고 있다.
"한·일 정상은 분명 뭔가를 해보려고 한다. 기시다 총리도 의지가 있지만, 아직 일본에서 '아베파'의 입김이 크다. 대사 시절 일본 기업과 깊은 얘기를 나눴는데, '강제 연행(강제징용)' 등 정치적 분야를 제외하면, 한국에서 사업을 해야 하는 그들도 최소한 임금 미지급 등에 대해선 사과와 보상을 하겠다는 뜻을 밝혔다. 그런데 그걸 아베 내각이 정치적 계산으로 못하게 했던 거다."

강 전 의원은 역사학자 출신이다. 4선 국회의원으로 한일의원연맹 간사장과 회장을 역임했다. 문재인 정부는 2021년 1월 대표적 지일파(知日派)인 그를 주일대사에 임명했지만, 관계 정상화를 이루지 못했다.

결국 한·일 양국이 서로에 대한 이해가 필요하다는 의미로 해석된다.

"싸움하려면 상대를 그저 감정적으로 '나쁜 놈'이라고만 해서는 해결할 수가 없다. 특히 일본에 의존해 경제성장을 추진했던 과거와 달리, 한국이 선진국의 대열에 올라서면서 한·일관계를 끊어버려도 된다는 식의 인식도 적지 않다. 여기에 정치권도 친일·반일 프레임으로 이를 활용한 측면이 분명히 있다. 그러나 나는 한·일관계는 반드시 좋아야 한다고 확신한다."

한·일이 가까워야 하는 이유는 뭔가.

"가장 가까운 옆 나라로 자유민주주의라는 가치를 공유하고 있다. 문화적, 인종적으로도 가까워서 두 민족이 손을 잡으면 시너지를 낼 분야가 많다. 특히 미국의 세계 전략의 측면에서 남방으로는 미국·일본·호주·인도 중심의 쿼드(Quad)가, 북방으로는 중국을 직접 견제하는 의미의 한·미·일 공조의 필요성을 강조하고 있다. 한·일의 기업과 국민 모두 이러한 요구를 잘 알고 있으므로 이제 한·일 정상이 직접 만나야만 문제가 해결될 수 있다."

강 전 의원은 인터뷰를 마치며 "상대적으로 친일 프레임에 대한 부담이 적은 진보 정부 때 욕을 먹더라도 마무리를 지었어야 했고 일본 측도 이를 알고 있었다"라며 "주일대사로 있는 기간, 양국 관계 개선의 마침표를 찍지 못했다는 점에 대한 회한이 있다"라고 말했다.

그는 이어 "그런데도 양국의 실무선에서는 상당한 공감대를 이루며 '씨'를 뿌려놨으니 윤석열 정부가 조급한 성과주의에 쫓기지 말고 국민을 잘 설득해 가며 관계 개선의 '열매'를 맺게 되길 기대한다"라고 조언했다.

강태화 기자 thkang@joongang.co.kr

주요 이력

1952년 제주도 출생
1964년 고산초등학교 졸업
1970년 제주 오현중·고등학교 졸업
1969년 9월 19일(오현고 3학년) '3선 개헌' 반대 데모를 주동하여 대통령 선거법 위반으로 기소, 광주가정법원 송치
1971년 서울대학교 문리과대학 국사학과 입학
1972년 서울대학교 제주학우회 회장
1973년 재경오현학우회 회장
1973년 육군 학군단(ROTC) 입단(제13기)
1974년 4학년 재학 중, 유신헌법 철폐를 위한 학생운동('민청학련' 사건)으로 투옥. 비상고등군법회의에서 10년형 언도
1975년 2월 15일 형집행정지로 순천형무소에서 석방
1976년 아세아문화사 편집부장(~1980년)
1979년 12월 사면·복권
1981년 2월 서울대 졸업
1985년 4월 東京大學 大學院 人文社會系硏究科 東洋史學專攻 석사과정
1987년 4월 동 박사과정(~1991년)
1988년 4월 도쿄에서 〈'4·3' 진상규명 심포지엄〉 주도
1989년 정윤형·현기영·김명식·고희범 등과 제주4·3연구소를 창립
1991년 배재대학교 교수 임용
1995년 제주4·3연구소 소장 취임(~2003년)
1997년 도쿄대학 문학부 조선사 연구과 객원연구원(~1998년 4월)
1998년 동아시아 평화·인권 한국위원회 사무국장 겸 운영위원장
1998년 8월 〈제주 4·3 40주년 기념—동아시아 평화인권 국제학술대회〉 개최
1999년 재단법인 5·18 기념재단 이사(~2004년)
1999년 민주화운동기념사업회 이사(~2000년)
1999년 12월 '제주 4·3' 특별법 쟁취

2000년 1월 11일 청와대에서 '4·3' 특별법 서명식에 참석
2000년 〈한국전쟁 전후 민간인 학살 진상규명 범국민위원회〉 운영위원장
2001년 국무총리실 〈제주 4·3사건 진상규명보고서 기획단〉 간사(단장 박원순)
2001년 〈제주4·3진상규명과 명예회복을 위한 연대회의〉 상임대표
2001년 〈일본교과서 바로잡기 운동본부〉 운영위원장
2001년 한일 양국의 합의에 의한 〈한·일역사공동연구위원회〉 위원
2003년 배재대학교 교무처장
2003년 도쿄대학 문학박사 취득
2004년 4월 제17대 국회의원 당선으로 배재대학교 휴직

국회 이력

2004년 제17대 국회의원 당선 이후 4선(제17, 18, 19, 20대)

제17대(2004~2008)
국회 행정자치자위원회 위원, 간사
국회 건설교통위원회 위원
국회 〈'과거사' 청산을 위한 국회의원모임〉 대표
국회 정각회 재건, 부회장
한일의원연맹 사회문화위원장
열린우리당 정책위 부의장

제18대(2008~2012)
국회 독도영토수호대책특별위원회 위원장
국회 지식경제위원회 위원
국회 〈바다와 경제 포럼〉 공동대표
국회 〈아시아평화와 번영 포럼〉 공동대표
민주당 비상대책위원회 위원
민주당 윤리위원회 위원장

제19대(2012~2016)
국회 지식경제위원회 위원장. 후에 산업통상자원위원회 위원장
국회 외교통일위원회 위원
국회 〈신재생에너지정책연구 포럼〉 대표의원
한일의원연맹 수석부회장 겸 간사장
국회의원 불자모임 정각회 회장, 명예회장
국회 예산결산특별위원회 예산안조정소위원회 위원
국회 동북아역사왜곡대책특별위원회 위원
국회 〈바다와 경제 포럼〉 공동 대표
국회 〈신재생에너지정책연구 포럼〉 대표
민주당 윤리심판원 위원장
새정치민주연합 '7·30' 재보궐선거 중앙당 선거관리위원회 위원장
새정치민주연합 조직강화특별위원회 위원
전국시·도당위원장 협의회 초대 회장
〈남북관계정상화를 위한 여야 중진 모임〉 공동 대표
서울대 사학과 총동창회 회장

제20대(2016~2020)
국회 외교통상위원회 위원
국회 한·몽골의원 외교협회 회장
국회 〈민주주의와 복지국가 연구회〉 공동대표
국회 헌법개정득별위원회 위원
국회 행정안전위원회 위원
정각회 회장 재추대
국회 〈안전한 대한민국 포럼〉 대표
한일의원연맹 회장
민주당 〈종교특별위원회〉 위원장, 〈역사정의특별위원회〉 위원장
더불어민주당 〈지속가능제주발전 특별위원회〉 위원장

국회를 그만두고 나서
2020년 동국대학교 석좌교수
2020년 국회 한일의원연맹 명예회장
2020년 국회 정각회 명예회장
2020년 몽양여운형기념사업회 이사장
2021년 1월 주일본 대한민국 특명전권대사 발령
2023년 9월 일본 천황의 욱일장대수장(旭日章大綬章) 수상

현재(2023년 10월)
동국대학교 석좌교수
제주와미래연구원 상임고문
조계종 미래본부 〈천년을 세우다〉 정책자문역
한·일평화포럼 상임대표
아시아평화와역사교육연구소 이사장
더불어민주당 전통문화특별위원회 고문
더불어민주당 외교안보통일 자문위원
헌정회 이사
몽양여운형기념사업회 고문 및 이사
정각회 고문
한일의원연맹 고문
역사디자인연구소 상임고문

주요 논저

논문

1. 「天佑俠と'朝鮮問題'—'朝鮮浪人'の東學農民戰爭への對應と關聯して」(東京大學 史學會『史學雜誌』第97卷 第8號, 1988.8)
2. 「(甲午農民戰爭 資料發掘)전봉준 회견기 및 취조기록」(『사회와 사상』 創刊號, 한길사, 1988.9)
3. 「韓國の日本近代史研究成果と動向」(『近代日本研究』第10號, 山川出版社, 1989.11)
4. 「일본의 우익과 조선지배」(국사 편찬위원회『한민족 독립운동사』제5권, 1989.12)
5. 「1901년의 濟州島民 抗爭에 대하여—韓末 天主教의 性格과 關聯하여」(濟州島史 研究會『濟州島史研究』創刊號, 1991.11)
6. 「三浦梧樓公使와 明成皇后 弑害事件」(최문형 외,『明成皇后 弑害事件』, 민음사, 1992.9)
7. 「일본에서는 한, 조선, 고려가 어떻게 사용되었나」(역사문제연구소『역사비평』 1993년 여름호, 1993.5)
8. 「근대일본의 사상흐름과 조선침략론」(역사학 연구소『오늘에 본 친일문제와 일본의 조선침략론』, 1993.9)
9. 「일제의 조선지배정책—식민지 유산문제와 관련하여」(한국역사연구회『역사와 현실』제12호, 1994.3)
10. 「초기 개화파의 근대화 구상—갑신정변에 대한 비판적 검토」(서울대 한국문화 연구소『한국문화』제15호, 1994.12)
11. 「일본 대륙낭인의 한반도 침략—일본우익의 대아시아주의에 대한 이해를 위하여」(역사문제연구소『역사비평』계간 28호, 1995.3)
12. 「과거청산의 과제와 한일 협정」(민족문제연구소『한일협정을 다시본다』, 아세아문화사, 1995.6)
13. 「日本帝國主義の朝鮮支配の原理と政策」(『裁かれるニッポン』, 日本評論社,

1996.2)
14. 「통치구조와 지배정책」(한국역사연구회 『한국역사입문 제3권 : 근대현대 편』, 1996.2)
15. 「韓国から見た日韓併合」(日本の戰爭責任資料センター 『戰爭責任硏究』 12號, 1996.6)
16. 「(공동)일본군 위안부의 생활실태와 연구에 대한 검토」(성곡학술문화재단 『성곡논총』 제27집, 1996.8)
17. 「전후 일본인의 역사인식과 망언」(중앙일보 통일문화연구소 『일본의 본질을 다시 묻는다』, 1996.12)
18. 「중일전쟁 이후, 일제의 조선인 군사동원」(정신대연구회 편 『한일간의 미청산 과제』, 아세아문화사, 1997.4)
19. 「東學農民軍の日淸戰爭への對応」(『日淸戰爭と東アジア世界の変容』 上卷, ゆまに書房, 1997.9)
20. 「近代朝鮮の日本認識と對応―東學と其の流れを中心に」(京都大學 人文科學硏究所 『日本·中國·朝鮮間の相互認識と誤解の表象』, 1998.12)
21. 「국제학술 대토론 : 근현대 한·일관계의 전개와 21세기」(역사와비평사 『역사비평』 통권 49호, 1999.11)
22. 「일제초기 식민통치의 전략과 내용」(정신문화연구원 『일제식민통치연구 : 1905~1919』 제1권, 백산서당, 1999.11)
23. 「삼국간섭과 을미사변」(국사편찬위원회 『한국사41 : 열강의 이권침탈과 독립협회』, 1999.12)
24. 「동학농민전쟁과 일본의 동향」(서울대 국사학과 편 『한국사론』 41·42권, 1999.12)
25. 「일진회의 '합방운동'과 흑룡회―일본우익의 대아시아주의와 관련하여」(역사문제연구소 『역사비평』, 2000년 가을호, 2000.8)
26. 「제주 4·3의 역사적 맥락과 공원조성에의 함의」(제주발전연구원 『(가칭)제주 4·3위령공원조성기본계획』, 2001.3)
27. 「近代日本의 대아시아주의와 朝鮮侵略―'朝鮮浪人'의 行動과 思想을 중심으로」(중국사회과학연구소 『近代日本內外政策』, 2001.7)

28. 「제주 4·3 진상규명운동과 한국민주주의」(전남대 5·18 연구소 『민주주의와 인권』 창간호, 2001.4)
29. 「미군정기 양민학살과 제주 4·3사건」(이병천·조현연 편 『20세기 한국의 야만』, 일빛출판사, 2001.6)
30. 「식민지 지배체제의 특질」(국사편찬위원회 『한국사 47 : 일제의 무단통치와 3·1운동』, 2001.12)
31. 「韓日間の相互認識と展望—望ましい關係定立のための提言」(學習院大學 東洋文化硏究所 『東洋文化硏究』 제4호, 2002.4)
32. 「친일파의 형성과 친일의 논리」(학술단체협의회, 『한국근현대사 속의 친일의 의미와 친일파 청산운동의 필요성』, 2002.8)
33. 「한과 설움의 땅 '4·3'의 진실과 상흔」(『내일을 여는 역사』 제9호, 서해문집, 2002.9)
34. 「제주 4.3 특별법에 따른 제 활동과 이후의 과제」(발표문, 하버드대학 주최 국제회의 「Jeju April 3rd(Sasam) Uprising and East Asian Peace-International Legal Issues and Human Right in 21st Century Korea」, 2003.4)
35. 「근대일본의 조선침략과 동학계열의 대응」(韓國史硏究會 『한국사의 국제환경과 민족문화』, 경인문화사, 2003.10)
36. 「近代, 韓·日間の相互認識——進會と黑龍會の大アジア主義を中心に」(小鳥孝之·小松親次郎 編 『異文化理解の視座—世界から見た日本, 日本から見た世界』(東京大學出版會, 2003.4)

외 다수

저서 및 자료집

1. 『戰後補償問題 資料集 3 : 「軍事動員」 關係 資料集』 (東京, 在日戰後補償問題硏究會, 1991.7)
2. (공저) 『친일파 99인』 전3권 (반민족문제연구소, 돌베개출판사, 1993.3)
3. (공저) 『빼앗긴 조국, 끌려간 사람들』 (아세아문화사, 1995.2)
4. (공편) 『동학농민전쟁사료총서』 전30권 (풀빛, 1996.2)

5. 『(하종문 공저)일본사 101장면』(가람기획, 1998.4)
6. 『이등박문』(나카무라 기쿠오 저, 강창일 번역, 중심출판사, 2000.4)
7. 『근대일본의 조선침략과 대아시아주의―우익낭인의 행동과 사상을 중심으로』 (역사비평사, 2002.5)
8. 『굴곡의 역사를 헤치며('4·3' 글 모음집)』(도서출판 각, 2004.2)
9. 『정면승부』(큰그림, 2011.11)
10. 『여의도에서 이어도를 꿈꾸다』(지드컴, 2013.6)
11. 『近代日本の朝鮮侵略と大アジア主義―右翼浪人の行動と思想』(東京, 明石書店, 2022.7)
12. 『근현대 한국과 일본(정치관계논문집)』(동국대 출판원, 2023.2)

외 다수

인명 색인

ㄱ

가메이 시즈카　315, 325
가와무라 다케오　269, 281, 282, 283, 284, 289, 294, 315, 319, 335, 365
가츠야　153
간 나오토　315, 323
강건　205
강경호　224
강경화　297, 313
강구철　95, 99
강기탁　298
강남구　224
강남규　127, 141, 201
강남일　224
강덕주　224
강덕희　224, 227
강동일　224
강만길　58, 119, 178, 197, 207, 208
강만생　53, 54, 218, 220, 299, 300, 310
강매자　224
강문윤　224, 297
강미선　45, 224, 302
강방자　38, 224
강병산　96, 99
강보성　140

강상배　127, 131
강상수　297
강상중　322, 331
강상헌　38, 45, 302
강석진　36
강석호　241, 244
강선창　224
강성균　298
강성민　300, 353
강성언　224
강성종　36, 302
강세표　224
강소연　36, 302
강수길　224, 298
강수봉　226
강수완　45
강순관　224, 227
강순신　224
강승일　224
강승신　225
강승철　224
강승하　300
강신혁　300, 301
강애란　224, 298
강애자　224
강영백　224
강영석　224
강영원　86
강영일　224

강영자　224
강영필　225, 298, 310, 353
강요배　195, 227
강용기　227
강용희　224
강우일　212
강우현　224
강원근　297
강원일　39
강유림　224
강인선　224
강인택　224
강재언　190, 192, 193
강재일　45, 224, 302
강적희　221
강창광　355
강창숙　224
강창식　224
강창욱　224
강창익　224
강창훈　298
강창희　265
강철남　195, 353
강춘수　224
강태복　224, 226, 298
강태욱　226, 297
강필정　224
강학민　298
강행부　224
강헌치　224
강현승　14
강형규　224
강홍일　224
강화자　38
강효상　224
강희석　224

견기영　203
계훈제　87
고강옥　79
고경수　191
고광명　191
고노 요헤이　315, 324
고대진　68
고도은　298
고레나가 가즈오　334
고르바초프　198
고명옥　226, 298
고석준　225, 353
고성문　227
고세종　63
고승욱　298
고신관　224
고영상　300
고영준　225, 300, 301
고영찬　227, 298
고영채　299
고영하　99
고영희　239
고은　56, 57, 58, 127, 209
고은수　127
고이삼　190
고이즈미 류지　319
고이즈미 준이치로　280
고인협　298
고임순　227
고정석　226
고준한　135, 137
고지연　301
고창훈　194
고철종　299, 300
고충석　114, 115, 226
고택남　300

고희범 114, 158, 159, 160, 163,
        190, 194, 203, 204, 207,
        227, 271, 342, 343
구산 91
구철 322, 330, 332
권노갑 204, 217
권대복 107
권석태 241
권순자 157
권은희 254, 267
기무라 153
기시다 후미오 281, 315, 374, 377
김경진 225
김광림 282, 283, 284, 289
김광일 225, 322, 330
김권진 226, 298
김규찬 190
김근재 227
김근태 217, 218
김근택 225
김기성 309, 310, 311, 353
김기정 354
김기춘 231, 258
김길천 226
김대성 227
김대중 86, 88, 110, 133, 140, 142,
        198, 200, 201, 202, 203,
        205, 206, 208, 213, 220,
        281, 363, 365
김덕규 311
김덕수 86, 98
김덕용 226
김동길 105
김동만 195, 198, 201, 202, 211,
        225, 309, 311, 353
김동수 54

김동완 254
김동춘 178
김동현 300
김두관 287
김두연 204, 207
김두현 227, 236
김명식 127, 128, 147, 148, 150,
        151, 162, 163, 187, 188,
        189, 190, 192, 195, 197,
        201, 202, 227
김명언 300, 301
김명윤 178
김민수 300
김민주 190
김병곤 99
김병관 224
김병수 298
김병익 79
김병찬 225, 300
김복자 331
김봉우 58
김부겸 271
김상봉 276
김상수 14
김상열 323
김상철 114, 115, 195, 226
김상현 106
김석기 245, 284, 285, 328, 340
김석범 163, 187, 189, 190, 192,
        193, 199, 200, 323, 342,
        343
김석태 82
김성대 297
김성도 297
김성수 299, 309, 310, 347, 349,
        353

김성익	227	김은희	195, 199, 353
김성재	204, 205	김의정	241
김성태	245	김익한	156
김성표	298	김인걸	98
김성한	300, 345	김일성	158, 159, 161
김수길	93, 94, 101, 104	김장실	244
김수열	227, 353	김재경	241
김수종	77	김재규	130
김순태	203, 205	김재균	252
김승균	135	김재범	226
김승천	132, 227, 299	김재순	205
김영록	244	김재영	191, 226
김영보	298	김재진	172, 173
김영삼	88, 206	김재필	298
김영식	218, 226, 353	김정기	92, 93, 117, 178, 195, 199, 199, 207, 297
김영주	277		
김영준	93, 94, 101, 104, 105	김정길	169, 170
김영진	253	김정숙	173, 295, 349
김영철	77, 138, 157, 159	김정은	239, 361
김영택	54	김정자	331
김영훈	198, 296	김정훈	279
김옥희	134	김종민	199, 207
김외숙	92	김종필	220, 278
김용균	300	김지택	225
김용범	226	김지하	110
김용섭	119, 120, 121	김진덕	225, 300, 301, 353
김용원	110	김진배	204
김용택	227	김진태	273
김용하	95	김진표	312, 338, 361
김용훈	116	김찬석	196, 226
김우남	271	김창국	197
김우중	95	김창범	53, 299
김원기	350	김창환	309, 311
김원중	239	김창후	195, 225
김원호	119	김창희	298
김윤식	134	김천우	127, 131, 300, 301

김충조 204
김칠민 173
김태년 287
김태랑 350
김태윤 353
김태일 311
김태홍 197, 229, 230, 256
김태환 235, 244, 276, 279
김학렬 68
김학민 117, 119, 131, 133, 141, 142, 143
김한규 349
김한길 230, 270, 272
김한정 338
김한표 254
김해영 328
김행준 301
김현종 286
김현철 354
김형오 275, 276
김호성 298
김홍걸 205
김홍길 354
김홍림 225
김홍식 203
김홍업 205
김홍천 299, 300
김화남 322
김환기 346
김효순 110
김희선 230
김희수 298
김희철 252

ㄴ

나가미네 야스마사 205, 289
나경원 56, 279
나기철 64, 114, 115
나루히토 372
나미키 마사히토 153
나병식 81, 86, 94, 95, 99, 112, 117, 119, 133, 135, 136, 208
나상기 113
나카가와 마사히루 283
나카다니 겐 283
나카소네 히로부미 344
나폴레옹 260
노다 335
노다 세이코 31881, 86, 94, 95, 99335
노다 요시히코 324, 315
노무현 169, 211, 212, 213, 218, 219, 221, 222, 223, 234, 236
노영민 254, 267, 282, 286, 312, 313, 314
노웅래 230, 253, 253, 271, 272, 328
노재현 286
노태돈 92, 93
노태우 133
누카가 후쿠시로 269, 281, 282, 283, 286, 294, 315, 343, 344, 365
니시하라 하루오 322, 328
니카이 도시히로 294, 314, 315, 318, 319, 365

ㄷ

다나카 사토시　326
다마키 유이치　315, 327
다와라 요시후미　181
다케다 료타　283, 315, 343
다케다 유키오　152, 153, 175, 323
다케시타 와타루　283
대효　226
덴 히데오　198
도고 가즈히코　328
도야마 키요히코　283
도예종　110
도재문　82
도종수　86
도종환　245
돈관　346

ㄹ

라모스 오르타　198, 200, 201
롱웨이누　182
류재섭　300
리영희　160, 163

ㅁ

마르코　298
마에하라 세이지　315, 327
맥칸　209
명노근　197
명호근　137
모리 요시로　315, 320, 336
모테기 도시미쓰　322, 365, 316, 328

무라야마 도미이치　284, 322, 367
무라야마 료　334
문경수　163
문경운　300
문관식　77
문국주　95
문대림　225, 291, 341, 342
문대후　227
문무병　79, 114, 115, 116, 193, 199, 226, 353
문복희　297
문부병　80
문성은　297
문성종　297
문승필　226
문영자　296
문용길　227
문익환　162
문재인　244, 270, 271, 281, 283, 290, 291, 306, 313, 334, 338, 341, 346, 349, 358, 360, 361, 367, 368, 370, 373, 374, 378
문정렬　296
문정보　115
문정인　115, 297
문창우　195
문학진　158, 159, 160, 163, 249, 251, 252, 253, 255, 257, 342
문희상　267, 275, 276, 282, 286, 359
미나미오카 키하치로　322, 328
미야다 세츠코　153

ㅂ

바이든 362, 363, 367
박경훈 211, 225, 309
박광수 133
박광용 98
박규헌 298
박근태 299
박근혜 233, 267, 269, 280, 281, 358, 360, 368
박기환 77
박동선 314
박두화 353
박문수 253
박상규 116
박상은 275
박석률 107
박선규 54
박선숙 241
박소희 297
박순자 331
박승옥 54
박영선 243
박영수 227
박영숙 208
박완주 267
박용진 253
박원순 178, 197, 207, 209, 210, 243, 288
박원철 298, 305
박원협 226
박재승 207, 212
박정희 60, 62, 80, 81, 95, 96, 97, 110, 130, 132, 268
박종기 82
박종웅 143
박종태 131
박주선 253
박지원 266, 271, 272, 314, 346
박진 345
박찬석 229
박찬식 201, 204, 205, 207, 225, 309, 311, 342, 353
박창욱 195, 204, 207, 227
박철우 300
박철희 340
박태준 278
박현석 265
박형규 112
박형선 107
박형주 88
박호성 276
박희수 198, 305
박희태 279
반기문 336, 337
방기중 178
방인철 95, 112
배경민 301
배다지 208
배재정 268
백경진 199
백기완 87, 125, 126
백낙청 88
백문찬 221, 227
백원우 296
백진훈 283, 289
백태웅 210
법정 88, 91, 242
베이커 209
변정일 206, 222
변현정 127, 131
변홍문 300

부상일 205
부종호 114, 115, 116, 226
부좌현 254, 267
부핑 182
부홍식 191, 226

ㅅ

사사키 미키오 334
생텍쥐베리 91
서경석 112
서경원 162
서도원 110
서동만 157
서명숙 113, 310
서승 197, 201
서영교 245, 328
서중석 81, 94, 95, 178, 182, 197, 207, 209, 212
서청원 269, 278
서한우 301
서훈 314
설정 245
소마 335, 336
소병훈 292
소순배 226
소준홍 226
손미자 331
손병규 156
손세일 143
손승원 98
손천수 299, 300
손학규 243, 253
송광호 244
송기원 208

송문희 226, 298
송방식 225
송병준 150
송상진 110
송승문 195, 227
송운학 112
송인숙 298
송재용 225
송재호 225, 292, 294, 296, 301, 305, 342, 347, 349, 353, 354
송종의 104
송지원 300
송창우 196, 198, 226, 309, 311, 353
송태섭 173
스가 요시히데 279, 316, 322, 334, 335, 336, 361, 362, 365, 373, 377
스가와 153
스즈키 덴칸 150
시이 가즈오 269, 283, 315, 321, 343
신경민 245, 288
신구범 271
신대균 94, 95, 113
신동하 82, 134
신용하 119, 151, 168, 230
신윤정 301
신중구 217
신중식 342
신흥섭 127

ㅇ

아라이 신이치　181, 182
아베 신조　269, 279, 280, 281, 282,
　　　　　284, 285, 316, 322, 335,
　　　　　336, 356, 361, 362, 363,
　　　　　368, 373, 377, 378
아소 타로　315, 344
안규백　241, 252
안병우　182
안병욱　182
안병직　156
안성례　197
안양로　95
안중근　150, 167
안철수　272
안홍준　241, 242
야노 히데키　322, 328
야마구치 나츠오　315, 319, 343
야마시타 야스노리　150, 151, 325
야마우치　153
야마쿠치　269
야스에 료스케　159
양경호　297, 353
양금석　204, 207
양동윤　196, 204, 207
양미강　182
양보윤　298
양상홍　227
양성언　190, 226
양성우　135
양성자　195
양성효　298
양순애　297
양영진　68
양영호　227

양인보　296
양인수　296
양인준　296, 353
양인천　226
양일현　322
양재철　191
양정규　118, 219, 222
양정심　195
양조훈　195, 196, 199, 204, 207
양진철　297
양진호　53
양창수　77
양춘우　110
양한권　195, 199, 201, 203, 225,
　　　　227, 298
양호선　227
에다노 유키오　315, 344
에토 세이시로　284, 343
여건이　322, 330
여익구　112, 123, 135, 136, 209
여정남　110
오공태　322
오노 로쿠이치로　160
오다 마코토　58
오동혁　107, 227, 299
오만식　225
오부치　281, 365
오부치 유코　343
오성정　227
오세정　328
오승국　195, 225
오영석　322
오영훈　225, 245, 278, 283, 289,
　　　　291, 292, 296, 300, 301,
　　　　328, 341, 353
오오시마 타다모리　325

오오이　153
오옥만　225
오용덕　226
오용석　332
오웅래　277
오윤경　68
오익종　227, 329
오임종　342
오자와 이치로　315, 326
오춘탁　139
오카다 가츠야　315, 326
오카모토 아츠시이　322, 328
오코노기 마사오　322
오화선　195, 199, 225, 300, 301
와나타베 히데오　344
와다 하루키　159, 322, 328
요시다 미츠오　176, 177, 322
요코미치 다키히로　279
우경창　300
우근민　212, 226, 267
우상호　277
우오즈미 유이치로　344
우홍선　110
원유철　256
원행　246, 295
원혜영　231, 251, 288, 293, 296
원희룡　271, 276, 291
월주　242
위태선　36
유경숙　93
유기홍　256, 342
유대영　331
유동현　300
유승민　244
유승희　283, 284, 328
유영표　311, 350

유인태　81, 94, 95, 97, 99, 110, 112, 212, 276, 288
유화　156, 322
육영수　107
윤기홍　226
윤덕민　340
윤명오　157
윤병세　358
윤보선　105
윤석열　340, 377, 379
윤창호　218
윤형렬　172, 173
윤호중　289, 294, 354
이강래　255
이강철　110, 112, 253, 342, 350
이경아　335
이경언　225, 300
이경진　300
이광린　168
이광일　113
이규배　188, 191, 195, 226
이기빈　138
이기정　53, 54, 227
이기택　169
이기흥　244, 245, 336, 337
이길주　173
이낙연　243, 270, 281, 286, 288, 289, 293, 295, 301, 312
이노우에 가즈에　152, 153, 177, 351, 352
이대근　224
이두엽　311
이만열　178
이명박　229, 235, 249, 250, 256, 360
이문교　195

이문영　209
이문지　173
이범종　224
이병철　226
이부영　309
이부자　298
이상권　227
이상덕　340
이상득　256
이상민　277, 313, 354
이상봉　300
이상윤　300, 301
이상익　113
이상훈　322
이석문　195, 225
이석현　350
이성근　167
이성수　350
이성시　153, 322, 331
이성재　297, 353
이세호　104
이수근　134
이수병　110
이수원　322
이수자　224
이수진　354
이수형　227
이수호　182
이수훈　354
이순근　82, 98
이순옥　36
이순자　199, 224
이승만　62
이승환　300
이승희　301
이시바 시게루　327

이시종　246
이신철　182, 184, 309, 354
이언주　253
이영순　256
이완용　150
이용구　150
이용수　356
이용중　225
이용희　242
이우성　119
이원욱　245, 254, 267, 283, 312
이이화　119, 178, 179
이인영　292
이인제　218, 240
이인지　148
이인하　147
이재명　288, 289, 290, 301, 342
이재오　82, 88
이재훈　116, 123, 226
이정규　173
이정현　268
이종걸　252, 253, 272, 276, 277, 286
이종구　94, 95, 144, 147, 157
이종원　127, 128, 130, 147, 331, 335
이종잔　200, 276, 345, 347
이종천　226
이종철　157
이중흥　227
이즈미 켄타　315, 318, 343
이진복　244, 254, 345
이진봉　99
이진욱　301
이찬열　252
이창세　119

이창수　226, 297
이채익　254
이철　81, 94, 95, 97, 98, 99, 112,
　　　112, 113, 169, 170, 253,
　　　342, 350
이철우　284, 289, 328
이춘석　243, 252
이치훈　300
이케다 마사키　334
이태경　301
이토 다카시　160
이토 신타로　283, 289
이토 아비토　322
이토 히로부미　150
이평식　224
이학영　244
이한종　92
이해봉　241
이해찬　95, 117, 283, 293
이향우　225, 297, 353
이현배　81, 95, 97, 110, 113
이현재　254
이호철　88
이홍훈　276
이화선　36
이회창　220
이희승　88
이희호　203
인재근　291, 292
임문철　204, 207, 207, 227
임상우　112
임상택　106, 107
임수경　244, 245
임진택　112, 117
임창순　117
임창훈　353

임채정　204, 350
임흥순　226

ㅈ

자승　243, 244, 245, 247, 349
장경옥　95
장권상　94
장규수　302
장규태　302
장대흥　227
장명봉　76, 77
장병완　283, 289
장병인　92, 93
장세환　218, 252, 253, 255, 257,
　　　264
장영달　110, 112, 243, 311, 350
장영식　323
장완익　354
장용선　92, 93, 122, 137, 313, 349
장용수　302
장윤석　244
장일홍　114, 115, 116
장정언　218, 226
장준하　87, 88
장호진　340
전경탁　298, 353
전두환　78, 133, 137, 138, 225,
　　　247, 265
전봉준　150
전순옥　267
전재성　103, 104
전정희　254, 267
전진우　298
전창열　137

전현희 254
전혜숙 338
정갑윤 244, 245
정근식 197, 252
정대철 249, 253, 314, 342, 343
정동영 82, 83, 86, 88, 95, 96, 102, 104, 123, 204, 217, 218, 219, 220, 221, 226, 228, 239, 249, 253, 253, 257, 258
정만 56, 242, 247
정문화 86
정민희 301
정석종 119, 121, 178
정성호 253, 271
정세균 94, 225, 244, 245, 252, 253, 254, 258, 276, 288
정수만 197
정순훈 173
정옥태 132, 299
정운찬 314
정운현 179
정윤광 81, 83, 117
정윤형 190, 193, 204, 227
정의용 286
정의화 275
정일권 63, 65
정종환 234
정준호 226
정진석 340, 342
정진성 58, 174, 178
정진태 95
정창렬 119, 121
정청래 270
정해구 252
정화영 110

정희수 244, 245
제정구 81, 95, 104, 117
조경달 322
조경신 298
조규창 190
조동현 199, 323, 342
조명철 156
조미영 297, 311, 353
조배숙 252
조봉암 107
조성래 229
조성원 156, 163
조순용 288
조연하 106
조원식 297
조원진 273, 289
조윤형 106
조정배 227
조정희 195, 199
조창호 173
좌남수 226, 298, 353
주소은 82, 92
주승용 252, 253, 264, 266, 270
주호영 244, 245, 277
지관 241, 242
지학순 105
진덕문 227
진성진 226
진성택 298
진우 346, 347
진인철 300

ㅊ

차지철 130

채상식 92, 93
채의진 179
천관우 78, 82, 88, 125
천정배 252
최갑태 332
최경환 233
최권행 107
최규성 350
최규식 253
최규하 130, 133
최기문 231
최말봉 92
최문순 252
최민화 142, 143
최범술 107, 136
최병국 241
최병호 98
최상영 322, 336, 337
최서면 167, 276
최석완 156
최석철 300
최연매 314
최욱성 191
최은순 314
최재성 244
최종원 252, 253, 296
최종태 286, 322
최혜주 153
추미애 204, 205, 206, 245, 288

ㅋ

카사이 아키라 321
케네디 315

ㅌ

탄허 136
토구라 333
트럼프 363

ㅎ

하야시 유스케 153, 322, 345
하우봉 98
하재완 110
하재이 300
하종문 58, 156
하태수 107
하토야마 유키오 286, 315, 320, 332
한동완 199
한림화 198
한승일 54, 299, 300
한승헌 112
한우근 121
한정민 224
한창우 329
한화갑 218
함동윤 298
함석헌 88, 105, 131
허상수 199, 203, 227
허영선 195, 199, 353
허운 353
허종호 180, 181, 182
허진광 226
허향진 299, 310
허호준 195, 196, 198
허흥식 118, 119
허희수 300
현경대 138, 139, 140, 141, 222,

225, 265
현경훈 353
현광수 190
현규남 297
현기영 127, 129, 131, 132, 133, 187, 190, 192, 193, 194, 195, 198, 199
현길호 219, 225
현동실 319
현오봉 222
현용준 80
현창옥 44, 53, 69, 107, 123, 218, 227, 299, 300
현천욱 77
홍만기 192
홍명환 221, 225
홍문중 245
홍병철 222
홍석빈 296
홍성방 52, 53, 54
홍성수 195, 227, 342, 343
홍성협 330
홍영표 276
홍영희 298
홍옥경 36, 301
홍용택 298
홍일표 254
홍재형 254
홍진표 77, 114, 226
홍파 241, 246
황교안 273
황석영 121, 123
황인범 81, 82, 88, 93, 94, 95, 96, 99, 100, 101, 102, 103, 104, 105, 117
황인성 86, 94

후지오 마사유키 154
후쿠다 야스오 315, 321
후쿠모토 요시로 325
후쿠야마 데쓰로 315